JN098262

ライブラリ 経済学15講 BASIC編 **7**

国際金融論 15講

佐藤 綾野
中田 勇人 共著

Fifteen Lectures on
International Finance

新世社

編者のことば

　『ライブラリ 経済学 15 講』は，各巻は独立であるものの，全体として経済学の主要な分野をカバーする入門書の体系であり，通年 2 学期制をとる多くの大学の経済学部やそれに準じた学部の経済学専攻コースにおいて，いずれも半学期 15 回の講義数に合わせた内容のライブラリ（図書シリーズ）となっている。近年では通年 4 学期のクォーター制をとる大学も増えてきているが，その場合には，15 講は講義数を強調するものではなく，講義範囲の目安となるものと理解されたい。

　私が大学生のころは，入学後の 2 年間は必修となる語学や一般教養科目が中心であり，専門科目としての経済学は，早目に設置・配当する大学においても，ようやく 2 年次の後半学期に選択必修としての基礎科目群が導入されるというカリキュラムだった。一般教養科目の制約が薄れた近年は，多くの大学では 1 年次から入門レベルの専門科目が開講されており，学年進行に合わせて，必修科目，選択必修科目，選択科目といった科目群の指定も行われるようになった。

　系統だったカリキュラムにおいて，本ライブラリは各巻とも入門レベルの内容を目指している。ミクロ経済学とマクロ経済学の基本科目，そして財政学や金融論などの主要科目は，通常は半学期 15 回で十分なわけではなく，その 2 倍，3 倍の授業数が必要なものもあろう。そうした科目では，本ライブラリの内容は講義の骨格部分を形成するものであり，実際の講義の展開によって，さまざまに肉付けがなされるものと想定している。

　本ライブラリは大学での講義を意識したものであるのは当然であるが，それにとどまるものでもないと考えている。経済学を学んで社会に出られたビジネスパーソンの方々などが，大学での講義を思い出して再勉強する際には最良の復習書となるであろう。公務員試験や経済学検定試験（ERE）などの資格試験の受験の際にも，コンパクトで有効なよすがになると期待している。また，高校生や経済学の初心者の方々には，本ライブラリの各巻を読破することにより，それぞれの分野を俯瞰し，大まかに把握する手助けになると確信している。

　このほかの活用法も含めて，本ライブラリが数多くの読者にとって，真に待望の書とならんことを心より祈念するものである。

浅子　和美

は し が き

　今日のようにグローバル化した社会で生活する私達は，毎日無意識のうち
に外国からの影響を受けています。スーパーマーケットで手に取るモノは，
外国で生産されたものかもしれませんし，耳から聞こえる音楽は外国の音楽
かもしれません。テレビや SNS では海外情勢のニュースが報じられない日
はないといってよいでしょう。そしてこれから先も，グローバル化は一層進
むことはあっても止まることはありません。このグローバル化された社会を
生き抜くためには，私達は国際経済を学びそして理解することが重要になり
ます。

　国際経済学は，大きく国際貿易論，国際金融論，国際マクロ経済論に分け
ることができます。大雑把にいうと，国際貿易論は国境を越えるモノやサー
ビスの取引のメリットやデメリット，国際金融論は国境を越えるおカネの移
動について，国際マクロ経済論は海外の経済を考慮した場合のマクロ経済，
について分析されています。

　本書では，このうち国際金融論と国際マクロ経済論を中心に解説されてい
ますが，国際金融論と国際マクロ経済論でもっとも主要なテーマとなるのは
為替レートです。本書ではできるだけ平易に，為替レートがどのように決ま
るのか，外国為替市場とは何か，為替レートの変化はマクロ経済にどのよう
な影響を与えるのかなどについて解説しています。

　本書は，大学の経済学部生に加え，初めて経済学を学ぶ経済学部以外の学
生や社会人でも容易に読める入門レベルのテキストを目指し，この 1 冊で国
際金融論の基礎を理解できるよう極力数式を使わずに，できるだけ丁寧に解
説を行っています。

　多くの大学の経済学部では，国際金融論を含む応用経済学は初級レベルの
経済学を学んだ 2 年次以降に配置され，マクロ経済学やミクロ経済学の知識
が前提となって講義が進められます。しかしながら，国際金融論を履修する

学生全員がこれらの知識を習得していない場合も少なくありません。

　本書ではこの点を考慮して，第1講ではイントロダクションとして，国際金融論に関連のある経済学の最低限の基礎知識を取り上げて解説を行っていますが，読者の経済学の習熟度によっては割愛も可能であると思われます。第2講から第15講までは4部構成となっていて，第Ⅰ部「開放マクロ経済と貿易」では，主に財市場や貨幣市場について閉鎖経済モデルから開放経済モデルへと丁寧に拡張を行っています。第Ⅱ部「外国為替市場と為替レート決定」では，国際金融論の中心的なトピックである様々な為替レートの決定論について標準的な内容をバランスよく盛り込んでいます。ここでは金融論やミクロ経済学の基礎知識も多少必要となりますが，本書ではできるだけこの1冊で完結できるように工夫されています。第Ⅲ部「開放マクロ経済政策」では，第Ⅰ部の内容を深めつつ，古典的でありながら現在でも十分に説明力をもつマクロ経済政策の理論分析ツールであるマンデル＝フレミングモデルについて解説されています。第Ⅳ部「為替相場制度の歴史と新たな展開」では，国際金融のアーキテクチャーの歴史的な遷移について概観しつつ，その背後にある為替制度の問題点や今後の展開について書かれています。

　本書の公刊にあたり，「ライブラリ　経済学15講」編者の立正大学経済学部浅子和美教授（一橋大学名誉教授）から執筆の機会を頂きました。浅子和美先生にはいつも公私にわたってご指導を頂いております。この場をお借りして心より感謝申し上げます。

　本書は，私と中田勇人氏と共同で執筆しました。私たちは早稲田大学大学院修士課程時代からの良き仲間であり，ともに早稲田大学政治経済学術院秋葉弘哉名誉教授のもとで国際金融を学びました。ここで秋葉弘哉先生に感謝の意を表します。

　本書の執筆にあたっては，早稲田大学政治経済学術院藪下史郎名誉教授には原稿段階から読んで頂き，いくつもの建設的なコメントを頂きました。また国際金融の実務分野で長いご経験のあるエコノミストの吉松崇氏にも丁寧なコメントを頂きました。お二人にもこの場をお借りして深く御礼申し上げます。もちろん本書に残る誤りは，執筆者の責に帰すことは言うまでもありません。

最後になりましたが，本書の企画から出版まで長い時間がかかってしまいましたが，新世社編集部の御園生晴彦氏と谷口雅彦氏には大変お世話になりました。心から感謝申し上げます。

2020 年 12 月　新型コロナウィルス感染症 COVID-19 が蔓延する中

執筆者を代表して　**佐藤　綾野**

目　次

第I部　開放マクロ経済と貿易

第 12 講　開放経済下のマクロ経済均衡 ：マンデル=フレミングモデル　197

第 13 講　マンデル=フレミングモデルによる財政金融政策　211

第IV部　為替相場制度の歴史と新たな展開

本文イラスト：PIXTA

第1講
グローバル経済と
国際金融

■国際金融論は，経済学で使用する枠組みや分析方法を応用して，外国との経済取引も含めた経済活動を分析する学問です。

　本講では，国際金融論のイントロダクションとして，閉鎖経済と開放経済の違い，為替レートとは何か，為替レートが貿易にどのような影響を与えるのか，名目 GDP と実質 GDP，物価やインフレ，デフレなど，本書で学ぶ上で必要な経済学に関連する基礎知識を学びます。

1.1　開放経済とは何か----------------------------

■ 閉鎖経済から開放経済へ

　みなさんは経済学あるいはマクロ経済学という講義をすでに受講したかもしれません。これらの講義の説明は閉鎖経済を仮定していることが多いと思います。閉鎖経済（Closed Economy）の枠組みでは，外国の経済活動を一切考えず，自国の経済活動についてだけ考えます。しかし実際の経済は，特に日本のようなグローバル化した経済では，日々外国の経済活動の影響を大きく受けています。このような外国の経済活動も考慮にいれた経済を分析するためには，開放経済（Open Economy）の枠組みで考える必要があります。つまり，現実の経済を分析するためには閉鎖経済よりも開放経済の枠組みの方が適切であると言えるでしょう。

　しかし，一国の経済を分析するだけでもとても複雑に感じるのに，外国の存在も考慮にいれるとどうなるのでしょうか。日本には沢山の人が住んでいて，それぞれ別々の考えに基づいて，異なるタイミングで経済活動を行って

います。さらに外国も考慮にいれるとなると，世界には沢山の国があるし，それぞれの国にも沢山の人が住んでいるので，複雑すぎて経済活動の分析などできないのではないか。こういった疑問が生じるかもしれません。

　安心してください。経済学，特にマクロ経済学では，このような沢山の人達の経済活動を単純化し，特性ごとに集計化（Aggregate）して分析を行います。具体的には，経済活動を行う人々をその特性ごとに，閉鎖経済の枠組みでは，家計，企業，政府の3つに分類して分析を行います。開放経済の枠組みで考えるときは，世界に沢山ある国を，しかもそれらの国々にはそれぞれ家計，企業，政府が存在しますが，全部まとめて外国部門（あるいは海外部門）として考えます。経済学では，このような家計，企業，政府および外国部門を経済主体（Agent）と呼びます。

■ 経済主体：外国部門の登場

　各経済主体の役割について説明しましょう。家計は，企業に労働を提供し（企業で働いて），その対価として賃金を受け取り，また受け取った賃金で企業が生産した財やサービスを消費（Consumption）します。企業は，家計から提供された労働と，工場や機械などの生産設備すなわち資本（Capital）を使って財やサービスを生産します。さらに企業は，資本を増強するために設備投資（Investment）を行います。政府は，家計や企業つまり民間から税金を集め，財やサービスを提供しますが，政府が民間に財やサービスを提供することを政府支出（Government Expenditure）と呼びます。最後に外国部門は，自国の家計，企業および政府に財やサービスを提供したり，自国の企業が生産した財やサービスを購入する自国外の経済主体のことを指します。

　マクロ経済では，これらの経済主体が複雑にかつ密接にかかわりあい，相互に影響を与えあっていると考えます。特に開放経済の枠組みでは，国内の経済主体に加え外国部門の存在を考慮にいれて，各経済主体の相互依存関係を分析するのが特徴です。このような開放経済下のマクロ経済分析は，本書では第3講および第11講，第12講，第13講で解説します。

1.2 　国境を越えるヒト・モノ・カネ‥‥‥‥‥‥

■ 為替レートとは何か

　国が違えば使用する通貨も違います。国境を越えたモノの取引つまり貿易を行う際，モノの値段はそれぞれの国の通貨で表示されています。それではいったいどうやって，日本企業はアメリカ企業が生産した財を買うのでしょうか。私達も海外旅行にいくと，現地の通貨で価格が表示されているモノを買います。現地通貨で価格表示されたモノを買うとき，私達は現地通貨で表示された価格を日本円に換算して，「このミネラルウォーターは日本より高いな」とか「安いな」とか思うわけです。この換算は為替レート（あるいは為替相場：Exchange Rate）を使って行われます。つまり為替レートとは，自国の通貨と外国の通貨の交換比率のことを言います。

　為替レートと一括りに言っても，世界には沢山の外国通貨が存在するので，それぞれの通貨の交換の数だけ為替レートが存在します。例えば，アメリカのドルと日本円の為替レート，イギリスのポンドと中国の人民元との為替レートなどです。

　それでは，この為替レートはどこでどのように決まるのでしょうか。為替レートは，外国通貨と自国通貨を交換する市場で決まります。この市場は外国為替市場と呼ばれますが，いったいどこにあるのでしょうか。実は外国為替市場は意外と私達の近くに存在しています。興味がわきますね。外国為替市場のしくみや為替レートの決定については**第4講，第6講，第7講，第8講，第9講**で詳しく説明します。

■ 為替レートの2つの表示方法

　それでは具体的に為替レートを見てみましょう。図表 1-1 に 1990～2019年までの日本とアメリカドルの交換比率つまり為替レート（円/US ドル）の推移が示されています。為替レートの単位は縦軸にありますが，2019年の為替レートは1ドル当たり約110円です。

　実は為替レートの表示方法には2通りあります。一つは図表 1-1 に示し

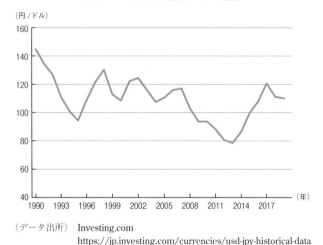

図表 1-1　日本の為替レートの推移

（円／ドル）

（データ出所）　Investing.com
https://jp.investing.com/currencies/usd-jpy-historical-data

たような外国通貨 1 単位当たり（つまり 1 ドル）の自国通貨建て価値です。これを自国通貨建て表示と言います。その逆の表示方法もあります。それは外国通貨建て表示と呼ばれるもので，自国通貨 1 単位当たり（つまり 1 円）の外国通貨表示の通貨価値を表します。

　自国通貨建て表示と外国通貨建て表示は，外国通貨と日本円のどちらを 1 単位にするかというだけの違いなので，自国通貨建て表示 1 ドル 110 円は，外国通貨建て表示 1 円 0.00909 ドルと同じことを意味します。

　日本も含め多くの国は自国通貨建て表示を採用していますので，特に断りがない限り，本書では為替レートは自国通貨建て表示を採用します。

■ 為替レートと円高・円安

　新聞やニュースを見ていると，円高とか円安という言葉が毎日登場しているのに気づくでしょう。正確に言えば，為替レートは自国通貨と外国通貨の交換比率なので，例えば円ドル為替レートでは，円高と言えば円高ドル安，円安と言えば円安ドル高のことを言います。円高ドル安とは 1 ドルに対して

日本円の価値が高くなることを意味し，円安ドル高はその逆で，1ドルに対して日本円の価値が安くなることを意味します。具体的には，昨日1ドル120円だったものが，今日1ドル100円になったときに，為替レートは円高ドル安になったと言います。

「ここで120円が100円になったのになぜ円高なの？」と疑問に思う人がいるかもしれません。ここでは，2つのポイントを押さえていれば一生間違わずにいられる方法を教えましょう。一つは外国通貨1ドルをただの1ドル札というモノだと考えてやることです。昨日まで，1ドル札がどこかのお店で120円で売られていたのに，今日になったら100円に値下がりしたとしたら，これは1ドルが安くなったことに他なりません。2つ目のポイントはドル安の裏側は円高だということです。昨日1ドル120円だったものが，今日1ドル100円になるということは，ドル安なので円高，つまり円高ドル安になったということです。

ここまでの話では，日本円とアメリカドルといった具体的な通貨の名前を出しましたが，経済学の中では，外国通貨に対して自国通貨高になること増価（Appreciation）あるいは切上げ（Revaluation），外国通貨に対して自国通貨が安くなることを減価（Depreciation）あるいは切下げ（Devaluation）と言います。

増価と切上げあるいは減価と切下げは，それぞれ同じことを意味しますが，どちらの用語を使うかは，為替相場制度に依存しています。変動相場制の場合は増価と減価，固定相場制の場合は切上げと切下げという用語を使います。

変動相場制あるいは固定相場制という用語も，耳慣れない言葉かもしれません。現在の日本は，変動相場制度を採用しています。したがって日本の為替レートは毎日変動します。しかし世界には，固定相場制度を採用している国もあります。このような国の為替レートはほとんど変動しません。どのような為替相場制度を採用するかは国の政策で決定しますが，いずれの制度にもメリットとデメリットが存在します。為替相場制度やその歴史については第10講，第14講，第15講で取り上げます。

■ 円安になると輸出が増えるのか

　（日本の）輸出とは，日本で生産されたモノを外国人が買うことを言います。このとき，モノは日本から船や飛行機に載せられて国境を越えていくでしょう。他方，輸入とは外国で生産されたモノを日本人が買うことを言います。

　サービスも国境を越えます。サービスは，モノとは異なり，「形のない」コトに対してお金を支払うことを言いますが，例えば外国からミュージシャンが飛行機に乗ってやってきて日本で公演を行ったとします。私達はその公演を観るためにチケット代を支払います。これはサービスの輸入にあたります。そして当然ながら，日本の輸出は外国の輸入，日本の輸入は外国の輸出になることにも注意しましょう。

　それでは，為替レートの変化は貿易にどのような影響を与えるのでしょうか。為替レートが円安ドル高になると，日本で生産されたモノつまり財は，その品質は変わらないのに，アメリカ人にとっては安くなります。例えば，昨日 100 円/ドルだった為替レートが今日 200 円/ドルの円安ドル高になったとしましょう。日本で生産された 100 万円の自動車をアメリカに輸出すると，アメリカではドル表示の価格になって販売されます。図表 1-2 を見てください。日本の自動車 100 万円は，昨日の為替レートで換算すると 10,000 ドルですが，今日の為替レートで計算すると 5,000 ドルになります。自動車の品質は昨日と今日では全く変わらないのに，アメリカ人にとってはその価格が半額となります。自動車が欲しかったアメリカ人なら，こぞって日本の自動車を購入するでしょう。

　同様に，円安ドル高になった場合にアメリカから牛肉 1 kg を 50 ドルで輸入するケースを考えてみましょう。昨日は 100 円/ドルだったので，日本人はアメリカの牛肉 1 kg を 5 千円で購入できますが，今日は 200 円/ドルなので，同じ牛肉 1 kg を 1 万円で購入することになります。つまり，円安ドル高になると輸入は不利になります。

　このように為替レートの円安ドル高つまり日本円の減価は，日本の輸出を拡大させるように，また輸入は縮小するように「理論的には」働きます。逆に，円高ドル安つまり日本円の増価は日本の輸出を縮小させ，輸入を拡大させるように「理論的には」働きます。

図表 1-2　為替レートの変化と貿易

(1) 日本がアメリカへ自動車 1 台を輸出する場合

日　本　　　　　　　　　　　　　　アメリカ

為替レート 100 円 / ドル

昨日：100 万円　　　　　　　　　　　昨日：10,000 ドル

為替レート 200 円 / ドル

今日：100 万円　　　　　　　　　　　今日：5,000 ドル

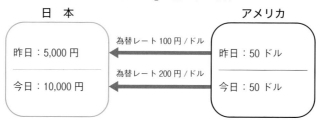

(2) 日本がアメリカから牛肉 1 kg を輸入する場合

日　本　　　　　　　　　　　　　　アメリカ

為替レート 100 円 / ドル

昨日：5,000 円　　　　　　　　　　　昨日：50 ドル

為替レート 200 円 / ドル

今日：10,000 円　　　　　　　　　　今日：50 ドル

　ただし，ここで「理論的に」としたのは，実際には為替レートが貿易に与える影響はもう少し複雑になるからです。為替レートが貿易に与える影響については，**第 4 講**と**第 5 講**で詳しく説明します。

　またここでは，為替レートが 1 日で 100 円/ドルから 200 円/ドルに減価しています。わかりやすくするように，大げさに円が減価した例を挙げたのですが，実際には 1 日でこれほど大きく減価することはほとんどないでしょう。為替レートが短期間で大きく変化することは，一般的に言って，経済に良い影響はありません。したがって各国は，為替レートを安定化するために，外国為替市場に介入したり，あるいは様々な為替相場制を採用したり，最適な為替政策を模索しています。様々な為替相場制度や外国為替介入については，**第 10 講**で詳しく説明します。

1.3 マクロ経済を測る指標----------------------

■ 世界の GDP

　世界には沢山の国があります。その中で一番経済規模の大きな国はどこで
しょうか。一国の経済規模を測る最も代表的な指標は，国内総生産（Gross
Domestic Product：GDP）でしょう。GDP とは，一定期間（具体的には 1 四半
期あるいは 1 年毎）に，ある国で生産された財・サービスの総額のことを指
しますが，正確には，一定期間に一国で生み出された付加価値の合計と定義
されます[1]。付加価値とは，新たに生み出された追加的価値のことを言いま
す。

　ここではパンの生産を例にとって GDP と付加価値の関係を説明します。
図表 1-3 を見てください。はじめに農家が小麦を生産し 100 円で製粉業者
に売ったとします(1)。次に製粉業者が購入した小麦を製粉してパン屋さん
に 150 円で売ります(2)。最後にパン屋さんは，製粉された小麦粉を使って
パンを作り 300 円で消費者に売ったとしましょう(3)。このような場合，付
加価値は(1)の工程で 100 円，(2)の工程で 50 円，(3)の工程で 150 円となり，
(1)から(3)を合計した 300 円が GDP として計上されます。

図表 1-3　パンの生産工程と GDP

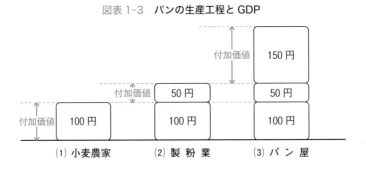

1　日本の GDP は，内閣府が国民経済計算（GDP 統計）として定期的に公表しています。

図表 1-4　世界の名目 GDP ランキング

1990 年			2018 年		
順位	国名	名目 GDP (単位：百万 US$)	順位	国名	名目 GDP (単位：百万 US$)
1	アメリカ	5,963,125	1	アメリカ	20,580,250
2	日 本	3,132,817	2	中 国	13,368,073
3	ドイツ	1,598,640	3	日 本	4,971,767
4	フランス	1,272,433	4	ドイツ	3,951,340
5	イギリス	1,191,021	5	イギリス	2,828,833
6	イタリア	1,170,996	6	フランス	2,780,152
7	カナダ	596,077	7	インド	2,718,732
8	イラン	575,265	8	イタリア	2,075,856
9	スペイン	534,328	9	ブラジル	1,867,818
10	ブラジル	455,173	10	韓 国	1,720,489

（データ出所）　IMF

　注意が必要なのは，中間財の二重計算の可能性です。ここの例では，生産される財は，小麦，小麦粉，パンの 3 つですが，財は大きく最終財と中間財の 2 つに分けることができます。最終財とは，ある企業が生産した財のうち消費者が購入する財のことを言うので，この例ではパンのことを指します。中間財は，ある企業が生産した財を別の企業が購入し最終財を生産するために用いる財のことを言い，ここでは小麦と小麦粉のことを指します。ここで，もしも小麦農家，製粉業者，パン屋さんが生産した財の価格を合計すると，100 円＋150 円＋300 円＝550 円 となり，付加価値を二重に計算してしまいます。そこで GDP の計算では，中間財の生産を除いて最終財・サービスだけを合計することになっています。つまり，この例では(3)の 300 円だけを GDP として計上します。付加価値の合計と同じ値になりましたね。

　図表 1-4 には，世界の（名目）GDP 上位 10 カ国を示しています[2]。アメリカの GDP は 1990 年，2018 年ともに不動の世界第 1 位ですが，日本の GDP は 1990 年には世界第 2 位だったものが，2018 年には第 3 位となり，

2　ただし，世界の GDP は各国の通貨単位で作成されるので，どこかの国の通貨単位に統一しないと比較できません。ここでは US ドルで統一し，そのために，各国の通貨と US ドルの為替レートを使って GDP を換算しています。しかし前述したとおり，為替レートが変化すればアメリカ以外の国の GDP も変動することに注意が必要です。

ランキングを 1 つ下げています。一方経済成長著しい中国の GDP は 1990 年にはランキング外だったのが，2018 年には堂々の第 2 位となっています。また GDP の成長率をみると，アメリカは 1990 年から 2018 年までに 250％も上昇しているのに対し，日本は約 60％の上昇にとどまっています。

　日本のようなグローバル化された経済では，外国との間の財やサービス，お金の取引が GDP に大きな影響を及ぼします。それでは実際に，このような国際間の経済取引は，GDP にどのような影響を与えているのでしょうか。またそれは実際にどのくらいの割合なのでしょうか。これらの問いについては，**第 2 講**と**第 3 講**で詳しく解説しましょう。

■ 経済変数の名目値と実質値

　経済学において，名目値と実質値の違いはとても重要です。1970 年の大卒初任給は 3 万円程度でしたが，こんな安月収ではとても生活ができなかったのではないかと思いますか。それは大きな誤解です。この時代はモノの値段も全般的に低かったので，3 万円もあれば十分に生活ができたのです。つまり現在の 3 万円と 1970 年の 3 万円では購入できるモノの量が違うのです。モノ全般の平均的な価格のことを物価（Price）と言いますが，金額表示の経済データには物価の影響を含んでいる名目値（Nominal Value）と，物価の影響を取り除いた実質値（Real Value）があります。名目値とは私達が普段生活しているときに目にする値ですが，実質値は計算しないとわからないことに注意してください。ここでは，GDP を例に挙げて名目値と実質値の違いを，もう少し具体的に説明しましょう。

　名目 GDP と実質 GDP の計算について，少し極端な例で説明しましょう。図表 1-5 のように，日本国内で生産されている財が米しかなく，それが 2017 年に 100 kg 生産され，1 kg 当たり 100 円だったとしましょう。名目 GDP は以下の式，

$$当該年の名目GDP＝当該年の生産量×当該年の価格$$

で表されるので，2017 年の名目 GDP は 10,000 円です。

　ここで 2018 年には，米の生産量は昨年と同じ 100 kg だったのですが，値

図表 1-5　名目 GDP と実質 GDP

	生産量	価格	名目 GDP	2017 年基準の 実質 GDP
2017 年	100 kg	100 円	10,000 円	10,000 円
2018 年	100 kg	200 円	20,000 円	10,000 円

段が上がり 1 kg 当たり 200 円になったとします。2018 年の名目 GDP は 20,000 円です。つまり，名目 GDP は一年間で 2 倍になったことになります。

　しかしよくよく考えると，名目 GDP が 2 倍になっても，お米の価格が 2 倍になっただけで，私達が食べられるお米の量は同じです。このように名目 GDP の変化は，生産「量」の変化と「価格」の変化が混ざっています。2018 年の名目 GDP の上昇は，価格の上昇によるものだけで生産量は変化していません。

　実質 GDP の計算では，基準年の価格を 100 に設定する必要があります[3]。ここで基準年を 2017 年とすると，2018 年の実質 GDP は，2017 年の価格 1 kg 100 円を 2018 年の生産量 100 kg にかけることにより，10,000 円となります。すなわち実質 GDP は次のように計算されます。

当該年の実質 GDP＝当該年の生産量×基準年価格

　ちなみに，2017 年の実質 GDP は 2017 年の生産量 100 kg と 2017 年の価格 1 kg 100 円をかけて 10,000 円となるので，基準年（2017 年）の GDP の名目値と実質値は同じになります。ここで 2017 年と 2018 年の実質 GDP を比較すると，同じ 10,000 円となっていることがわかるでしょう。つまり実質 GDP は，異なる年の生産量を同じ基準年価格で評価することで，生産「量」の変化だけを浮き彫りにします。

　図表 1-6 には，2017 年の世界の名目 GDP と実質 GDP の上位 10 カ国を示しました。この図表からは色々なことがわかります。例えば，世界第 1 位

3　基準年は通常 5 年毎に更新されます。

図表 1-6　世界の名目および実質 GDP 比較（2017 年）

名目 GDP			実質 GDP		
順位	国名	（単位：百万 US$）	順位	国名	（単位：百万 US$）
1	アメリカ	19,519,400	1	アメリカ	17,348,626
2	中　国	12,062,285	2	中　国	10,158,897
3	日　本	4,859,788	3	日　本	6,157,659
4	ドイツ	3,664,511	4	ドイツ	3,883,870
5	インド	2,652,245	5	フランス	2,874,672
6	イギリス	2,640,067	6	イギリス	2,816,441
7	フランス	2,591,775	7	インド	2,616,859
8	ブラジル	2,052,807	8	ブラジル	2,273,334
9	イタリア	1,950,703	9	イタリア	2,118,779
10	カナダ	1,649,934	10	カナダ	1,883,707

（データ出所）　名目 GDP は IMF，実質 GDP は国連統計（2010 年価格基準，2010 年
為替レートベース）

と第 2 位のアメリカや中国では，名目 GDP は実質 GDP よりも大きくなっ
ていますが，第 3 位の日本はその逆で，名目 GDP よりも実質 GDP の方が
大きくなっています。またインドを見てください。インドは名目 GDP では
第 5 位ですが，実質 GDP では第 7 位となります。このような違いには，後
述するように，日本のインフレ率が低いこと，またインドのインフレ率が相
対的に高いことが起因しています[4]。

　経済変数には，GDP 以外にも消費量，貨幣量，賃金，利子率，輸出，輸
入など様々なものがあります。それらの変数についても，それぞれ名目値と
実質値が存在しますが，名目値の変化は「価格」の変化と「量」の変化が混
在し，実質値の変化は「量」の変化だけであることに注意しましょう。

■ インフレとデフレ

　さて物価についてもう少し詳しく説明しましょう。物価とは，ある国にお

4　ただし，ここでは国際比較をするために全ての国の名目および実質 GDP を US ドル建てに換
　算しています。したがって，アメリカ以外の国の名目および実質 GDP は換算する為替レートの
　値に依存します。

ける財・サービス全般の平均的な価格を指しますが、世の中に数多く存在する財やサービスの値段を実際にはどうやって測るのでしょうか。

物価を測る指標のことを物価指数と言いますが、物価指数にはいくつもの種類が存在します。例えば、上述した実質 GDP と名目 GDP からも、物価指数の一つである GDP デフレータが次のように求められます。

$$\text{GDP デフレータ} = \frac{\text{名目 GDP}}{\text{実質 GDP}}(\times 100) \qquad (1.1)$$

この式は、名目 GDP と実質 GDP の定義に従って、

$$\text{GDP デフレータ} = \frac{\text{当該年の生産量} \times \text{当該年価格}}{\text{当該年の生産量} \times \text{基準年価格}}(\times 100)$$

と書き換えると、GDP デフレータが GDP を構成する財・サービスの基準年価格と当該年価格の比となっていることが一目でわかります。また実質 GDP を作成するために基準年が必要だったことを思い出せば、GDP デフレータにも基準年が存在することが理解できます。図表 1-5 の例では、基準年は 2017 年で、2017 年の名目 GDP および実質 GDP は 10,000 円だったので、2017 年（基準年）の GDP デフレータは 100 となります。また 2018 年の GDP デフレータは、2018 年の名目 GDP と実質 GDP がそれぞれ 20,000 円と 10,000 円だったので、200 となります。

GDP デフレータ以外の代表的な物価指数には、消費者物価指数（Consumer Price Index：CPI）や企業物価指数（Corporate Goods Price Index：CGPI）などがあります。詳しい説明は第 7 講で行いますが、いずれの指標も基準年では 100 となります。

またこれらの物価指数（物価水準とも言う）の変化率は、インフレ率（物価上昇率）と呼ばれ、定義は次のようになります。

$$\text{今期のインフレ率}(\%) = \frac{\text{今期の物価水準} - \text{前期の物価水準}}{\text{前期の物価水準}} \times 100$$

先の GDP デフレータの例では、今期を 2018 年、前期を 2017 年とすると、

$$\text{2018 年のインフレ率} = \frac{200 - 100}{100} \times 100 = 100\%$$

となります。また今期の物価水準が前期よりも上昇すること、つまりインフ

レ率がプラスのときインフレーション（インフレ），逆に今期の物価水準が下落すること，つまりインフレ率がマイナスのときデフレーション（デフレ）と言います。

　実際の経済でも，自国のインフレやデフレだけでなく，外国のインフレやデフレも為替レートを通じて自国経済に影響を及ぼします。これについては，**第7講**で取り上げます。

　さて物価について一通り学んだところで，もう一度名目値と実質値について考えましょう。(1.1) 式を変形すると，

$$\text{実質 GDP} = \frac{\text{名目 GDP}}{\text{GDP デフレータ}(\div 100)}$$

となります。つまり実質 GDP は，名目 GDP を GDP デフレータ（÷100）で割った値であることがわかるでしょう。すなわち経済変数の実質値は，その名目値をある物価水準で割ることによって得られます。しっかり覚えておきましょう。

■ フローとストックの違い

　本節では，経済学でとても重要な概念であるフローとストックの違いについて説明しておきます。フローとは，一定期間，つまりある時点（始点）からある時点（終点）までの期間に，計測する変数の変化量（額）を示します。したがって GDP は，一定期間の一国の財やサービスの総生産額（量）なのでフローにあたります。一方ストックは，ある時点（終点）における（蓄積された）量を表します。例えば所得はフローですが，銀行預金残高はストックとなります。

　私達が所得という言葉を使うとき，一般にそれは月収（あるいは年収）を指していると思います。これは私達がひと月で稼いだお金（あるいは一年間で稼いだお金）のことを言うでしょう。つまり所得とは，ひと月（あるいは一年間）といったように，「一定期間」に稼いだお金を意味するのでフローとなるのです。一方銀行預金の残高は，銀行通帳に記帳された「時点」の金額のことを指すのでストックになります。しかし同じ銀行預金でも意味合いによってフローとなったりストックとなったりするので，若干注意が必要です。

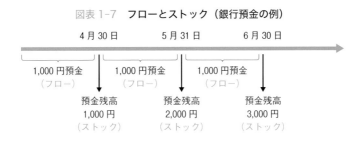

図表 1-7　フローとストック（銀行預金の例）

例えば，ある人が一カ月に 1,000 円ずつ預金するとすれば，これはフローに
なります（図表 1-7 参照）。フローとストックという概念を日ごろから意識し
て考えることは，経済学を深く理解するのに役立つでしょう。

■ **Active Learning**

《理解度チェック》···
　　□ 1　閉鎖経済下と開放経済下での経済主体を確認しましょう。
　　□ 2　GDP，輸出，輸入は，フロー変数，ストック変数のいずれでしょうか。

《調べてみよう》···
　　[1]　今日の円ドル為替相場と円ユーロ相場を調べてみましょう。
　　[2]　今日のドルユーロ為替相場を調べてみましょう。その上で [1] の円ドル
　　　　相場，円ユーロ相場とどのような関係にあるか考えてみましょう。

《Discussion》···
　　1 年後の名目 GDP と実質 GDP は，どのようになるか予想してみましょう。ま
たその予想の根拠はどのようなものかディスカッションしてみましょう。

第Ⅰ部
開放マクロ経済と貿易

第2講
国際収支統計と
対外純資産残高

■グローバル化した経済では，国際間のモノ，サービス，お金の取引が莫大な額となります。日本では，これらの取引を国際収支統計や対外純資産残高として公表しています。国際収支統計は，ある期間内における財・サービス，お金の国際間取引が記録されている統計で，これは経済学が言うところのフロー概念となります。一方，対外資産負債残高はストックの概念に基づく統計で，ある時点において一国が海外に保有するネットの金融資産残高が記録されています。

本講では，この国際収支統計と対外純資産残高について説明しましょう。

2.1　国際収支統計----------------------------------

■ 国際収支とは

国際収支（Balance of Payment）統計とは，一定期間に居住者と非居住者との間で行われた経済取引を体系的に記録した統計のことを言います[1]。

国際収支統計にはその取引の内容に応じて，(1)財・サービス・所得などに関する取引を記録する経常収支（Current Account），(2)金融資産の増減に関する取引を記録する金融収支（Financial Account），(3)(1)と(2)以外の資産取引を記録する資本移転等収支（Capital Account），で構成されています。また日本の国際収支統計は，IMF（International Monetary Fund：国際通貨基金）が2008年に公表した「国際収支マニュアル第6版」という国際的なルールに

1　国際収支統計（国際収支状況）は，月次（速報），四半期（第2次速報），年次（年次改訂）のタイミングでまとめられ，日本銀行と財務省のwebサイトでも公表されます。

図表 2-1　国際収支表の構成

```
                                    ┌─────────────┐
                           ┌────────│   貿易収支   │
                           │        └─────────────┘
                           │        ┌─────────────┐
              ┌─────────┐  ├────────│ サービス収支 │
              │ 経常収支 │──┤        └─────────────┘
              └─────────┘  │        ┌─────────────┐
                           ├────────│ 第一次所得収支│
                           │        └─────────────┘
                           │        ┌─────────────┐
                           └────────│ 第二次所得収支│
                                    └─────────────┘
                                    ┌─────────────┐
                           ┌────────│   直接投資   │
                           │        └─────────────┘
                           │        ┌─────────────┐
 ┌─────────┐  ┌─────────┐  ├────────│   証券投資   │
 │ 国際収支 │──│ 金融収支 │──┤        └─────────────┘
 └─────────┘  └─────────┘  │        ┌─────────────┐
                           ├────────│  その他収支  │
                           │        └─────────────┘
                           │        ┌─────────────┐
                           ├────────│ 金融派生商品 │
                           │        └─────────────┘
                           │        ┌─────────────┐
                           └────────│   外貨準備   │
                                    └─────────────┘
              ┌───────────┐
              │ 資本移転収支│
              └───────────┘
```

基づいて作成されています[2]。そのため世界の国々の国際収支を比較することが可能となっています。

　以下では経常収支，金融収支，資本移転等収支について，それぞれ詳しく説明していきます。

2.2　経 常 収 支

　財・サービスの国際間の取引を記録する経常収支（経常勘定とも言います）は，貿易・サービス収支，第一次所得収支および第二次所得収支で構成されています。つまり経常収支は次のようになります。

2　国際収支マニュアルは数年に一度変更があります。『国際収支マニュアル第6版』を日本が導入したのは2014年からです。

$$経常収支＝貿易・サービス収支＋第一次所得収支＋第二次所得収支$$

以下では，貿易収支・サービス収支，第一次所得収支，第二次所得収支についてそれぞれ見ていきましょう[3]。

■ 貿易・サービス収支

貿易収支には，自動車や衣類，農産物など「目に見える形をした」財の輸出入に関する代金が計上されます。自国が財を輸出すると，その代金として自国はお金を受け取るのでプラス，財を輸入するとお金を支払うのでマイナスとして記録されます。したがって貿易収支は 輸出－輸入 で定義されるので，貿易収支黒字とは，輸出額が輸入額より大きいことを示し，貿易収支赤字は，逆に輸出額が輸入額より小さいことを示します。

財が「形のある商品」であるとしたら，サービスは「形のない商品」と言えます。このサービスの国際間の取引はサービス収支に計上され，輸送，旅行，証券売買等に係る手数料，知的財産権等使用料などが含まれます。

具体的な例としては，外国人旅行客が日本にきてホテルに泊まった場合を考えましょう。この場合，日本（のホテル）は外国人に宿泊というサービスを提供しその代金を受け取ります。代金の受取ですので，サービス収支はプラスで計上されます。日本人旅行客が外国航空会社のフライトを利用した場合はどうでしょうか。この場合は，日本人は外国のフライトサービスに対して代金を支払うので，サービス収支はマイナスで計上されます。

■ 第一次所得収支

日本人が海外で提供した労働力や保有する資産から得られる収入は，第一次所得収支に記録されます[4]。正確には，第一次所得収支は，国際間をまたぐ雇用者報酬，直接投資収益，証券投資収益で構成されます。第一次所得収支

3　以前の国際収支統計では，第一次所得収支は所得収支，第二次所得収支は経常移転収支と呼ばれていました。

4　第一次所得収支は，国民経済計算（SNA）における「海外からの要素所得の純受取（海外からの要素所得の受取－海外への要素所得の支払い）」に一致します。したがって GNI（国民総所得）＝GDP＋海外からの要素所得の純受取＝GDP＋第一次所得収支 となります。

図表 2-2　日本の国際収支の変遷

(単位：億円)

	2010 年	2011 年	2012 年	2013 年	2014 年	2015 年	2016 年	2017 年
経常収支（a＋b＋c）	193,828	104,013	47,640	44,566	39,215	165,194	210,615	219,514
（a）貿易・サービス収支	68,571	−31,101	−80,829	−122,521	−134,988	−28,169	43,888	42,297
貿易収支	95,160	−3,302	−42,719	−87,734	−104,653	−8,862	55,176	49,554
輸　出	643,914	629,653	619,568	678,290	740,747	752,742	690,927	772,855
輸　入	548,754	632,955	662,287	766,024	845,400	761,604	635,751	723,301
サービス収支	−26,588	−27,799	−38,110	−34,786	−30,335	−19,307	−11,288	−7,257
（b）第一次所得収支	136,173	146,210	139,914	176,978	194,148	213,032	188,183	198,374
（c）第二次所得収支	−10,917	−11,096	−11,445	−9,892	−19,945	−19,669	−21,456	−21,157
資本移転等収支	−4,341	282	−804	−7,436	−2,089	−2,714	−7,433	−2,872
金融収支	217,099	126,294	41,925	−4,087	62,782	218,764	282,764	176,642
直接投資	62,511	93,101	93,591	142,459	125,877	161,319	145,293	168,271
証券投資	127,014	−135,245	24,435	−265,652	−48,330	160,294	296,496	−59,680
金融派生商品	−10,262	−13,470	5,903	55,516	37,644	21,439	−16,582	34,561
その他投資	−89	44,010	−51,490	25,085	−61,306	−130,539	−136,662	6,972
外貨準備	37,925	137,897	−30,515	38,504	8,898	6,251	−5,780	26,518
誤差脱漏	27,612	21,998	−4,911	−41,217	25,656	56,283	79,583	−40,000

（注）　暦年ベース。
（データ出所）　財務省 Web サイト

では，貿易・サービス収支と同様に，日本人が海外から収入を受け取るとプラス，支払うとマイナスとして計上します。

　雇用者報酬は，企業と「雇用関係」にある個人が得た報酬だけを計上します。例えば，日本人がアメリカ現地の企業と雇用契約を結び，労働を提供しその対価として報酬を受け取った場合，第一次所得収支としてプラスで計上されます。ただし，海外アーティストが日本でコンサートを行って得た報酬（雇用契約がなければ）は，サービス収支に計上されます。

　直接投資とは，後で詳しく説明しますが，簡単に言えば，日本の企業が海外に工場や子会社を設立するなどして，長期間海外で営業活動を行うことを言います。一方証券投資は，日本人が海外企業の株式や債券などの金融資産を購入することを言います。直接投資や証券投資を行うと，そこから様々な形の利益（利子や配当金など）が生じますが，その利益のことを投資収益と

呼び，それぞれ直接投資収益，証券投資収益と言います。

　ここで実際の日本の国際収支の変遷を表した図表 2-2 を見てみましょう。2010 年から 2017 年まで日本の経常収支は継続的に黒字ですが，2012 年から 2014 年にかけて 3〜5 兆円まで黒字額が減少していたことがわかります。この経常収支の黒字額減少の要因の一つとして，2011 年 3 月の東日本大震災後，原油や天然ガスなどのエネルギー関連の輸入額が増加し，貿易・サービス収支が 2013 年から 2014 年にかけて 10 兆円以上の大幅な赤字となったことが挙げられます。またそれとは対照的に，第一次所得収支は一貫して 15 兆円以上の黒字で推移していることが見て取れるでしょう。つまり貿易・サービス収支と比較すると，第一次所得収支の黒字傾向は堅調であり，現在の日本の経常収支黒字は第一次所得収支の黒字によるものといえます。

■ 第二次所得収支

　一般の経済取引は，財・サービスを購入するとその対価としてお金を支払います。しかし中には，お金を支払わずに財・サービスが手に入るときもあるでしょう。第二次所得収支は，日本と海外の間で対価を伴わない，つまり無償で財・サービスや資金を提供した場合（無償資金協力，寄付，贈与）に計上されます。具体例として日本政府（民間も含めて）は，毎年発展途上国の援助のために食料や医薬品を無償で贈っていますが，これは第二次所得収支に計上されます。他にも海外に留学している子供へ両親が生活費を仕送りする場合なども入ります。発展途上国は他の国から無償の資金援助が多いので，第二次所得収支は黒字になりますが，日本は恒常的に赤字となっています（図表 2-2 参照）。

　第二次所得収支と似ているものに資本移転等収支がありますが，これについては後述します。

2.3　金融収支 -

　経常収支はモノやサービスの国際間の移動を把握するための統計でしたが，金融収支は金融資産の国際間の移動状況を見るための統計です。金融収支の内訳は，直接投資，証券投資，金融派生商品，その他投資，外貨準備（の増減）に分かれます[5]。つまり，

　金融収支＝直接投資＋証券投資＋金融派生商品＋その他投資＋外貨準備

となります。なお，この金融収支は **2.6節** で詳しく説明しますが，対外純資産残高の増減に一致します。

■ 直接投資と証券投資

　最近では日本企業が海外進出することは当たり前のようになってきています。日本企業が海外進出することを具体的にイメージしてみましょう。トヨタが中国で生産を行うため工場を建設する，三菱 UFJ 銀行がシンガポールの企業に融資を行うため子会社を設立する，ユニクロがイギリスで衣料品を販売するため店舗を開店する，などが例として挙げられるでしょう。このように，企業が海外で長期的に事業を行うことを目的にした投資を，直接投資と呼びます。

　実際に直接投資を行う際には 2 通りの方法があります。一つは，企業が一から工場や店舗を建設し，日本から従業員を送ってビジネスを開始する方法です。これはグリーンフィールド投資とも呼ばれます。もう一つは，近年主流になりつつありますが，迅速に海外進出を進めるため海外の企業を買収し経営を支配する方法もあります。企業買収とは，ある企業が別の企業の株式を一定割合以上保有することによって，企業の経営に直接的あるいは間接的に参加し影響を与えることを指します。

　証券投資は，キャピタルゲイン（値上がり益）やインカムゲイン（利息や配

5　証券投資は，以前の国際収支統計では間接投資と呼ばれていました。

当）を得ることを目的として，海外の証券（株式や債券）を購入することを言います。直接投資との違いは，証券投資の場合，証券を購入した先の企業の経営に参加することを目的としない点です[6]。

金融収支に含まれる直接投資および証券投資と第一次所得収支に含まれる直接投資収益および証券投資収益との違いに注意しましょう。金融収支内の直接投資および証券投資は，売買した金額（当初の投資額）が計上されるのに対し，第一次所得収支内の直接投資収益および証券投資収益は，日本人が外国の資産を一定期間保有していたときに得られる配当や利息が計上されます。

また自国から外国へ投資することを対外投資，外国が自国に投資を行うことを対内投資と呼びます。

■ その他投資，金融派生商品，外貨準備

日本企業が財を輸出した場合，外国企業はその代金を支払わなければなりません。通常，代金の支払いは銀行口座を通して行われますが，こうした外国の銀行と日本の銀行の間の資金決済はその他投資に計上されます。

金融派生商品（デリバティブとも呼ばれる）とは，金融資産（株式，債券，外国為替）の先物やオプション取引，スワップ取引などを言います。近年，金融派生商品の国際間取引額が無視できないくらい大きくなり，国際収支統計では，金融派生商品という別立ての項目でこの商品の国際間取引を計上しています。金融派生商品については第6講で説明します。

外貨準備の項目は，日本銀行や日本政府（外国為替資金特別会計）が保有する外国通貨や外国通貨建ての金融資産[7]の増減が計上されます。外貨準備は，主に外国為替市場への為替介入など政策に使われます。外国為替介入については第10講を参照してください。

6　現在の国際収支統計では，外国企業の発行済株式数の10%以上を保有すると直接投資，10%未満だと証券投資に分類されます。

7　外国通貨建て金融資産には，SDR（Special Drawing Right：特別引出権）や金，IMFリザーブポジションが含まれます。

2.4　資本移転等収支----------------------------

　日本政府は，世界の貧しい国の道路や橋などの社会資本（いわゆるインフラ）整備のために海外援助を行っています。こうした開発途上地域の開発を目的とした政府および政府関係機関による国際協力活動のための公的資金は，ODA（**Official Development Assistance**：政府開発援助）として知られていますが，日本政府は，この資金の全額または一部を免除したり，国際開発銀行などの国際開発金融機関等を通じて資金の貸付を行っています。このような対価を伴わない固定資産の提供や債務免除などは，資本移転収支に計上されています[8]。日本は当然ですがいつも赤字です。資本移転収支と第二次所得収支の違いは，資本移転収支は社会資本などの固定資産に対する資金提供が対象であるのに対し，第二次所得収支は食料などの消費財やサービスに対する資金提供が対象となります。

2.5　国際収支の特徴----------------------------

■ 国際収支と複式計上

　国際収支統計では，国際間の財・サービス，金融資産の取引が複式簿記の原理を用いて記録されています。複式簿記の原理とは，一つひとつの取引について「貸方」と「借方」のそれぞれに同額を記録する方法ですが，重要なことは「貸方」の合計と「借方」の合計は常に一致するということと，財・サービスやお金が出ていくときは「貸方」，入って来るときは「借方」に計上されるということです[9]。

　ここでは次のような例を挙げて説明しましょう。

8　旧国際収支統計では，資本移転収支は資本収支の中のその他収支という項目で計上されていました。

9　現金や商品など資産が増えた場合は借方（かりかた）に，減った場合は貸方（かしかた）に計上するのが複式簿記の基本ルールです。詳しくは簿記論や会計学の教科書を参照してください。

図表 2-3　国際収支の複式計上の仕組み

経常収支

ケース	貸　方	借　方	貸方−借方
(1) の取引	100 万円		100 万円
(2) の取引	10 万円		10 万円
合　計	110 万円	0 円	110 万円

金融収支

ケース	貸　方	借　方	借方−貸方
(1) の取引		100 万円	100 万円
(2) の取引		10 万円	10 万円
(3) の取引	30 万円	30 万円	0 万円
(4) の取引	20 万円		−20 万円
合　計	50 万円	140 万円	90 万円

資本移転等収支

ケース	貸　方	借　方	貸方−借方
(4) の取引		20 万円	−20 万円
合　計	0 円	20 万円	−20 万円

(1)　トヨタが自動車を 1 台 100 万円でアメリカに輸出した

(2)　中国人観光客が日本のホテルに 1 泊 10 万円で宿泊した

　図表 2-3 にあるように，(1)では日本から自動車がアメリカに出ていく代わりに，アメリカから輸出代金としてお金が日本に入ってきます。これを国際収支表に計上する場合，経常収支（の貿易収支）の貸方に 100 万円，金融収支（のその他投資）の借方に 100 万円と記録します[10]。

　(2)では，日本のホテルがサービスを中国に提供する代わりに，中国からお金が日本に入ってくるので，経常収支（のサービス収支）の貸方に 10 万円，金融収支（のその他投資）の借方に 10 万円が記録されます。

　つまり財・サービスの国際間取引では，財・サービスの移動を記録する経

10　国際収支統計では円に換算して記録されています。

常収支とその支払いを記録する金融収支が常にワンセットで同額が計上されます。

それでは次のような例はどうでしょうか。

(3) 日本人投資家がアメリカ人の保有する株式を 30 万円購入した
(4) 日本政府がミャンマーに 20 万円分の上下水道整備を全額免除（無償）で行った

(3)では，日本人投資家からアメリカ人へ 30 万円のお金が出ていき，アメリカから株式が日本へ入ってくるので，金融収支（のその他投資）の貸方に 30 万円，金融収支（の証券投資）の借方に 30 万円が記入されます。つまり (3)の例では，(1)と (2)とは異なり，1 つの取引が金融収支の貸方と借方に同額が計上されます。

(4)は，お金だけが日本からミャンマーに一方的に出ていく資本移転等収支の例ですが，これだけ特別に覚えると良いです。この場合，資本移転等収支の借方に 20 万円，金融収支の貸方に 20 万円が記録されます。

■ 経常収支と金融収支の関係

図表 2-3 のように，国際間をまたがる取引は，経常収支，金融収支，資本移転収支ごとにまとめられますが，ここで注意が必要なのは，各収支の合計の方法です。経常収支と資本移転収支は貸方から借方を引いた額，金融収支だけ借方から貸方を引いた額が合計になります[11]。したがって経常収支，金融収支，資本移転収支の間には，次のような恒等式が成立します。

$$経常収支＋資本移転等収支＝金融収支 \qquad (2.1)$$

資本移転等収支は通常あまり大きな額ではないので，理論上は，

$$経常収支＝金融収支 \qquad (2.2)$$

と考えます。また (2.1) 式より，国際収支は，

11　金融収支だけ借方から貸方を引く理由は，小川・岡野（2016）を参考にしてください。

国際収支＝経常収支－金融収支＋資本移転収支＋誤差脱漏＝0

と定義されます。実際の国際収支表では，統計上の誤差や漏れを相殺するために，上の式に誤差脱漏という項目をおいて，いつでもゼロになるようにしてあります。実際の国際収支を表した図表 2-1 で確認してみましょう。

2.6 対外純資産残高

■ 対外純資産残高とは

私達が一年間にどれくらい収入があり，どのくらい消費したかは家計簿で確認することができ，また現在どのくらいお金を持っているのかは銀行の預金残高を見ればわかります。これと同様に，日本人が海外との取引で財・サービスや金融資産を一年間にどれくらい売ったり買ったりしたのかは，国際収支で見ることができ，また日本人が現在どれくらい海外に資産を持っているかは，対外純資産という統計を見ればわかります。

対外純資産とは，ある時点において日本人が海外に保有している金融資産（対外資産）から，外国人が日本国内に保有している資産（対外負債）を引いた残高のことを言います。つまり，

対外純資産残高＝対外資産残高－対外債務残高

と定義されます。図表 2-4 にあるとおり，2017 年末の日本の対外純資産は約 336 兆円であり，長期にわたって世界一であることが知られています[12]。

対外資産は直接投資，証券投資，金融派生商品，その他投資および外貨準備という項目ごとに記録されています。図表 2-4 を見ると，全ての項目でプラスになっていますがわかります。これは，直接投資，証券投資，いずれにおいても，日本人が海外資産を購入する方が，外国人が日本の資産を購入するより継続的に多いことを示しています。

---

12 財務省と日本銀行は，日本の対外純資産残高を四半期および年末に一度，「本邦対外資産負債残高」という統計で取りまとめて公表しています。

図表 2-4　対外純資産残高（2017 年末）

（単位：10 億円）

	資　産	負　債
直接投資	174,699	28,555
証券投資	463,417	377,687
金融派生商品	33,834	33,941
その他投資	198,075	243,801
外貨準備	142,406	
合　計	1,012,431	683,984
純資産合計		328,447

（注）　暦年ベース。
（データ出所）　財務省 Web サイト

■ 対外純資産残高と金融収支

　対外純資産残高は，金融収支と表裏一体の関係にあります。これは，対外資産の項目が金融収支の項目と同じであり，金融収支はフロー，対外資産負債残高はストックの概念であることを想起すれば，次のような関係が成り立つことがわかります。

　　　　金融収支＝期末の対外純資産残高－期首の対外純資産残高

　また資本移転収支を無視すれば，（2.2）式から，

　　　　経常収支＝期末の対外純資産残高－期首の対外純資産残高

という関係も成立し，ある期間の経常収支黒字額は，同じ期間の対外純資産残高の増加分に一致します[13]。つまり日本の巨額な対外純資産残高は，過去の持続的な経常収支黒字の証拠でもあり，またこの巨額な対外純資産残高によって，現在の持続的な所得収支黒字が生まれています。

　ちなみに，対外純資産残高が世界で最も大きいのは日本ですが，対外純債

13　実際には，為替レートの変動により正確には一致しません。

務残高が最も大きいのはアメリカです。

2.7 まとめ----------------------------------

　本講では，自国と外国の間のモノ，サービス，お金の取引を記録する国際
収支統計と対外純資産残高について学びました。この2つの統計は，**第1講**
で説明したように，前者がフロー，後者がストックの概念からまとめられて
います。国際収支は，定義により合計でゼロになること，経常収支と金融収
支は資本移転等収支を除けば必ず等しくなることは，特に重要です。しっか
り覚えておきましょう。

コラム　国際収支の発展段階説

　一国の経済が長期的に発展するにつれて，国際収支の構造が段階的に変化するとい
う考え方を国際収支の発展段階説と言います。この仮説は，1950年代，キンドルバー
ガー（C. P. Kindleberger）やクローサー（G. Crowther）といった経済学者によって
提唱されました。

　国際収支の発展段階説によると，経常収支，貿易・サービス収支，（第一次）所得
収支，対外純資産残高の4項目に着目することで，一国の経済の発展度を，未成熟な
債務国，成熟した債務国，債務返済国，未成熟な債権国，成熟した債権国，債務取崩
し国の6段階に分類できるとされますが，これを図表2-5によって説明しましょう[14]。

　まず経済発展の初期段階にある国は，社会インフラが未整備であり，産業も未発達
で財やサービスを自国で十分に生産できず，また国内の資金も不十分です。このよう
な国は，財やサービス，資金を海外から調達して社会インフラを整備し，未発達な産
業を育成しようとするでしょう。したがって，貿易・サービス収支，所得収支，経常
収支，対外純資産残高が赤字となります。このような国の発展度は，未成熟な債務国
に分類されます。

　経済が発展するにつれ，国内産業が成長し輸出が拡大します。その結果，貿易・
サービス収支が黒字に転じますが，蓄積した対外純債務（赤字の対外純資産残高）の
利払いがあるので所得収支は依然として赤字のままとなります。したがってこのよう
な経済は，経常収支は赤字，対外純資産残高は赤字となり，成熟した債務国の段階に
入ります。

　さらに経済が発展すると，貿易・サービス収支の黒字が拡大し，所得収支の赤字（対
外純債務の利払い）を上回るようになり，経常収支が黒字化します。経常収支の黒字

14　Crowther（1957）参照のこと。

図表 2-5　国際収支の６つの発展段階

	経常収支	貿易サービス収支	(第一次)所得収支	対外純資産残高
未成熟な債務国	大幅な赤字	赤字	赤字	赤字
成熟した債務国	赤字	黒字	大幅な赤字	大幅な赤字
債務返済国	黒字	大幅な黒字	赤字	赤字
未成熟な債権国	大幅な黒字	黒字	黒字	黒字
成熟した債権国	黒字	赤字	大幅な黒字	大幅な黒字
債権取崩し国	赤字	赤字	黒字	黒字

化に伴って，対外純資産残高の赤字は減少しますが，まだ赤字の状態です。つまりこのような経済は，貿易・サービス収支は黒字，所得収支は赤字，経常収支は黒字，対外純資産残高は赤字となり，債務返済国の段階に入ります。

　経済の発展がさらに進むと，貿易・サービス収支は一層拡大し経常収支が大きく黒字化します。これに伴って対外純資産残高が黒字に転じ，対外純資産の配当や利子所得などの純受取がプラスになるため所得収支も黒字化します。したがってこのような経済は，貿易・サービス収支，所得収支，経常収支，対外純資産残高の全てが黒字となり，経済の発展度は未成熟な債権国の段階となります。

　経済が十分に成熟した国では，所得が上昇し，その結果労働コストが上昇するため輸出産業（の一部）が国際競争力を失い，貿易・サービス収支が赤字化していきます。一方，対外純資産残高は非常に大きいので，所得収支の黒字額が上昇し，経常収支は黒字を維持します。つまり，貿易・サービス収支が赤字，所得収支，経常収支，対外純資産残高が黒字となると，経済発展度は成熟した債権国の段階に入ります。

　経済の発展度が最終段階に入ると，貿易・サービス収支の赤字が拡大し，所得収支の黒字額を上回り経常収支が赤字に転じます。経常収支の赤字は，対外純資産残高の減少に等しいため，この段階に入った国の発展段階は，債権取崩し国に分類されます。

　以上のように説明される国際収支の発展段階説ですが，現在の日本経済はどの段階にあるでしょうか。図表 2-2 や図表 2-4 で確認できるように，2017 年末の日本は，貿易・サービス収支，所得収支，経常収支，対外純資産残高の全ての項目で黒字なので，未成熟な債権国に分類されますが，2013 年から 2014 年にかけて貿易・サービス収支の赤字を経験しています。また対外純資産残高の大幅な黒字額，堅調な所得収支の黒字傾向，経常収支の黒字額がかつてよりも減少していることを考慮すると，国際収支の発展段階説によれば，日本は成熟した債権国の段階に入りつつあるのかもしれません。

《理解度チェック》・・

□ 1　日本人が韓国メーカーからスマートフォンを1台5万円で購入した場合，国際収支表にはどのように計上されますか。

□ 2　日本企業がニューヨークのビルを購入した場合，国際収支表にはどのように計上されますか。

□ 3　中国の子会社から日本の本社へ利益の送金があった場合，国際収支表にはどのように計上されますか。

《調べてみよう》・・・

[1]　アメリカの経常収支の推移を調べてみましょう。

[2]　中国の対外純資産残高の推移を調べてみましょう。

《Discussion》・・

[1]　日本の対外純資産残高はなぜ世界一なのでしょうか。その理由を考えてみましょう。

[2]　世界一の対外純債務国のアメリカ経済はなぜ債務不履行（デフォルト）しないのでしょうか。

文 献 紹 介

● 小川英治・岡野衛士（2016）『国際金融』東洋経済新報社

● Crowther, G.（1957）*"Balances and Imbalances of Payments"*, Harvard University Graduate School of Business Administration; Bailey & Swinfen.

第3講
開放経済下の
国民所得決定と経常収支

■本講では，開放経済下で国民所得と経常収支がどのように決定されるのかを
考えます。はじめに閉鎖経済下での国民所得の決定について考え，それから
開放経済下へ拡張していきましょう。

　マクロ経済では，財やサービスを取引する財・サービス市場，貨幣を取引
する貨幣市場，企業と家計の間で労働力を取引する労働市場など複数の市場
均衡を同時に分析します。ただし複数の市場を一度に考えるのは難しいので，
ここでは，財・サービス市場だけに限って考えます。貨幣市場の存在を考慮
にいれたマクロ経済モデルは，第11講で学んでいきます。

3.1　閉鎖経済の場合

■ 閉鎖経済下の国民所得決定と 45 度線分析

　経済学では，需要と供給が一致することを均衡（Equilibrium）と言い，均
衡で取引される生産量と価格（それぞれ均衡生産量，均衡価格と呼ばれます）
が決定されます。同様に，国民所得あるいは GDP の決定においても，一国
全体の需要を総需要，また一国全体の供給量を総供給と呼び，総需要と総供
給が一致する均衡で，均衡国民所得あるいは均衡 GDP が決まります。

　まず総需要を定義しましょう。ここでは民間消費を C，民間投資を I，政
府支出を G，一国の総需要を Y^d とし，数式によって表すと次のようになり
ます。

$$Y^d = C + I + G \tag{3.1}$$

（3.1）式の右辺は国内需要，国内アブソープションあるいは内需と呼ばれます[1]。

次に一国の総供給を考えましょう。閉鎖経済の場合，総供給 Y^s は GDP（国内総生産）と等しくなります[2]。Y^s は，必ず家計や企業などの経済主体の所得 Y となって分配されるので，

$$Y^s = Y \tag{3.2}$$

となります。すなわち一国の財市場の均衡条件は，

$$Y^d = Y^s \tag{3.3}$$

となり，（3.1）式，（3.2）式，（3.3）式を考慮すると，閉鎖経済下で均衡国民所得は，次のようになります。

$$Y = C + I + G \tag{3.4}$$

つまり均衡国民所得は，（3.4）式から総需要と総供給が一致するような民間消費，民間投資と政府支出で構成されていることがわかります。

ここではさらに消費支出 C について，次のようなケインズ型の消費関数を想定します。国民所得を Y とするとケインズ型消費関数は，

$$C = c_0 + c_1 Y \tag{3.5}$$

となります[3]。（3.5）式の c_0 は基礎消費（あるいは独立消費，$c_0 > 0$）と呼ばれ，所得水準とは関係なく家計が支出する消費水準を意味します。つまり基礎消費が 10 万円であれば，たとえ今月の所得がなくても 10 万円は必ず消費するということです。c_1 は限界消費性向と呼ばれ，所得が 1 単位増加した場合にどれだけ消費が増加するかを表しています。限界消費性向は，所得が増加すれば消費は必ず少しは増加するであろうし，また増加した所得以上には消費

1　これは三面等価の原則の「支出面からみた GDP」にあたります。三面等価の原則については，本講末の**補論**を参考にしてください。

2　これは三面等価の原則の「生産面からみた GDP」にあたります。

3　ケインズ型消費関数の右辺の Y は，所得から税収を除いた可処分所得で定義されることもあります。ここでは簡単化のために税収をゼロとしています。

は増えないと考えられるので $0 < c_1 < 1$ が仮定されます。同様に，増加した所得分のうち消費に回らなかった分の $1 - c_1 (\equiv s)$ は，貯蓄に回されるので限界貯蓄性向と呼ばれます。例えば1万円所得が増加した場合，限界消費性向が0.8なら，8,000円を消費に回し，残り2,000円は貯蓄になることを意味します。

　次に企業の投資と政府支出についても考えてみましょう。企業はある年の投資水準を決めるとき，将来の景気や金利，現在の資本ストックの状況など様々なことを考慮して慎重に決定するでしょう[4]。しかし，ここでは次のように，一番単純な投資関数を想定します。

$$I = \bar{I} \tag{3.6}$$

　右辺の $\bar{I}$ は，投資は外生変数（独立変数とも言います）であることを表します[5]。**第11講**以降では，貨幣の存在するマクロモデルを再考しますが，そこでは金利の影響を考慮した投資関数を組み入れた経済モデルによって，どのように国民所得が決定するかを考えます。

　同様に，政府支出 G も政府が独立で決定する（外生的に与えられる）と仮定し，

$$G = \bar{G} \tag{3.7}$$

とします。

　再度 (3.1) 式に，(3.5) 式，(3.6) 式，(3.7) 式を代入すると，

$$Y^d = c_0 + c_1 Y + \bar{I} + \bar{G} \tag{3.8}$$

となることがわかるでしょう。(3.8) 式を図表3-1のように，縦軸に総需要 Y^d，横軸に国民所得 Y をとると，傾き c_1，切片 $c_0 + \bar{I} + \bar{G}$ の右上がりの直線 AD が描けます。ここで $0 < c_1 < 1$ であることに注意してください。

4　資本ストックとは，生産に必要な工場や生産設備などのことを言います。
5　外生変数とは，想定しているモデルの外から与えられる，つまりこのモデルではどうやって決まるのかは考えないことを意味します。一方，内生変数とは，その逆で，想定しているモデル内で決まる変数のことを言います。マクロ経済学では，沢山の変数が出てくるので，全ての変数がどうやって決まるかをいちいち検討していると，何を分析しているのかがわからなくなってしまうので，一部の変数を外生変数として取り扱って分析することが多いです。

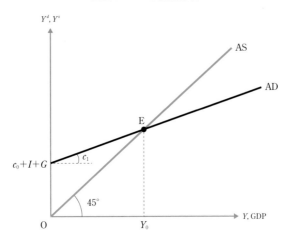

図表 3-1　45度線分析

　図表 3-1 に，(3.2) 式すなわち総供給を直線 AS とすると，その傾きは 1（つまり 45°）となります。AS 線の傾きは AD 線の傾き c_1 よりも必ず大きくなるので，必ず交点を持ちます。均衡条件 (3.3) 式より，直線 AD と AS の交点である E 点が均衡点となり，この E 点に対応する国民所得 Y_0 が均衡国民所得（均衡 GDP）となります。

■ 閉鎖経済下の財政政策と政府支出乗数

　財政政策（Fiscal Policy）とは，政府が政府支出（財政支出とも言う）や税金を増やしたり減らしたりすることによって，国内の総需要をコントロールし景気を調節することを言います[6]。例えば不景気のときには，政府は政府支出を増加させ（あるいは減税し），国民所得を増加させようとします。逆に景気が過熱しすぎているときには，政府支出を減少させ（あるいは増税し）ます。前者は拡張的財政政策，後者は緊縮的財政政策（財政政策の引き締め）と呼ばれます。

6　政府支出には，高速道路やダムなどの建設（公共投資），医療や介護，子育て支援などの社会保障サービスなどが含まれます。また税金には，消費税，所得税，法人税などがあります。

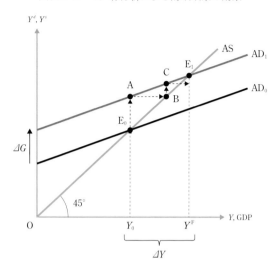

図表 3-2　45°線分析による財政政策の効果

本節では，上で説明した45度線分析を使って，政府による財政政策の国民所得への効果を分析してみましょう。

はじめに経済が図表 3-1 にある Y_0 で均衡しているのですが，まだ失業が存在する状態にあるとしましょう。図表 3-2 の Y^F は，失業の存在しない完全雇用状態にある国民所得（完全雇用国民所得）の水準を示しています。ここで政府は完全雇用国民所得水準 Y^F を達成するために，政府支出を ΔG だけ増加させる拡張的財政政策を実施したとしましょう。このような場合，総需要が増加するので AD 線が ΔG 分だけ上方にシフトし，新しい均衡国民所得は Y^F になります。図表 3-2 を見てもわかるとおり，Y_0 から Y^F への増加分 ΔY は，政府支出の増加分 ΔG より大きくなっています。なぜなら，ΔG の増加には時間を通じた波及効果があるからです。

政府支出の増加 ΔG は，AD 線の上方シフトにより，すぐに E_0 点から A 点へ移動しますが，A 点では経済は均衡していません。A 点では総需要が総供給を上回る超過需要状態にあります（縦軸の AE_0 の部分）。この超過需要に対応するために企業は生産を増加させ，増加した生産から得られた利益を家

計に分配すると，経済はB点に移動します。さらに家計は増えた所得の分だけ消費関数に従って消費を増加させたとすると，経済はC点に移動するでしょう。このように経済は，当初の均衡 E_0 点からA点→B点→C点→…と，財政政策の効果が時間を通じて波及し，最終的に新しい均衡 E_1 点に到達します。これは政府支出の波及効果あるいは乗数効果と呼ばれます。

それではこの政府支出の増加分 ΔG によって，均衡国民所得はいったいどのくらい増加するのでしょうか。これは次の式からわかります[7]。

$$\Delta Y = \frac{1}{1-c_1}\Delta G \tag{3.9}$$

ここで $\frac{1}{1-c_1} \equiv \frac{1}{s}$ は政府支出乗数と呼ばれます。この式から，政府支出 ΔG はそれに限界貯蓄性向の逆数を掛けた分だけ均衡国民所得を増加させることがわかります。また限界消費性向 c_1 が大きい（限界貯蓄性向 s が小さい）ほど，政府支出乗数は大きくなることもわかります。

具体的な数値例を挙げると，限界消費性向 c_1 が 0.8 であるとき，政府支出を 40 兆円増加させるとすると，(3.9) 式に $c_1 = 0.8$，$\Delta G = 40$ をそれぞれ代入して，国民所得が 200 兆円増えることがわかります。

■ 閉鎖経済下のIS バランス・アプローチ

三面等価の原則により，GDP は必ず家計か企業の所得として分配されます[8]。つまり企業が生産活動を行う際，家計は労働力を企業に提供し，企業はその対価として家計に賃金を支払います。この賃金は家計の所得となり，家計はそれを消費するか，税金 T として支払うか，あるいは貯蓄 S をすることになります。すなわちこれは，

$$Y = C + S + T \tag{3.10}$$

と表すことができます。(3.4) 式と (3.10) 式から

$$S - I = G - T \tag{3.11}$$

7　(3.9) 式の導出は本講末の**補論**にあります。
8　三面等価の原則は本講末の**補論**に説明があります。

となります。(3.11) 式の左辺 $S-I$ は，民間部門の貯蓄 S から民間投資 I を引いたものなので，民間貯蓄超過と呼ばれます。同様に (3.11) 式の右辺 $G-T$ は，政府部門の支出 G から税収入 T を引いたものなので，財政赤字（あるいは政府貯蓄の赤字と表現されるときもあります）となります。(3.11) 式は，閉鎖経済下の IS バランス（あるいは貯蓄投資バランス）と呼ばれ，民間部門の貯蓄超過分は事後的にいつでも財政赤字に等しくなることを意味します。つまりこの IS バランスから，政府の財政赤字が大きい国は，民間の貯蓄超過も大きいことになります[9]。

3.2 開放経済の場合 -

■ 開放経済下の国民所得決定

さて外国との貿易を考慮にいれた開放経済の場合，3.1 節の分析はどのように拡張されるでしょうか。開放経済下の場合，一国の総需要は，

$$Y^d = C + I + G + EX \tag{3.12}$$

と定義されます。(3.1) 式と比較すると，右辺に輸出 EX が追加されていることがわかるでしょう。開放経済下では，国内アブソープションに加え，外国が国内の財やサービスを需要する輸出も総需要に含まれることになります。

開放経済下の一国の総供給は，国内で生産された GDP とともに外国で生産された財・サービスを輸入 IM も含まれます。すなわち総供給 Y^s は，

$$Y^s = Y + IM \tag{3.13}$$

となります。閉鎖経済下での総供給を示す (3.2) 式と比較してみましょう。

開放経済下の財市場の均衡条件は，閉鎖経済下と同じ (3.3) 式なので，(3.12) 式と (3.13) 式から

9　(3.11) 式を考える場合，この式が恒等式であるという点に注意が必要です。恒等式とは，左辺と右辺の関係に因果があるわけではなく，あくまでも事後的に成立する式であるということです。

$$Y=C+I+G+EX-IM \tag{3.14}$$

となることがわかります。つまり（3.14）式は，開放経済下での国民所得が，民間消費 C，民間投資 I，政府支出 G，経常収支 $EX-IM$ の和から構成されていることを示しています[10]。

■ 開放経済下の財政政策と外国貿易乗数

それでは，開放経済下の財政政策の効果を考えてみましょう。開放経済下では，外国貿易について以下のような仮定を置きます。

$$EX=\overline{EX} \tag{3.15}$$

$$IM=mY \tag{3.16}$$

（3.15）式は，簡単化のために輸出を外生変数として取り扱うことを意味します。また（3.16）式は輸入関数と呼ばれ，$0<m<1$ となります。m は限界輸入性向と呼ばれ，自国の所得が1単位増えると，その増えた所得の一部つまり m 分が外国の財を輸入することに充てられることを意味します。

財政政策により政府支出が ΔG 分だけ増加した場合，国民所得 Y がどのくらい増加するかを考えるためには，次の式が便利です[11]。

$$\Delta Y=\frac{1}{1-c_1+m}\Delta G \tag{3.17}$$

ここで $\dfrac{1}{1-c_1+m}$ は外国貿易乗数あるいは開放経済下の政府支出乗数と呼ばれ，外国貿易乗数は，限界消費性向 c_1 が大きくなるほど大きくなり，また限界輸入性向 m が大きくなるほど小さくなります。

それでは，閉鎖経済下での財政政策の効果と比較するために，限界消費性向 c_1 が 0.8，限界輸入性向 m が 0.2 であるとき，政府支出を 40 兆円増加させたら，どうなるか考えてみましょう。（3.17）式に $c_1=0.8$，$m=0.2$，ΔG

10　$EX-IM$ は輸出から輸入を引いたものなので純輸出（Net Export）とも呼ばれます。$EX-IM$ は，国際間で取引されるものが財・サービスだけを想定した経済モデルの場合「貿易・サービス収支」と等しく，財・サービスに加え労働や金融資産を含むことを想定した経済モデルの場合「経常収支（財・サービス収支＋第一次所得収支＋第二次所得収支）」と等しくなります。本講では，これらの区別をせず $EX-IM$ を経常収支としています。

11　（3.17）式の導出は本講末の補論にあります。

＝40 をそれぞれ代入すると，ΔY＝100 すなわち国民所得が 100 兆円増える
ことがわかります。上述のように閉鎖経済下では，同じ 40 兆円の政府支出
で，国民所得が 200 兆円増えていたので，開放経済下での財政政策の効果は
閉鎖経済下でのそれと比べて小さくなることがわかります。この違いは，限
界輸入性向 m によるものです。開放経済下の拡張的財政政策は，閉鎖経済
のときと同じように，波及効果をもって国民所得を増加させるのですが，消
費の一部が外国の財を輸入するために費やされる，つまれ国内消費の一部が
外国に漏れ（Leakage）るので，閉鎖経済下での波及効果よりも小さくなっ
てしまいます。

■ 開放経済の IS バランス・アプローチ

それでは開放経済の下での IS バランス・アプローチはどのようになるので
しょうか。閉鎖経済の下での IS バランス・アプローチと同様に，三面等価
の原則から，国民所得は消費か貯蓄か税の支払いに回されるので，(3.10)
式と (3.14) 式から，

$$C+I+G+EX-IM=C+S+T$$

さらに整理すると，

$$(S-I)+(T-G)=EX-IM \qquad (3.18)$$

という式が導けます。(3.18) 式の左辺 $S-I$ は，先の閉鎖経済と同じように，
民間貯蓄超過，$T-G$ は政府貯蓄（あるいは財政黒字），また左辺全体は，民間
部門の貯蓄と政府部門の貯蓄を表しているので国内 IS バランス（国内貯蓄投
資バランス）と呼ばれます。(3.18) 式は恒等式なので，左辺の国内 IS バラン
スが黒字の場合，事後的には右辺の経常収支も必ず黒字になります。もう少
し具体的に言うと，国内 IS バランスが 100 億円黒字だったとしましょう。
これは国内でお金が 100 億円余っているということに他なりません。**第 2 講**
で学んだように，経常収支は金融収支と等しいこと，金融収支は対外純資産
の増加分に等しいことを思い出しましょう。(3.18) 式によると経常収支が
100 億円黒字ということは金融収支も 100 億円黒字，すなわち対外純資産が

100 億円増加したことを意味します。つまり国内で余った 100 億円は，事後的に，海外の資産の購入に充てられていることがわかります。

また閉鎖経済の下での (3.11) 式と比較するために，(3.18) 式を変形すると，

$$(G-T)=(S-I)+(IM-EX) \qquad (3.19)$$

となります。この式から政府の財政赤字は，民間貯蓄超過と輸入超過の和に等しくなることがわかります。例えば，国内の民間貯蓄超過は 20 億円，輸入超過が 10 億円だったとしましょう。閉鎖経済の下では，政府は国内民間貯蓄超過分つまり 20 億円までしか財政赤字を出すことができないが，開放経済の下では，外国からも借入れできるので，輸入超過分の 10 億円も加えた 30 億円まで財政赤字を出すことが可能となります[12]。

1980 年代のアメリカでは，「双子の赤字」と呼ばれる財政収支と経常収支が同時に赤字になる状態が続きました。これは，(3.19) 式から，民間の貯蓄と投資がバランスしていれば（つまり民間貯蓄超過がゼロならば），財政赤字が経常収支赤字に等しくなることから容易にわかります。

■ 経常収支のアブソープション・アプローチ

仮に経常収支が赤字であることが問題であるならば，それを解決する方法はあるのでしょうか。アレキサンダー（S. S. Alexander）が提案した経済収支のアブソープション・アプローチでは，国内生産と国内アブソープション（国内需要）に焦点を当て，経常収支赤字の国は，国内生産額が国内アブソープションよりも少ないことを強調します。例えば，国内アブソープション A と経常収支 CA をそれぞれ，

$$A=C+I+G$$
$$CA=EX-IM$$

と表すと，開放経済下の均衡条件 (3.14) 式は，

12　本講では貨幣が存在しない世界を仮定しているので，財政赤字，民間貯蓄超過，輸入超過を金額で表すことは正確性に欠けますが，理解を深めるには，現実と同じように金額で表す方がわかりやすいでしょう。

$$CA = Y - A \qquad (3.20)$$

と変形できます。この式では，経常収支 CA は国内で生産された財・サービスから国内で消費された財・サービスを引いた額として決まることを意味します。つまりある国が経常収支赤字を削減したいのであれば，国内生産 Y を増やすか，あるいは国内アブソープション A を減らす政策，例えば緊縮的財政政策をとれば良いことになります。

さらにこのアブソープション・アプローチを前提にすると，為替レートが減価（あるいは切下げ）すれば，自国で生産された輸出財価格が他国で相対的に安くなり，自国の輸出財の需要が高まるため自国の生産 Y が上昇するので，経常収支 CA は上昇します。しかし一方で，この自国の生産 Y の上昇はアブソープション A にも影響を与えると考えられます。

$$A = \alpha Y + A_0 \qquad (3.21)$$

この α は，自国の生産 Y の一定割合が国内アブソープションとなる比率を示し，(3.21) 式全体では，アブソープション A が自国の生産 Y に依存している部分 αY と，自国の生産 Y に依存していない部分 A_0 に分割できることを示しています。(3.20) 式と (3.21) 式を合わせると，

$$CA = (1 - \alpha)Y - A_0 \qquad (3.20)$$

となり，この式から経常収支 CA は，α あるいは A_0 が大きいほど小さくなることがわかります。そのため，為替レートの減価（切下げ）が経常収支 CA を減らすのか増やすのかは α の値にも依存し，一概には言えないということになります[13]。

第5講で説明する弾力性アプローチでは，為替レートの変化が貿易収支に与える影響の程度が，輸出財の価格弾力性と輸入財の価格弾力性の大きさに依存することを示していますが，アブソープション・アプローチでは，為替レートの変化が，自国の生産や所得，消費など様々なマクロ的経路によって

---

13 Alexander（1952）では，他にも為替レートの減価は，交易条件や予想物価水準の影響など，様々な経路を通じて経常収支に影響を与えることを示しています。

経常収支に影響を与えることを示しています。

3.3 まとめ------------------------------------

　本講では，閉鎖経済と開放経済の下での国民所得の決定について学びました。閉鎖経済と開放経済の違いはわかったでしょうか。大きく異なる点は，外国との貿易を考慮するかどうかです。外国貿易を考慮した開放経済では，国民所得の中に経常収支が含まれます。また開放経済下での拡張的財政政策の効果は，政府支出の一部が外国に「漏れ」てしまうので，閉鎖経済下のそれよりも小さくなります。

　IS バランス・アプローチとアブソープション・アプローチでは，同じ均衡条件を使って，異なる経常収支の決定論を展開します。IS バランス・アプローチでは，民間貯蓄超過あるいは政府の財政黒字が大きいほど経常収支は大きくなりますが，アブソープション・アプローチでは，国内アブソープションの大きさによって経常収支が決まるとされます。

　さてこの講では，財市場の均衡だけを考えていて，まだお金（貨幣）の存在が出てきていないので，現実の経済を考えるには不十分です。**第 11 講**以降で，貨幣の存在も含めた国民所得決定を説明します。

補論　乗数の導出と三面等価------------------------

■ 閉鎖経済下の政府支出乗数（3.9）式の導出

　閉鎖経済下の政府支出乗数を導出するために，まず均衡国民所得を表す（3.4）式，

$$Y = C + I + G$$

に，消費関数（3.5）式，民間投資と政府支出が外生変数であることを示す（3.6）式と（3.7）式を代入して，

$$Y = c_0 + c_1 Y + \bar{I} + \bar{G}$$

が得られます。これを整理すると，

$$Y = \frac{1}{1-c_1}(c_0 + \bar{I} + \bar{G})$$

となります。ここで変数を Y, I, G として，上式の両辺を全微分すると，

$$\Delta Y = \frac{1}{1-c_1}(\Delta I + \Delta G)$$

となります。今，政府支出の増加 ΔG が国民所得 Y にどのような影響を与えるかを検討したいので，$\Delta I = 0$ とおくと，(3.9) 式が導出されます。同様に，$\Delta I = 0$ の代わりに $\Delta G = 0$ とおくと，投資支出の増加が国民所得に与える影響を考えることができ，$\Delta Y = \frac{1}{1-c_1}\Delta I$ が導出されます。

■ 三面等価の原則

　国内総生産（GDP）にはマクロ経済学の理論上 3 つの側面があります。3 つの側面とは，生産面からみた GDP，支出面からみた GDP，分配面からみた GDP のことであり，これらの 3 つの総額はその勘定方法が異なっていてもいずれも等しくなります。つまり

$$\text{GDP（生産面）} = \text{GDP（支出面）} = \text{GDP（分配面）}$$

となります。これは三面等価の原則と呼ばれます。三面等価の原則を理解するために，経済主体間の財・サービスの循環を考えてみましょう。

　例えば，A さんが 1 年間にリンゴを 1 個生産したとしましょう。これは生産面からみた GDP にあたります。A さんは生産した 1 個のリンゴを B さんに売ったとしましょう。これは支出面からみた GDP となります。またリンゴを売って得られた収入は A さんの所得となりますから，これは分配面からみた GDP となります。つまり一定期間における財・サービスの生産（付加価値）は，必ず経済主体の誰かの支出（支出面からみた GDP）となり，また経済主体の誰かの所得（分配面からみた GDP）として分配されることになります。

■ 外国貿易乗数（3.17）式の導出

　外国貿易乗数あるいは開放経済下の政府支出乗数は，開放経済下で経済が均衡している状態を示す（3.14）式から考えます。（3.14）式は，

$$Y = C + I + G + EX - IM$$

であり，この式に消費関数（3.5）式と輸入関数（3.16）式，投資，政府支出と輸出に関しては（3.6）式，（3.7）式，（3.15）式を代入して，次のように整理します。

$$Y = \frac{1}{1 - c_1 + m_1}(c_0 - m_0 + \bar{I} + \bar{G} + \overline{EX})$$

さらに，上式を次のように全微分します。ここでは変数を Y, I, G, EX として考えます。

$$\Delta Y = \frac{1}{1 - c_1 + m_1}(\Delta I + \Delta G + \Delta EX)$$

ここで，政府支出の増加 ΔG が国民所得 Y にどのように影響するのかを分析したいので，$\Delta I = \Delta EX = 0$ とおくと，（3.17）式が導出されます。

　同様に，開放経済下での投資の増加が国民所得に与える影響は，$\Delta G = \Delta EX = 0$，輸出の増加が国民所得に与える影響は $\Delta G = \Delta I = 0$ とおくことで分析が可能です。

■ Active Learning

《理解度チェック》‥‥‥‥‥‥‥‥‥‥‥‥‥‥‥‥‥‥‥‥‥‥‥‥‥‥‥‥‥‥‥‥‥‥‥‥‥‥‥

□1　45度線分析を使って均衡国民所得を説明しましょう。

□2　閉鎖経済の下で民間消費 200 兆円，民間投資 50 兆円，政府支出 30 兆円のときの均衡国民所得はいくらでしょうか。

□3　開放経済の下で民間消費 200 兆円，民間投資 50 兆円，政府支出 30 兆円のとき，経常収支 100 兆円のときの均衡国民所得はいくらでしょうか。

□4　閉鎖経済の下で現在均衡国民所得が 300 兆円であったとします。限界消費性向が 0.8，完全雇用国民所得水準が 500 兆円のとき，政府支出をどのくらい増加させれば完全雇用国民所得水準を達成できるでしょうか。

□5　開放経済の下で現在均衡国民所得が 300 兆円であったとします。限界消費性向が 0.8，限界輸入性向が 0.3，完全雇用国民所得水準が 500 兆円のとき，政府支出をどのくらい増加させれば完全雇用国民所得水準を達成できるでしょうか。

《調べてみよう》‥‥‥‥‥‥‥‥‥‥‥‥‥‥‥‥‥‥‥‥‥‥‥‥‥‥‥‥‥‥‥‥‥‥

[1] 現在の日本の完全雇用国民所得はどのくらいでしょうか。また現在の（均衡）国民所得と比較して，財政政策は引き締めるべきでしょうか拡張すべきでしょうか。その際どのくらいの政府支出の増減が必要か調べてみましょう。

[2] 日本やアメリカの時系列データを使って IS バランス（アプローチ）を調べてみましょう。また 2 国の特徴を比較してみましょう。

《Discussion》‥‥‥‥‥‥‥‥‥‥‥‥‥‥‥‥‥‥‥‥‥‥‥‥‥‥‥‥‥‥‥‥‥‥

開放経済の下で，政府支出が増加すると，その一部が外国に「漏れ」ると言われます。現実の経済では，それがどのくらい漏れているでしょうか。また自国の政府支出の効果が一部漏れたとして，外国の経済にはどのような影響があるでしょうか。（ヒント：反響効果）

文 献 紹 介

- 会田卓司・榊原可人（2017）『日本経済の新しい見方』きんざい
- 秋葉弘哉編著（2010）『国際経済学』ミネルヴァ書房
- 飯田泰之（2017）『経済学講義』筑摩書房
- 岩田一政（2000）『国際経済学 第 2 版』新世社
- Alexander, S.S.（1952）"Effects of a Devaluation on a Trade Balance", *IMF Staff Paper*, Vol. 2(2), pp. 263-278.

第4講
開放経済下の
貨幣，金利，為替レート

■本講では，国際金融の基礎となる資産や貨幣，簡単な為替レートの決定理論について勉強します。最初に閉鎖経済下の貨幣市場について説明を行い，次に開放経済に拡張して，自国や外国の金利や貿易収支がどのように為替レートに影響を与えるのかを説明します。なお本講を通じて，物価が硬直的な短期（Short-Run）の世界を仮定します。したがってここでは，実質値は名目値に一致し，両者を区別する必要はありません。物価が伸縮的である長期（Long-Run）の世界に関する貨幣市場の分析は，第9講で紹介されています。

4.1 資産と貨幣

■ 資産とその性質

資産（Asset）には，現金や銀行預金，債券（国債や社債），株式，家，土地など様々なものがあります[1]。一般に私達は，自らの富を上記のような複数の資産に分散して保有します[2]。それでは，どの資産をどのように分散して保有するべきなのでしょうか。その答えを探るためには，資産の持つ性質について考える必要があります。資産の性質を表す代表的な尺度には，予想収

---

1 債券とは，簡単に言うと借金の借用書だと考えれば良いでしょう。例えばAさんがBさんに現金100万円を貸すとします。このとき，BさんはAさんに，1年後に元本100万円に利息10万円つまり利子率10％を付けて返済すると約束します。その約束を証拠として紙に書いたものが債券というわけです。つまり，AさんはBさんに現金100万円を貸す代わりに，BさんからAさんへ債券を渡します。一年後にAさんはBさんのところにこの債券を持っていくと，Bさんは現金100万円に利息10万円を加えて返済してくれます（はずです！）。このように，Aさん（お金を貸す人）のことを債権者，Bさん（お金を借りる人）のことを債務者と言います。また，国債は国が発行主体の債券，社債は企業が発行主体の債券のことです。
2 異なる複数の資産の組み合わせをポートフォリオと呼びます。

益（率）（Expected Return），リスク（Risk），流動性（Liquidity）があります。

予想収益（率）とは，ある資産を保有することで得られると予想される将来の収益（率）のことを言いますが，将来の収益が不確実であるとき，経済学ではその予想収益の変動をリスクと定義します[3]。

予想収益やリスクは資産の種類によって異なります。例えば，現金は保有していても何ら収益を生まないので予想収益はゼロですが，株式は将来価格が変動するので予想収益率はゼロにはならずプラスになることもあるでしょう[4]。一方のリスクに関しては，現金はゼロですが，株式にはリスクが存在します。つまり，現金はゼロリスク・ゼロリターン，株式はハイリスク・ハイリターンというわけです。

またリスクという観点から，資産を安全資産（Safe Asset）と危険資産（Risk Asset）に分類する場合があります。安全資産は無リスク資産（Risk-Free Asset）とも呼ばれ，収益率がほぼ確定していてリスクがほとんどない資産のことを言い，現金の他，日本の国債などが該当します。危険資産は，安全資産と比較してリスクが大きい資産のことを言いますが，株式や（信用力のない）企業の社債などが該当します。開放経済下の投資家にとって，投資対象となる資産は国内の債券や株式の他に，外国の通貨や債券，株式なども選択肢になります。これらは，為替レートの変動を考慮すると総じて危険資産に分類されます。

最後に流動性とは，ある資産をどれだけ時間や費用をかけずに現金化できるかで定義されます。したがって，現金は最も流動性の高い資産ですが，土地や家屋などは相対的に流動性が低い資産であると言えます。

■ 貨幣の定義

私達が生活する現実の世界では，「お金」つまり貨幣はなくてはならない存在です。日常生活で何気なく使っている貨幣は，私達が考える以上に実は

---

[3] 正確には，予想収益率は資産の収益率の期待値，リスクはその予想収益率がどれだけ変動するか（分散や標準偏差など）で測られます。リスクに対する投資家の態度については**第8講**を参照してください。

[4] ただし貨幣も，物価が変動する長期においてはその実質価値（貨幣の購買力）は変化します。貨幣の購買力については**第7講**に説明があります。

とても便利で、そして案外難しい存在です。

　ここではまず貨幣とは何かを定義します。貨幣という言葉からは、紙幣や硬貨（現金通貨と呼ばれます）が最初に頭に浮かびますが、経済学では、紙幣や硬貨以外に、私達が銀行に預けている預金も含めて取引の決済に使用するものは全て貨幣として考えます[5]。なぜなら最近では、買い物をする場合、特に高額な取引では、現金通貨を使用するよりもクレジットカードやデビットカードなどの預金口座を利用した決済の方が多いはずです。将来、現在よりキャッシュレス化が進んだ世界になれば、現金通貨に比べ預金通貨の利用がさらに高まると予想されています[6]。

■ 貨幣保有の動機

　私達が貨幣を保有したいと思う主な動機は、決済や取引に使用するためではないでしょうか。これを経済学では貨幣保有の取引動機と呼びます。正確には、取引動機とは家計や企業などの経済主体が財やサービスを購入するときの支払手段として、貨幣を需要することを言います。一般に、経済主体の所得が高くなるほど財やサービスの購入や取引も増えるので、取引動機による貨幣需要、つまり取引のために保有したい貨幣量も増加すると考えられます。取引動機以外に貨幣を保有したいと思う動機に、資産動機（あるいは投機的動機）があります[7]。

　ここでは簡単化のために、資産として貨幣と債券の2種類のみが存在すると仮定します。またAさんは今後1年間使う予定のない100万円を持っていますが、貨幣として持つかあるいは債券として持つか選択に迷っているとしましょう。

　さて、Aさんが100万円を貨幣として保有するメリットとは何でしょうか。

5　預金通貨にも普通預金、定期性預金、当座預金など様々な種類があります。これらの預金通貨のうち、どこまでを貨幣に含めるかということは理論分析においてあまり問題となりません。日本の貨幣量の指標には、M1、M2、M3、広義流動性がありますが、詳しく知りたい人は、マクロ経済学や金融論の教科書を参照してください。

6　貨幣は決済に使用するだけでなく、富の価値を貯蔵する機能や、様々なモノの価値を測るための尺度としての機能も持ち合わせています。

7　貨幣の保有動機には、取引動機と投機的動機の他に予備的動機もあります。予備的動機とは、経済主体が予期せぬ支払いのために貨幣をある程度余分に保有したいと思う動機のことです。

貨幣を保有する最大のメリットは，その流動性の高さであり，買い物などの取引にすぐに使用できることです。一方債券として保有した場合のメリットは，債券の収益率（利回り）が例えば10％だとすると，1年後に利息10万円が得られることです。

　では貨幣保有と債券保有のデメリットはいったい何でしょうか。貨幣保有のデメリットは，債券を保有するメリットの逆になります。つまり貨幣を保有するということは，債券を保有すれば得られたであろう収益10万円を逃していると言えるのです。これを経済学では貨幣保有の機会費用（Opportunity Cost）と呼び，債券の収益率は貨幣保有の機会費用となります[8]。一方債券保有のデメリットは，貨幣保有のメリットの逆で，1年間100万円が買い物に使えないこと，つまり流動性を失うことです[9]。

　したがって貨幣保有の資産動機とは，資産としての債券の収益性を犠牲にして，貨幣の持つ流動性を優先する動機に基づいて貨幣を保有することを言います。資産動機によると，債券の収益率（金利）が高くなると，債券の保有量を増やすので，その結果貨幣の保有量が減少し，逆に債券の収益率（金利）が低くなると債券の保有量を減らすので，貨幣保有量が増えると考えられます。

■ 債券価格と金利の関係

　本節では割引債を例にとって，債券価格と収益率（金利）の関係を説明しましょう[10]。割引債とは，発行価格で売り出され満期になると額面価格で償還される債券のことを言いますが，ここでは，ある割引債の発行時点の価格 P が100万円，額面価格 A が110万円，償還期間が1年だとしましょう[11]。この場合，1年間の金利 i は，

8　注意が必要なのは，金利は貨幣が生んでいるのではなく債券が生んでいるということです。

9　その他，債券には多少なりとも債務不履行リスクが伴います。債務不履行（デフォルト）とは債券が約束した償還日に利息や償還金の支払いが不能になることを言いますが，これも債券保有のデメリットの一つです。

10　割引債の他に，利付債（クーポン債）と呼ばれる債券も存在します。利付債は，額面金額に対してある利率が決められていて，一定期間ごとにその利率に基づく利息が債券の保有者（お金を貸す人のこと，すなわち債権者）に支払われます。この利率は表面利率（クーポンレート）と呼ばれます。

11　割引債では通常，額面価格より発行価格が低く設定されます。

$$i=\frac{A-P}{P}=\frac{110-100}{100}=0.1=10\% \tag{4.1}$$

となります。

　債券の金利 i は，債券需要だけでなく貨幣需要にも影響を与えます。もしも債券の金利 i が低下すると，投資家は債券を買うよりも銀行に預金をした方が多くの利益が得られます。このような場合，債券需要が減少するので債券価格は下がり，同時に貨幣需要（銀行預金は貨幣に含まれます）が増加します。逆に，債券の金利 i が上昇すると，債券需要が上がり債券価格は上昇し，貨幣需要は下がります。このことから，債券需要と貨幣需要がコインの裏と表の関係があることがわかるでしょう[12]。

　(4.1) 式を次のように変形すると，債券の（発行）価格 P は，

$$P=\frac{A}{1+i} \tag{4.2}$$

となります。この式を見ると，金利 i が上昇すると債券価格 P が下落し，金利 i が下落すれば P は上昇することがわかります[13]。

4.2　貨幣市場と金利 -

■ 貨幣需要関数

　貨幣市場とは，国内の貨幣を交換する市場のことを言いますが，そこでは（国内の）貨幣需要量と貨幣供給量が一致する点で均衡します。ここでは貨幣需要を表す式を考えます。貨幣需要は，上述したように，取引的動機と資産動機（投機的動機）に基づく需要によって説明されます。

　まず取引動機に基づく一国全体の貨幣需要は，国民所得が増加すると貨幣需要量 M^d が増加すると想定されるので，

12　このような関係はワルラス法則と呼ばれます。
13　ここでの P は，この債券の割引現在価値を表しています。割引現在価値について詳しく知りたい人は，金融論など他の教科書を参照してください。ちなみに，市場の取引費用や制約などがなければ，（同じ満期期間なら）債券の収益率と銀行金利は等しくなります。

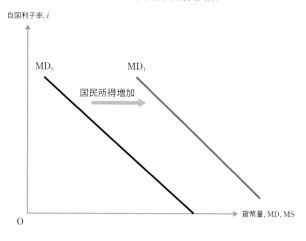

図表4-1　国内貨幣需要関数

自国利子率, i

MD$_0$

MD$_1$

国民所得増加

O

貨幣量, MD, MS

$$M^d = L_1(Y) \qquad \frac{\Delta L_1}{\Delta Y} > 0 \qquad\qquad (4.3)$$

となります。(4.3) 式は，貨幣需要量が国民所得の増加関数になっていることを示しています。つまり国民所得が増加すると貨幣需要も増加し，逆に国民所得が減少すると貨幣需要も減少します。

　資産動機に基づくと，利子率 i が上昇すると貨幣需要が下がるとされます。これを式で表すと次のようになります。

$$M^d = L_2(i) \qquad \frac{\Delta L_2}{\Delta i} < 0 \qquad\qquad (4.4)$$

(4.4) 式は，貨幣需要が利子率の減少関数になっていることを示しています。

　最後に，取引動機に基づく貨幣需要 (4.3) 式と資産動機に基づく貨幣需要 (4.4) 式を組み合わせて，貨幣需要関数が完成します。

$$M^d = L_1(Y) + L_2(i) = L(Y, i) \qquad \frac{\Delta L}{\Delta Y} > 0, \frac{\Delta L}{\Delta i} < 0 \qquad (4.5)$$

　すなわち (4.5) 式は，貨幣需要量が国民所得の増加関数，利子率の減少関数になっていることを表しています。つまり，国民所得が増加すると貨幣

需要が増加し，利子率が上昇すると貨幣需要は減少することを意味します。

　図表 4-1 のように，縦軸に利子率，横軸に貨幣量をとると，所与の国民所得 Y_0 の下では，貨幣需要関数 (4.5) 式は右下がりの曲線 MD_0 として描けます[14]。もしも国民所得が Y_0 から Y_1 へ増加したとすると，所与の利子率の下で，貨幣需要は増加するので貨幣需要曲線 MD_0 は MD_1 へ右にシフトします。

■ 貨幣供給曲線

　国内の貨幣は，各国の中央銀行によって供給されます。ここではまず中央銀行が貨幣を市中に供給する方法を説明します。国内貨幣量 M は，上述した貨幣の定義にあるように，市中に流通する現金量 C と民間（家計と企業）の銀行預金 D の合計となります。つまり式で表すと，

$$M=C+D \tag{4.6}$$

となります。一般に中央銀行は，この M を直接コントロールすることはできません。なぜなら M は民間の銀行預金と現金通貨だからです。ただし，「銀行の銀行」である中央銀行は，ハイパワードマネー（マネタリーベースあるいはベースマネー）H によって，貨幣量 M を間接的にコントロールします。ハイパワードマネーは次のように定義されます。

$$H=C+R \tag{4.7}$$

　R は民間銀行が中央銀行に預けている預金です[15]。中央銀行は，国内の貨幣量 M を増加させたいとき，公開市場操作を通じて，民間銀行が保有する国債などの資産を購入します（買いオペレーションあるいは買いオペ）。具体的には，中央銀行は民間銀行から購入した国債などの代金を，中央銀行内のその銀行の当座預金口座 R に入金します。つまり買いオペによって R が増える

14　貨幣需要関数は，貨幣需要量，国民所得，利子率の 3 つの変数から構成されます。しかしながら縦軸と横軸からなる平面グラフでは変数は 2 つしか取り扱えないので，ここでは国民所得を固定し（定数として扱って），貨幣需要量と利子率だけ変数としてグラフを描いています。

15　日本では，このような預金を日銀当座預金あるいは単に準備とも言います。中央銀行は「銀行の銀行」と呼ばれますが，民間銀行は中央銀行に預金口座を持っていて，家計や企業から預かっている預金の一部を預けています。

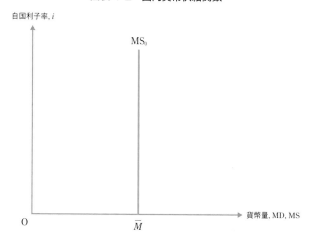

図表 4-2　国内貨幣供給関数

自国利子率, i

MS_0

O

$\bar{M}$

貨幣量, MD, MS

ので，(4.7) 式からもわかるように，ハイパワードマネー H が増えること
になります。民間銀行は日銀当座預金 R が増えると，家計や企業への貸出
を促進させると考えられます[16]。そして民間銀行が貸し出したお金は，家計
あるいは企業の預金口座に入金するので，民間の預金量 D が増加すること
になります。D の増加は，(4.6) 式より国内貨幣量 M の増加を意味します。
つまり，中央銀行の買オペによってハイパワードマネーが増加し，このハイ
パワードマネーの増加が，民間銀行の貸出を通じて国内の貨幣量を増加させ
ます[17]。中央銀行が，国内の貨幣量を減少させたいときはこの逆の操作（売
りオペレーションあるいは売りオペ）を行います。

このように，国内の貨幣量 M は中央銀行によって間接的にコントロール
されていますが，ここでは簡単化のために，貨幣供給量 M^s は中央銀行が完
全にコントロールできるものと仮定し，次のように表します。

16　民間銀行にとっては，増加した日銀当座預金を何かに投資しないと，利益を生み出しません。
　　また日銀当座預金量が増加すると，銀行間市場でも金利に低下圧力がかかることからも，家計や
　　企業は借入を増やすと考えられます。
17　このとき，ある銀行の貸出によって預金通貨が増加することを「信用創造」と呼びます。詳し
　　くは金融論やマクロ経済学の教科書を参照してください。

$$M^s = \overline{M} \qquad (4.8)$$

上式の右辺 $\overline{M}$ は，貨幣量が外生的に与えられていることを示します。

ここで図表 4-2 に，(4.8) 式を MS 曲線として描いてみます。(4.8) 式からもわかるように貨幣供給量 M^s は外生的に与えられているので，利子率に依存しません。したがって図表 4-2 のように，MS 曲線は $\overline{M}$ で垂直となります。

■ 国内貨幣市場の均衡

次に貨幣市場の均衡を考えてみます。均衡条件は需要と供給が一致することなので，

$$M^s = M^d$$

となります。この均衡条件と貨幣需要を表す (4.5) 式，貨幣供給を表す (4.8) 式から，

$$\overline{M} = L(Y, i) \qquad \frac{\Delta L}{\Delta Y} > 0, \frac{\Delta L}{\Delta i} < 0 \qquad (4.9)$$

が得られます[18]。図表 4-3 では，(4.9) 式の右辺つまり貨幣需要曲線を MD_0，左辺の貨幣供給曲線を MS_0 として，国内貨幣市場の均衡を E_0 点で表しています。したがって，均衡 E_0 点に対応する i_0 が国内均衡利子率となります。

ここで当初均衡が E_0 点にあった場合，中央銀行が貨幣供給量を $\overline{M}_0$ から $\overline{M}_1$ へ増加させるような金融緩和政策を行ったとします。このとき，他の条件を一定とすると，貨幣供給曲線 MS_0 は MS_1 へ右にシフトし，均衡は E_0 から E_1，均衡利子率は i_0 から i_1 へと下落することがわかります。

同様のロジックによって，貨幣供給量を減少させる金融引き締め政策の場合は貨幣供給曲線が左にシフトし，均衡利子率は上昇します。

国民所得の増加に伴って貨幣需要が増加した場合はどうなるでしょうか。

---

18 (4.9) 式は一般的には，$\dfrac{\overline{M}}{P} = L(Y, i)$ と表されますが，本講では物価が硬直的であるとし，$P=1$ と仮定しています。物価が伸縮的であると仮定する長期の貨幣市場の均衡式に関しては，**第 9 講**を参照してください。

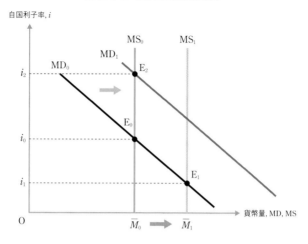

図表 4-3　国内貨幣市場均衡

この場合，図表 4-3 の MD_0 は MD_1 へと右にシフトします。均衡は E_0 から E_2 へ移動し，均衡利子率が i_0 から i_2 へと上昇することがわかります[19]。

4.3　ファンダメンタルズと外国為替市場⋯⋯⋯

■ 自国の貨幣市場と外国為替市場

開放経済下では，自国と外国のファンダメンタルズが変化すると，外国為替市場を通じて相互に影響を与えあう可能性があります[20]。

日本（自国）が拡張的金融政策を行ったとしましょう。物価が一定の短期の場合，拡張的金融政策により日本（自国）の利子率が下落し，アメリカ（外国）の利子率よりも相対的に低下したとします。そうすると，開放経済下の投資家は，日本の資産（円建て）よりもアメリカの資産（ドル建て）に投資

19　このように，他の条件を一定としてある変数を変化させ，均衡がどのように変化するか変化の前後を比較する方法を比較静学分析と呼びます。
20　ファンダメンタルズは「経済の基礎的条件」と訳され，GDP，インフレ率，利子率，経常収支，失業率などの一国の経済状態全般のことを言います。

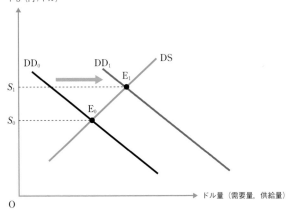

図表 4-4　外国為替市場：自国金利が外国金利よりも低い場合

した方がより高い利益が見込めると考えます。このような場合，投資家は日本の資産を売ってアメリカの資産を購入しようとするでしょう。アメリカの資産を購入するためにはドルが必要になるので，外国為替市場で円を売ってドルを買う取引が増加します[21]。つまり自国利子率の低下は，外国為替市場でドル需要の増加を引き起こします。このとき為替レートは円安ドル高（自国通貨減価および外国通貨増価）方向に動くことになります。

　以上について図表 4-4 を用いて説明しましょう。図表 4-4 は，縦軸に為替レート（円/ドル），横軸にはドル量をとった外国為替市場を表しています。ドルの需要曲線 DD は，為替レート S が上昇（ドル増価，円の減価）するとドル需要量が減るので右下がりになります。同様にドルの供給曲線 DS は，為替レート S が上昇するとドル供給量が増加するので右上がりになります[22]。

　当初外国為替市場が E_0 点で均衡していたとします。ここで日本の金利が低下しドル需要が増加すると，他の条件が一定の場合，図表 4-4 のドルの

21　ここでは，変動為替相場制でかつ外国為替市場に規制が存在しないケースを想定しています。

22　初級のミクロ経済学で習うようなみかんの需要曲線や供給曲線では，縦軸にみかん 1 個の価格，横軸にみかんの量を測りますが，ドルの需要曲線や供給曲線も，縦軸の為替レートを 1 ドルの価格（円表示）と考えると同じであることがわかります。

需要曲線 DD_0 が DD_1 へ右にシフトします。均衡は E_0 から E_1 へ移動し，均衡為替レートは S_0 から S_1 へ上昇（円減価ドル増価）することがわかります。

ただし上記の例では，将来の予想為替レートについての考慮がありません。現実には，自国の利子率（外国の利子率も）の変化は，現時点の為替レートだけでなく，将来の予想為替レートにも影響を与える可能性があります。また将来の為替レートも含めた国内外の金利格差に伴う資金移動に関する分析は，**第8講**で詳しく説明します。

■ 外国の貨幣市場と外国為替市場

開放経済を前提とすると，自国と同様に外国にも貨幣市場が存在します。外国の貨幣市場では，外国の貨幣需要量と外国の貨幣供給量の一致するところで外国金利が決まります。そしてこの外国金利の変化は，外国為替市場に影響を与えます。

ここでアメリカ（外国）が拡張的金融政策を行って，アメリカの金利が日本の金利よりも低くなったと仮定しましょう[23]。このような場合，アメリカから日本へ資金が流入すると考えられます。なぜなら投資家は自分の富をアメリカの資産（ドル建て）より日本の資産（円建て）で保有する方が利益が大きくなると考えるからです。このときドルを売って円を買う必要があるので，外国為替市場ではドルの供給が増加し，為替レートは円高ドル安（為替レート下落）方向に動くと考えられます。これは，図表4-5ではドルの供給曲線 DS_0 が DS_1 へ右にシフトすることを意味します。均衡は E_0 から E_1 へ移動し，均衡為替レートは S_0 から S_1 へ下落（円増価ドル減価）することがわかるでしょう。

■ 外国為替市場と貿易

為替レートは，国際間の資金移動だけでなく，自国と外国の間の財やサービスの移動すなわち貿易とも密接な関係があります。

日本からアメリカへの輸出は，円建ての日本の財やサービスをアメリカ人

23　アメリカの金融政策は，アメリカの中央銀行に相当する FRB（Federal Reserve Board：連邦準備理事会）を中心に決定されます。

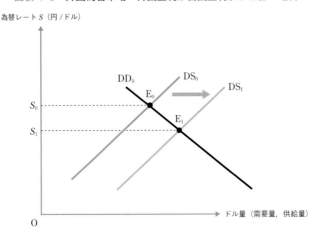

図表 4-5　外国為替市場：外国金利が自国金利よりも低い場合

為替レートS（円／ドル）

DD$_0$　　DS$_0$　　DS$_1$

E$_0$

S_0

E$_1$

S_1

O　　　　　　　　　　　　　　　　　　ドル量（需要量，供給量）

が購入することなので，アメリカ人は日本の財やサービスを買うために，ドルを売って日本円を買う必要が生じます。つまり，日本からアメリカへの輸出が多くなり，日本の貿易収支がプラス方向に動くと，外国為替市場でドル供給が増加することになります[24]。これは，図表 4-6 にあるように，ドルの供給曲線が DS$_0$ から DS$_1$ へ右にシフトすることを意味します。均衡は E$_0$ から E$_1$ へ移動し，均衡為替レートは S_0 から S_1 へ下落（円増価ドル減価）します。

　ただし上記の分析には，時間的な調整過程の概念がありません。時間的調整過程を導入すると，上の例では，輸出が増加すると円が増価しますが，この円の増価は，マーシャル=ラーナー条件が成立していれば，輸出の減少と輸入の増加つまり貿易収支をマイナス方向へと促進する可能性があります。さらにこの貿易収支のマイナス方向への動きによって，円は減価する方向に動くはずです。このように貿易収支と為替レートは時間とともに調整され，最終的に貿易収支がゼロになったところで均衡するかもしれません[25]。このよ

24　この例では，輸出代金の支払いを日本円（円建て）で行うことを前提としていますが，支払いが米ドルで行われる場合は，日本企業は米ドルで輸出代金を受け取り，外国為替市場でドルを円に交換します。貿易の決済通貨については，**第 5 講**で詳しく取り上げます。

25　世界中の通貨がアメリカのドルに固定されていたブレトンウッズ体制が 1970 年代初頭に崩壊

図表 4-6　外国為替市場：輸出の増加

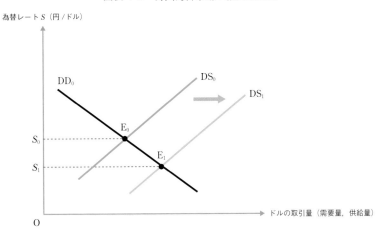

うに時間的な調整過程の概念を導入すると，為替レートと貿易収支の相互関係はもっと複雑になる可能性があります。

　為替レートと貿易収支の関係に関する一歩進んだ分析やマーシャル゠ラーナー条件については，**第5講**で詳しく説明します。

4.4　まとめ

　本講の前半では，閉鎖経済下における資産，資産としての貨幣の性質，貨幣需要や貨幣供給および貨幣市場の均衡と均衡金利の決定について説明を行いました。また後半では，ファンダメンタルズの変化，具体的には，自国金利や外国金利の変化あるいは貿易収支の変化が，為替レートにどのように影

し，各国が変動相場制に移行したとき，各国の貿易収支不均衡は，為替レートの変動により自動的に調整されると予測されました。しかし，各国が変動相場制に移行し40年近く経過した現在でも，アメリカの巨額の貿易収支赤字は恒常的に続き，一方でドイツや産油国，中国などでは貿易収支黒字を持続的に計上しています。このような世界的な貿易収支不均衡は，グローバル・インバランスと呼ばれています。グローバル・インバランスについては**第14講**にも説明があります。

響を与えるかについて勉強しました。これらは国際金融の基礎となる部分なので，しっかり習得してください。

■ Active Learning

《理解度チェック》‥‥‥‥‥‥‥‥‥‥‥‥‥‥‥‥‥‥‥‥‥‥‥‥‥‥‥‥‥‥‥

□1　自国貨幣市場において，金利が上昇すると貨幣量はどのようになりますか。

□2　自国が金融引き締め政策を行った場合，為替レートはどのようになりますか。

□3　自国の輸入が多くなった場合，為替レートはどのようになりますか。

《調べてみよう》‥‥‥‥‥‥‥‥‥‥‥‥‥‥‥‥‥‥‥‥‥‥‥‥‥‥‥‥‥‥‥

[1]　1970 年代以降の日本の金利（10 年物国債利回り）と日本の貨幣量（M3）の推移を調べてみましょう。

[2]　1970 年代以降の円ドル為替レートの推移を調べてみましょう。

《Discussion》‥‥‥‥‥‥‥‥‥‥‥‥‥‥‥‥‥‥‥‥‥‥‥‥‥‥‥‥‥‥‥

ビットコインなどの仮想通貨（暗号資産）について調べてみましょう。また貨幣保有の動機の観点から，仮想通貨の将来性について考えてみましょう。

文 献 紹 介

- 飯田泰之・中里透（2008）『コンパクト マクロ経済学　第 2 版』新世社
- 榊原茂樹・岡田克彦（2012）『1 からのファイナンス』碩学舎
- 竹田陽介（2005）『コア・テキスト金融論』新世社

第5講
為替レートと貿易

■第4講では外国為替市場で為替レートが決まることや，為替レートが貿易に
影響を与えることについて説明しましたが，本講では為替レートが貿易に与
える影響についてより詳しく学びます。

　まず，前半では為替レートと貿易の関係を考える上で重要な名目為替レー
ト，実質為替レート，実効為替レートの違いについて学びます。また，貿易
が国民の購買力に与える影響についての有用な指標である交易条件について
も取り上げます。

　次に為替レートの変化が貿易収支に与える影響を分析するための手法であ
る弾力性アプローチについて学びます。まず，数量効果と価格効果の区別，
輸出の価格弾力性・輸入の価格弾力性について説明してから，為替レートの
減価が貿易収支を改善するために必要なマーシャル・ラーナー条件を導出し，
さらに貿易収支の複雑な動きを生むJカーブ効果を説明します。

　本講の後半では，近年大きな注目を集めているテーマである貿易における
インボイス通貨の選択とパススルーの決定を取り上げます。

5.1　為替レート概念の種類

　為替レートには様々な種類があります。私達がよくニュースで触れる為替
レートは名目為替レート（Nominal Exchange Rate）です。**第4講**までで為替
レートについて取り上げたときは，この名目為替レートを念頭に置いていき
ました。しかし，貿易収支の分析といった目的では他の種類の為替レートを
用いることが有益な場合もよくあります。

■ 実質為替レート

　国際貿易では自国財価格と外国財価格の比較が重要になりますが，このとき用いられるのが実質為替レート（Real Exchange Rate）です。実質為替レート Z は同一財の自国財価格 P，外国財価格 P^*，名目為替レート S とすると，以下のように定義されます。

$$Z = \frac{SP^*}{P} = \frac{1/P}{1/SP^*} \tag{5.1}$$

　(5.1) 式では，二国の財を比較可能にするために，為替レート S で外国財の価格 P^* を自国通貨単位に換算（SP^*）しており，実質為替レートは両国の財の相対価格になっています。つまり，実質為替レート Z は外国財 1 単位を自国財何単位と交換できるかを測っています[1]。そのため，実質為替レートは名目為替レートのように円やドルといった貨幣の単位を持ちません。また，実質為替レートの定義からわかるように，名目為替レートが全く変動しない場合でも P と P^* の変動によって実質為替レートには変化が生じます。

　一般的に，実質為替レートの算出では P, P^* の代わりに物価指数（**第1講**参照）を用います。物価指数は，構成する財・サービスのバスケットの価格（**第7講7.2節**参照）を表しますが，ある時点の物価水準を 100 として基準化しているため，各時点の指数の具体的な値自体に意味を持たせることはできません。そのため，物価指数を使って計算した，各時点での実質為替レートの値よりも，トレンドの動きが重要な情報を与えてくれます。

■ 実効為替レート

　名目為替レートと実質為替レートは両方とも円とドル，ドルとユーロのように 2 つの通貨の間の関係を表しています。そして，各国はそれぞれ多数の外国と貿易を行っていて，為替レートは各国の通貨に対してそれぞれ成立します。また自国通貨と各国通貨との為替レートの変化は，その相手国に対する自国財の価格競争力の変化を引き起こします[2]。そのため特定の通貨に対

1　このことは，(5.1) 式の右の項が自国通貨 1 単位で購入できる外国財の量（分母）と自国通貨 1 単位で購入できる自国財の量（分子）の比率となっていることからわかります。
2　**第1講1.2節**で，円安ドル高になると日本の財がアメリカ人にとって割安になることを説明しました。

する為替レートだけでは，ある時点における自国財の世界における価格競争力を測ることはできません。この場合，実効為替レート（Effective Exchange Rate）という，主要貿易相手国との為替レートを加重平均した指標を用いることができます。

　実効為替レートには，名目為替レートを使った名目実効為替レート（Nominal Effective Exchange Rate：NEER）と実質為替レートを使った実質実効為替レート（Real Effective Exchange Rate：REER）があります。

　日本の名目実効為替レート $NEER$ から具体的な算出方法を見てみましょう。まず，ある時点における貿易相手国との対円名目為替レート（外貨建て表示）を基準時点で 100 となる指数 X に変換します[3]。この指数 X は，基準時点から5%増価した場合は105，10%減価したときは90というように変化します。これを式に表すと，ある時点の対円名目為替レート指数 X は，$100 \times (1 + X \text{の変化率})$ となります。

　ここで例として，日本の貿易相手国がアメリカ，EU，中国のみで，それぞれの国の貿易競争上の重要性を評価するためのウェイト（貿易ウェイト）は，それぞれ40%，25%，35%だったとします[4]。

　このとき，対象年の名目実効為替レート $NEER$ は以下の（5.2）式のように表すことができます。

$$NEER = X_{円/ドル} \times 0.4 + X_{円/ユーロ} \times 0.25 + X_{円/人民元} \times 0.35 \qquad (5.2)$$

　（5.2）式からわかるように，名目実効為替レート $NEER$ は貿易ウェイトによる各為替レート指数の加重平均です[5]。そのため，実効為替レートの変化

3　外貨建て表示では「1円＝…ドル」という形で為替レートを表示します（**第1講1.2節**も参照）。これは，日本で通常使われる自国通貨表示「1ドル＝…円」では各為替レートの単位が異なるので集計ができないためです。また，外貨建て表示の場合は自国通貨表示とは逆に，数字が大きいほど円高（自国通貨高）を表すことになります。

4　貿易ウェイトは作成目的によって，様々な定義が考えられます。以前，日本銀行が公表していた実効為替レートでは，貿易ウェイトとして日本の総輸出額に占める当該国のシェアを使用していました。現在，日本銀行が公表している実効為替レート（図表5-1参照）はBIS（国際決済銀行）の算出方法に従っていますが，ここでは輸入シェア，輸出シェアに加え，第三国市場での輸出競合度を加味した貿易ウェイトを使用しています。詳しくは以下の文献を参照してください。伊藤雄一郎・稲葉広記・尾崎直子・関根敏隆「実質実効為替レートについて」日銀レビュー2011-J-1，日本銀行。

5　厳密には，貿易ウェイトは毎期変化しています。そのため，例えば，上述のBISの算出方法

図表 5-1　名目実効為替レートと実質実効為替レート（1980 年＝100）

（注）　名目，実質とも 1980 年を基準時点として 100 とした指数。為替レート指数は外国通貨建て表示（脚注 3 参照）を採用しているので，大きくなるほど円高方向になる。実質実効為替レートは，消費者物価指数によって実質化している。

（データ出所）　日本銀行 Web サイト

に対して大きく影響するのは，貿易ウェイトが高い国の対円名目為替レート指数となります。

　実質実効為替レート *REER* は，名目実効為替レートと同一の方法で実質為替レート *Z* の指数を集計して算出できます。

　図表 5-1 は日本の名目実効為替レートと実質実効為替レートの推移（1980年～2017 年）です。また，日本の名目および実質実効為替レートは，1980年（基準時点）では 100 とします。1980 年代から 1990 年代半ばまで円高方向に動いた後，2000 年代は円安が進み，リーマンショック後に再度，円高が進んだもののアベノミクスが始まった 2012 年末頃から円安方向に動いています。この推移自体は両者とも共通しています。

では 3 年毎に貿易ウェイトを見直しています。この場合，任意の時点における実効為替レートの水準は，基準時点から（5.2）式に従って連鎖的に算出しています。

しかし，このグラフからは，日本の名目実効為替レートと実質実効為替レートの長期的な動きが乖離していることもわかります。名目実効為替レートの場合は戦後，最も円高だったのは東日本大震災後の 2011 年頃になりますが，実質実効為替レートの場合はバブル崩壊後の 1995 年頃になります。

　それでは，両者の乖離はどこから生じたのでしょうか。1980 年と比較すると，名目実効為替レートでは実質実効為替レートよりも円高方向へと大きく動いていることがわかります。この時期から，日本経済は物価水準が持続的に低下するデフレに陥る一方，海外の国々はほとんどが穏やかなインフレを記録していました。実質為替レートの定義より，名目為替レートが大きく円高方向に動いても，外国財の相対価格が上昇しているので，実質為替レートには大きな変動が見られないのです[6]。

5.2　交易条件

■ 交易条件と実質為替レート

　前節で説明した実質為替レートや実効為替レートと関連しているけれども，少し異なる概念に交易条件（Terms of Trade：TOT）があります。自国から外国に輸出する財の価格（輸出価格）を P^{EX}，外国から自国に輸入する財の価格（輸入価格）を P^{IM} とすると交易条件は（5.3）式のように定義されます。

$$\text{TOT} = \frac{P^{EX}}{P^{IM}} \tag{5.3}$$

　交易条件では輸出価格と輸入価格は同じ通貨建てに揃える必要があります。実質為替レートは自国と外国で取引されている同一の財[7]の相対価格を測りますが，交易条件では自国の輸出財と輸入財の相対価格を測るのが特徴です[8]。実際には，交易条件は輸出物価指数を輸入物価指数で除して算出しま

6　ただし，図表 5-1 で見られる名目実効為替レートと実質実効為替レートの特定時点での乖離は，基準時点の設定で変わることに注意してください。

7　物価指数を用いた場合は，指数に含まれる財・サービスのバスケット（**第 7 講 7.2 節**参照）の相対価格になります。

8　輸出財と輸入財が同一の財の場合，交易条件は実質為替レートの逆数となります。

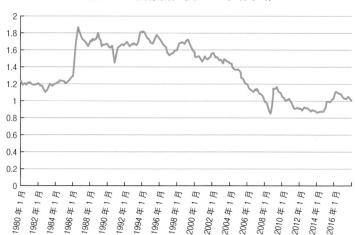

図表 5-2　交易条件（円ベース，総平均）

（注）　交易条件は輸出物価指数（円ベース，総平均）を輸入物価指数（円ベース，総平均）で除して算出。総平均とは全ての対象品目の平均を指す。
（データ出所）　日本銀行 Web サイト

すが，交易条件が上昇した場合，その国は同じ輸出量でより多く輸入ができることになり，国民の購買力（実質所得）が増えることになります[9]。

図表 5-2 は日本の交易条件の推移です（1980 年～2017 年）。日本の交易条件は輸入財の円建て価格を通じて為替レートの影響を受けますが，主要な輸入品である石油・天然ガスのドル建て価格などにも大きく影響されています。

1985～1986 年頃に交易条件が急上昇していますが，これは同時期の急激な円高やドル建て原油価格の低下によるものと考えられます。一方で 1990 年代半ばから 2008 年のリーマンショックの前まで明らかに交易条件が持続的に低下していますが，これは同時期の持続的な円安や原油価格の上昇によるものと考えられます。

9　国民経済計算ではこの購買力の変化を交易利得・損失と呼んでいます。また，国民の実質的な購買力を表す実質所得（正確には実質 GDI（Gross Domestic Income））は実質 GDP に交易利得・損失を足した額に等しくなります。

第 4 講で円高・円安が日本の輸出，輸入に影響を与えることについて説明しましたが，為替レートが自国通貨安（高）に動いた場合，どの程度，貿易収支は改善（悪化）するのでしょうか[10]。こういった問題を考えるために有用な分析方法が，貿易収支の弾力性アプローチです。本節ではこのアプローチに沿って，為替レートが貿易収支に与える影響について説明します。また，特に記さないときは名目為替レートで考えます。

■ 価格効果と数量効果

自国，外国とも自国通貨建てで輸出するケースを仮定しましょう[11]。自国通貨建ての貿易収支額 TA とは輸出額と輸入額の差なので，以下の（5.4）式の様に表すことができます。

$$TA = P \times EX - S \times P^* \times IM \qquad (5.4)$$

右辺の第一項は，輸出財の自国通貨建て価格 P と輸出量 EX の積なので輸出額になります。第二項は，名目為替レート S，輸入財の外国通貨建て価格 P^*，輸入量 IM の積なので輸入額となります。

為替レートの変化が貿易収支額に与える影響には，図表 5-3 で示すように数量効果と価格効果という 2 種類の効果があります。

まず為替レートの変化は貿易相手先の現地価格（現地通貨建て）の変化を通じて輸出，輸入の数量を変化させると考えられます。この効果を数量効果と呼びます。一般に，ある財の価格が下がる（上がる）ことでその財の需要量が増加（減少）します。為替レートが自国通貨安に動いた場合，第 4 講で見たように自国財の相対価格が低下するので輸出量は増加し，輸入量は減少すると考えられます。つまり，自国通貨安は「輸出量－輸入量」[12] をプラス

10　一般的に貿易収支の黒字方向の変化を改善，赤字方向への変化を悪化と呼びます。

11　つまり自国，外国とも輸出財の価格をそれぞれの自国通貨建てで設定しています。

12　日本の統計では実質輸出入（日本銀行が発表）に対応します。

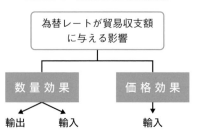

図表 5-3　数量効果と価格効果

為替レートが貿易収支額
に与える影響

数量効果

価格効果

輸出　輸入

輸入

方向に動かしますが，これを数量効果と呼びます。

一方，(5.4) 式から自国通貨建ての輸入価格は為替レート S と輸入財の外国通貨建て価格 P^* の積 $S \times P^*$ であることがわかります。そのため，為替レートの変化によって，以前と同量の財の輸入のために必要な自国通貨建ての輸入額は変化します。この効果を価格効果と呼びます[13]。

当初，1 個 1 ドルの製品を 100 個輸入しているケースを考えましょう。ここで，1 ドル 120 円から 80 円に為替レートが円高方向に変化すると，1 個当たりの円建て輸入価格（円ドルレート×1ドル）は 120 円から 80 円に低下します。この場合の価格効果は，同じ 100 個の輸入に必要な輸入額が 12,000 円から 8,000 円に減少することを指します。

一方，為替レートの増価は数量効果によって輸入量を増やすと考えられますが，ここでは仮に 100 個から 120 個に増えたとしましょう。このときも，輸入額は 12,000 円から 9,600 円に減少します。このケースでは自国通貨高は円ベースの自国輸入額を減少させます。しかし，輸入量が 100 個から 200 個に増えた場合は，輸入額が 16,000 円となり，円ベースの輸入額が増加します。

つまり，自国通貨が増価したとき，自国の輸入量は増加しますが（数量効果），どれくらい輸入量が増加するかによって，自国通貨建て輸入額は減少，増加いずれの場合もありえます（価格効果と数量効果の合計）。一方，自国通

13　本節での仮定と異なり，自国が外国通貨建てで輸出していた場合は，輸出額にも価格効果が生じます。

貨が増価したとき，輸出には数量効果のみが働くので原則的に自国通貨建て輸出額は減少します。

■ 価格弾力性とマーシャル=ラーナー条件

それでは，為替レートの減価が自国の貿易収支額をプラス方向に動かすためにはどのような条件が必要でしょうか。この問題を考えるためには輸出量，輸入量に対する価格弾力性について説明する必要があります。ミクロ経済学の重要な概念である需要の価格弾力性は，価格が1%変化したとき，需要量が何%変化するのかを測ります[14]。

このような考え方を輸出入量に適用することで輸出の価格弾力性と輸入の価格弾力性を定義することができます。輸出の価格弾力性 η^{EX} は価格（為替レート）1%の変化に対して自国財の輸出数量が何%変化するかを測り，輸入の価格弾力性 η^{IM} は価格（為替レート）1%の変化に対して外国財の輸入数量が何%変化するかを測ります[15]。これはそれぞれ次の（5.5）式，（5.6）式のようになります。

$$\eta^{EX} = \frac{\Delta EX/EX}{\Delta S/S} \tag{5.5}$$

$$\eta^{IM} = -\frac{\Delta IM/IM}{\Delta S/S} \tag{5.6}$$

自国通貨建ての貿易収支額（5.4）式と，上記の弾力性の定義を用いると，為替レートの減価が自国の貿易収支を改善する（黒字方向に動かす）ために必要な以下の条件が得られます。

$$\eta^{EX} + \eta^{IM} > 1 \tag{5.8}$$

この（5.8）式の条件をマーシャル=ラーナー条件と呼びます（詳しい導出に

14　例えば食料のような必需品は価格の変化に対して，需要量の変化が小さいことが多いとされますが，このような場合，需要が非弾力的であると言います。厳密には価格弾力性が1より大きい場合に需要が「弾力的」，1より小さい場合に「非弾力的」，ちょうど1の場合に「単位弾力的」と呼びます。ただし，ここではこのような厳密な定義には必ずしもこだわりません。

15　輸入弾力性 η^{IM} の定義に −（マイナス）が入っていることに注意が必要です。為替レートのプラスの変化（減価）に対し通常，輸入の変化はマイナスになりますが，弾力性は絶対値で定義されるためマイナスをつけるのです。

ついては本講末の**補論**を参照してください)。

　マーシャル=ラーナー条件は，輸出の価格弾力性 η^{EX} と輸入の価格弾力性 η^{IM} の合計が 1 より大きいとき，為替レートの減価が貿易収支を改善することを示しています[16]。

　上記のように，為替レートの変化が貿易収支に与える影響を分析する上で自国財の輸出弾力性，外国財の輸入弾力性に注目するため，このような分析方法は弾力性アプローチと呼ばれます。弾力性アプローチを現実の世界に応用すると，例えば現在のアメリカの対中貿易収支赤字を 50% 削減するためにはドル人民元の為替相場が何%変化する必要があるのか，といった問題について議論することもできます。

■ J カーブ効果

　マーシャル=ラーナー条件が成立すれば，為替レートの減価は貿易収支の改善につながります。しかし，実際には為替レートが減価した後，短期的に貿易収支が悪化し，時間が経つと徐々に改善していく現象が見られます。このときの貿易収支の推移がアルファベットの J に似た形を描くことから（後出の図表 5-5 を見てください)，このような現象は J カーブ効果と呼ばれます。

　為替レートが変化したとき，貿易収支に対して価格効果と数量効果が働きます。しかし，価格効果は即座に現れるのに対し，数量効果は貿易の契約から実行までにタイムラグがあるため，その効果が現れるまでには時間がかかります。この時間差が，J カーブ効果が生じる基本的な理由です。

　図表 5-4 では，日本がアメリカへ自動車を輸出し，アメリカから旅客機を輸入するケースを示しています。当初，1 ドル＝100 円のとき，日本はアメリカに自動車（1 台 100 万円）を 1 万台輸出し，アメリカから旅客機（1 機 1,000 万ドル）を 10 機輸入し，輸出代金は自国通貨建て，輸入代金は外国通貨建てで支払うことを契約しているとします。この場合，輸出・輸入とも円建てで 100 億円（ドル建てで 1 億ドル)[17]になるので日本の貿易収支は均衡し

16　これまでの研究では，多くの国で短期的にはマーシャル=ラーナー条件が成立しない一方，長期では成立するとされています。

17　輸出額は 100 万円×1 万台＝100 億円，輸入額は 1,000 万ドル×10 機×100 円/ドル＝100 億円です。

図表5-4　Jカーブ効果の例

円建て（日本側）　　　　　　　　　　**ドル建て（アメリカ側）**

① 当初　1ドル100円

自動車
- 1台当たり価格　100万円
- 輸出台数　1万台　　輸出総額　100億円　　輸出 ⟶　輸入総額　1億ドル
- 輸入総額　100億円　　← 輸入　輸出総額　1億ドル

旅客機
- 輸出機数　10機
- 1機当たり価格　1,000万ドル

貿易収支　　0円　　　　　　　　　　0ドル

② 短期　1ドル110円

自動車
- 1台当たり価格　100万円
- 輸出台数　1万台　　輸出総額　100億円　　輸出 ⟶　輸入総額　9,090万9,091ドル
- 輸入総額　110億円　　← 輸入　輸出総額　1億ドル

旅客機
- 輸出機数　10機
- 1機当たり価格　1,000万ドル

貿易収支　　−10億円　　　　　　909万909ドル

数量調整
- 自動車　ドル建て価格が低下したため輸出台数が1万1,000台に増加
- 旅客機　円建て価格が上昇したため輸出機数が9機に減少

③ 長期　1ドル110円

自動車
- 1台当たり価格　100万円
- 輸出台数　1万1,000台　輸出総額　110億円　　輸出 ⟶　輸入総額　1億ドル
- 輸入総額　99億円　　← 輸入　輸出総額　9000万ドル

旅客機
- 輸出機数　9機
- 1機当たり価格　1,000万ドル

貿易収支　　11億円　　　　　　−1,000万ドル

ています。

　ここで為替レートが1ドル110円に減価（円安）した場合，何が起こるでしょうか。日本が輸出する自動車の現地価格は1台1万ドルなので約9,091ドルに下がります（円建て価格は100万円で一定）。また，アメリカから輸入する旅客機に支払う価格は1機10億円から11億円に上がります（ドル建て価格は1,000万ドルで一定）。

　しかし，短期では輸出入とも数量は変化しないと考えられます。これは，輸出・輸入契約から商品の引渡しまでに時間が必要なので，為替レート変化直後の輸出・輸入の大半は事前に契約締結済みの取引と想定されるからです。図表5-4の②のとおり，日本の輸出による受け取り額は100億円で変わりません。他方，輸入は外貨建てなので，その支払い額は110億円（＝1,000

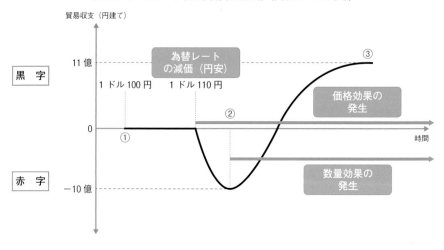

図表 5-5　Ｊカーブ状の貿易収支経路（図表 5-4 に対応）

万ドル×10 機×110円/ドル）に増加します。結果として貿易収支では日本側で 10 億円の貿易赤字が発生します（図表 5-4，図表 5-5 の①から②の局面）[18]。

　時間が経つと，貿易数量は新しい輸出・輸入契約を反映するようになります（図表 5-4，図表 5-5 の②から③の局面）。これらの新しい契約では，為替レート変化の影響を考慮するため，数量ベースの貿易量も変化すると考えられます（数量効果）。そのため，日本からの自動車の輸出台数が増加する一方，アメリカからの旅客機の輸入機数は減少するでしょう。

　この例では自動車の輸出台数が 1 万 1,000 台に増加しますが，旅客機の輸出機数は 9 機に減少するので，日本の輸出総額（円建て）が増加し，輸入総額（円建て）は減少します。そのため最終的に日本の貿易収支は 11 億円の黒字に転換します（マーシャル=ラーナー条件の成立）。

　つまり，為替レート減価後の貿易収支の経路は，図表 5-5 のようにＪカーブ状になっています。図表 5-4 の数値例から，Ｊカーブ効果が生じる背景は，

18　一方，アメリカでは輸出額は 1 億ドルで変わりませんが，輸入額が 9,090 万 9,091 ドル（＝100 万円×1 万台÷110円/ドル＝9,090 万 9,091 ドル）に減るため，貿易収支では 909 万 909 ドルの貿易黒字が発生します。

(a)貿易契約の価格は両国とも輸出国通貨建てで設定され[19]，(b)為替レートの変化に応じた新たな契約の締結と実行に時間がかかり，(c)長期ではマーシャル=ラーナー条件を満たす，であることがわかります。

5.4 貿易のインボイス通貨----------------------

■ インボイス通貨の設定方法

　前節までの議論ではお互いに輸出する財は自国の通貨建てで契約上の価格を設定している，つまり日本なら円建て，アメリカならドル建てで輸出財の価格を設定していることを仮定してきました。

　しかし実際には，企業が輸出価格を設定するときは自国通貨，つまり生産者（輸出業者）国通貨建てで価格を設定する（Producer's Currency Pricing：PCP），または輸出相手国通貨建てで設定する（Local Currency Pricing：LCP），ドルのような媒介通貨（ビークルカレンシー：Vehicle Currency）建てで設定する（Vehicle Currency Pricing：VCP）という選択肢があります[20]。このように貿易の契約で使用される通貨をインボイス通貨（貿易建値通貨）と呼びます[21]。

　インボイス通貨の選択は企業の為替リスク管理と強い関係があります。輸出企業が生産者通貨建て（PCP）で価格を設定した場合，契約から決済までの間に為替レートが変動した場合，輸入企業の支払い額が変化します。逆に，輸出相手国通貨建て（LCP）で設定した場合は，輸出企業の受け取り額が変化します。このようにインボイス通貨の選択によって，貿易に伴う為替リスクを輸出企業と輸入企業のどちらが負担するかが決まるのです。

■ 日本企業のインボイス通貨選択

　図表 5-6 は 2017 年の下半期における，日本の地域別輸出のインボイス通

19　日本から見れば輸出は円建て，輸入はドル建てになります。
20　前節では，Jカーブ効果が生じるケースを含め，企業が生産者国通貨建て（PCP）を選択することを仮定していました。
21　貿易で使用されるインボイス（商業送り状）とは出荷荷物の価格，内容，決済方法など取引に関する要件を記した書類のことを指します。

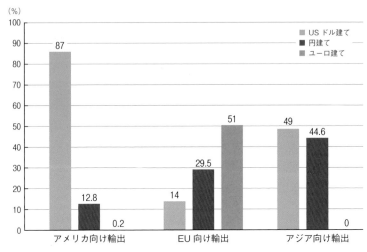

図表 5-6　日本のインボイス通貨比率（2017 年下半期）

（データ出所）財務省 Web サイト

貨の構成を示しています。日本企業は特にアメリカ向け輸出の場合，インボイス通貨を US ドルとする比率が著しく高く，つまり輸出相手国通貨建て（LCP）を選択する傾向にあります。

　他方，日本企業はアジア向け輸出でも US ドル建ての比率が高く，媒介通貨建て（VCP）を選択する傾向が高いことが注目されます。媒介通貨建て（VCP）の採用は，様々な相手国との取引のインボイス通貨を 1 つにまとめることで取引コストや為替リスクの削減を可能にすることが指摘されています[22]。

　また，アジア域内の生産ネットワーク（サプライチェーン）の構築に伴って，日本企業のアジア向け輸出では企業内貿易（系列子会社への輸出）による中

22　外国為替取引（通貨の交換）で固定費用がかかる場合，取引のインボイス通貨を 1 つの媒介通貨にまとめれば，複数のインボイス通貨があるときと比べて取引費用の節約ができます。また，商社のように輸出と輸入の両方を行っている場合，同じ通貨（媒介通貨）の支払いと受け取りが生じるので為替リスクの相殺（ネッティング）が可能になります。さらに，取引が集中するドルのような媒介通貨では，規模の経済によって取引費用の低下が期待できます。

間財の輸出が比較的高い比率を占めています。この日本企業による企業内貿易でもドル建て（VCP）が高い比率を占めています。このような日本企業のインボイス通貨の選択は，輸出先市場の競争条件や輸出する財の種類といった，様々な事情を反映した企業の戦略に基づいていると考えられます[23]。

　近年では企業がインボイス通貨を決定する要因や，企業のインボイス通貨の選択が為替レートや物価などマクロ経済に与える影響について精力的に研究が進められています。

5.5　パススルー

■ パススルーとパススルー率

　パススルー（Pass-Through）とは，ある国において輸入財価格（現地通貨建て）に為替レートの変化が反映されることを指します[24]。

　パススルーの程度を測る場合，よく用いられるのがパススルー率（パススルー弾力性）という概念です。輸入財の現地通貨建て価格を P_{IM} とするとパススルー率の定義は以下のようになります。

$$パススルー率 = \frac{\Delta P_{IM}/P_{IM}}{\Delta S/S} \tag{5.9}$$

　つまり，為替レートが1%変化したとき，現地通貨建て価格が何%変化するのかを測っています。

　図表5-4のJカーブ効果の例では為替レートが1ドル100円からの110円に変化したとき，アメリカ製の旅客機の輸入価格は10億円から11億円に値上がりしています。この場合，為替レートの変化は現地通貨建て価格（この場合は円建て価格）に100%転嫁されています。このことを「完全にパススルーする」と言います。つまり為替レートの変化が完全にパススルーする場合，パススルー率は1になります。

23　アジア向け輸出における日本企業のインボイス通貨選択について，詳しくは清水ほか（2016）の11章などを参照してください。

24　パススルーは通常，輸入価格が為替レートの変化を反映することを指しますが，為替レートから消費者物価指数（CPI）などへのパススルーを考えることもあります。

それに対し，例えば為替レートが 1 ドル 100 円から 90 円へと 10%増価したとき，日本で売られているアメリカ産輸入牛肉が 5%しか値下がりしなかったとすると，このときのパススルー率は 0.5 となります。このような場合は「不完全なパススルー」と言います。

■ 不完全なパススルーと PTM

近年，現実のパススルーを計測する研究が活発に行われています。それらの結果では，特に短期のパススルーが 1 を大きく下回っていることが指摘されていますが，これは輸出企業が為替レートの変化の一部しか現地通貨建て輸出価格（現地での輸入価格）に転嫁していないことを示しています[25]。

この不完全なパススルーの要因として輸出企業の PTM（Pricing to Market：市場別価格設定）行動が重要となります。国際貿易における PTM とは広い意味では企業による価格設定が国（市場）によって異なることですが，狭義では輸出企業が製品の現地通貨建て価格をあまり変更しないことを指します[26]。PTM 行動は当該製品の市場が国境によって分断されていることで可能になります[27]。なぜなら，市場が国境で分断されていない場合，価格が高く設定されている国では，家計や企業は価格が低く設定されている国から直接購入することできます。そのため，企業が市場によって異なる価格を設定することは困難になるのです[28]。

なぜ企業は輸出において PTM 行動を取るのでしょうか。一つの説明が輸出企業にとってのサンクコスト（埋没費用）の存在です。サンクコストとはいったん支出すると，市場からの退出や活動縮小の際に取り戻すことが不可能な費用を指します。例えば輸出企業が海外市場に参入する際，現地で販売

25　5.3 節で説明した J カーブ効果では，為替レートの変化が現地通貨建て価格に完全にパススルーされても，貿易契約が短期的に硬直的なため貿易数量の調整が遅れます。これに対し，短期のパススルーが 1 を下回っていることは，短期では為替レートの変化の現地通貨建て価格へのパススルーが不完全であることを意味しており，J カーブ効果とは異なる現象です。

26　PTM は単に国によって異なる価格を設定することではなく，為替レートが変化したときのパススルー率が各国で異なることが重要です。

27　経済学的な意味では，必ずしも市場は国境で分断されていません。ここでの「市場が分断されている」ということの意味については脚注 28 を参照してください。

28　こういった取引を裁定取引と呼びます。正確には，「市場が分断されている」とは，異なる市場の間で裁定取引が行われないか，あるいは不完全であることを意味しています。裁定取引の役割については第 7 講で詳しく説明しています。

するために，マーケティング活動や流通ネットワークの整備をするので一定の費用が必要となりますが，撤退しても取り戻すことができないので，これらの費用の多くはサンクコストになると考えられます。

　こうしたケースで，自国通貨の増価によって生じる影響を考えてみましょう。パススルーが完全な場合（為替レートの増価を現地価格に完全に反映した場合），輸出企業は価格競争力を失って海外市場からの撤退に追い込まれるかもしれません。企業は為替レートの増価を一時的なものと予測するならば，参入に要した費用を無駄にしないため，パススルーを不完全にすることによって，自社製品の現地価格が上昇するのを抑えようとするでしょう[29]。

　前節で扱ったインボイス通貨の選択とパススルー率にも深い関係があります。例えば，インボイス通貨として輸出相手国通貨建て（LCP）を採用した場合，為替レートの変化に際して短期では輸出相手国通貨建ての価格（(5.9)式の P_{IM}）が固定されるので，パススルー率をゼロに引き下げます。LCPの採用は正確にはPTM行動とは異なりますが，パススルーの決定には同様の効果を持つのです。

5.6　まとめ

　本講では為替レートと貿易の関係について様々な側面から学びました。為替レートの減価は自国の価格競争力を改善すると広く考えられていますが，本講の説明から様々な条件や考慮が必要なこともわかったと思います。また，後半のインボイス通貨やパススルーの決定といった話題は，現在も活発に研究が進行中の分野です。この問題は経済政策でも議論になることが多いテーマですが，理解を深めるには最近の経済状況にも注目することが大事です。

29　また，その市場での競争が激しいほど，製品値上げによって売り上げが大きく減るため，PTM行動が取られやすくなります。

| 補論 | マーシャル=ラーナー条件の導出 ………… |

　自国通貨表示の貿易収支 TA は下記のように表すことができます。ここで S は為替レート，EX と IM はそれぞれ輸出額と輸入額です[30]。

$$TA = EX - S \cdot IM$$

　ここで為替レートが S_0 から S_1 にわずかに変化し，それに伴って輸出が EX_0 から EX_1 に，輸入が IM_0 から IM_1 に変化するケースを考えます。また当初，貿易収支は均衡していると仮定します。このとき，貿易収支の変化は以下のように表せます（ΔX（デルタ X）は変数 X の変化前後の差を表します）。

$$\Delta TA = TA_1 - TA_0 = (EX_1 - S_1 IM_1) - (EX_0 - S_0 IM_0)$$

　これを変形すると

$$\Delta TA = (EX_1 - EX_0) - (S_1 IM_1 - S_1 IM_0) - (S_1 IM_0 - S_0 IM_0)$$
$$= \Delta EX - S_1 \Delta IM - \Delta S IM_0$$

の様になります。為替レートの貿易収支への影響は $\Delta TA / \Delta S$ で表せるので，為替レートの減価が貿易収支を黒字方向に動かすという条件は

$$\frac{\Delta TA}{\Delta S} = \frac{\Delta EX}{\Delta S} - \frac{S_1}{\Delta S} \Delta IM - IM_0$$

$$\frac{\Delta TA}{\Delta S} = \frac{EX_0}{S_0} \left(\frac{\Delta EX}{\Delta S} \frac{S_0}{EX_0} - \frac{S_1}{\Delta S} \Delta IM \frac{S_0}{EX_0} - IM_0 \frac{S_0}{EX_0} \right)$$
$$= \frac{EX_0}{S_0} \left(\frac{\Delta EX}{\Delta S} \frac{S_0}{EX_0} - \frac{\Delta IM}{\Delta S} \frac{S_0}{IM_0} \frac{S_1}{S_0} - 1 \right)$$

となります[31]。ここで $S_1/S_0 \approx 1$ と仮定し，価格弾力性の定義を代入すると，

$$\frac{\Delta TA}{\Delta S} = \frac{EX_0}{S_0} (\eta^{EX} + \eta^{IM} - 1)$$

になります（「$\approx$」は近似であることを示しています）。$EX_0/S_0 > 0$ なので，上の式から為替レートの減価が貿易収支を黒字方向（プラス）に動かすための条件は次の様になります[32]。

$$\frac{\Delta TA}{\Delta S} > 0 \quad \leftrightarrows \quad \eta^{EX} + \eta^{IM} > 1$$

30　補論のケースは本文の（5.4）式を $P = P^* = 1$ で一定とした場合になります。そのため，EX と IM は輸出額＝輸出量，輸入額＝輸入量と見なすことができます。

31　当初，貿易収支が均衡している（$EX = S \cdot IM$）と仮定していたので，2番目の式が導出できます。

32　P と P^* を固定しない一般的なケースでは，実質貿易収支と実質為替レートに対して同様のマーシャル=ラーナー条件が成立します。

《理解度チェック》・・・

    □ 1 名目，実質，実効為替レートの違いを説明してみましょう。

    □ 2 為替レートの減価が貿易収支を改善する条件とは何でしょうか？

    □ 3 Jカーブ効果について価格効果，数量効果という用語を使い説明してみましょう。

    □ 4 インボイス通貨の定義を説明してみましょう。

    □ 5 パススルー率の定義を説明してみましょう。

《調べてみよう》・・・

    [1] 適当な財を選んで，為替レートの変動に対してどの程度，輸入価格が変化しているか調べてみましょう。

    [2] 円建て石油価格の推移と図表 5-2 を比較して，石油価格が日本の交易条件にどの程度影響しているのか調べてみましょう。

    [3] 本講で説明した内容の他に，輸出企業が為替レートの変動に対して，どのような対応を講じているのか調べてみましょう。

《Discussion》・・・

    2013 年のアベノミクス開始後，円ドル為替レートは大きく減価しました。この動きは日本の対外貿易にどのような影響を与えたか，本講で説明した各種の指標を用いて検討しましょう。

文 献 紹 介

- 小川英治編著（2013）『グローバル・インバランスと国際通貨体制』東洋経済新報社
- 清水順子・大野早苗・松原聖・川崎健太郎（2016）『徹底解説 国際金融——理論から実践まで』日本評論社

第 II 部

外国為替市場と
為替レート決定

第6講
外国為替市場

■本講では外国為替市場の仕組みや機能について学びます。また，外国為替市場で行われる各種の取引，また取引で用いられる各種の為替レートについて説明します。

6.1 外国為替市場とは

　外国為替市場とは，異なる通貨の交換が行われる場を指します。外国為替市場の役割はミクロ経済学で学ぶ一般的な市場の役割と基本的には変わりません。外国為替市場は(1)異なる通貨の交換比率である為替レート（相場）を決定するとともに，(2)通貨を必要とする経済主体（企業・個人・投資家など）と余っている経済主体の間で通貨を交換する役割を果たします。

　外国為替市場は通常，大きく①対顧客市場，②インターバンク市場の2段階に分けて考えることができます。

■ 対顧客市場

　対顧客市場では，銀行がその顧客（個人，機関投資家，一般企業など）に為替レートを提示し，取引を行っています。私達は海外旅行に行くとき，銀行で円をドルに換えたりしますが，このとき実は対顧客市場の参加者になっていると言えます。

■ インターバンク市場

　インターバンク市場では，主に銀行や為替ブローカーと呼ばれる業者が取

引を行っています。私達がニュースで目にする為替レートはこのインターバンク市場で決まっています。単に「外国為替市場」と言うとき，このインターバンク市場を指すことが一般的です。

6.2 外国為替市場の特徴------------------------

■ ボイスブローキングから電子ブローキングへ

外国為替市場の特徴は，株式などの証券を取引する東京証券取引所（東京・兜町）や海産物などを取引する東京都中央卸売市場（東京・豊洲）のような取引が集まる施設は存在しないことです[1]。その代わり，市場参加者は通信端末や電話でお互いにつながっていてネットワークを形成しています。

コンピュータ上の通信システム[2]を使った取引を電子ブローキング（Electronic Broking），参加者同士の電話による取引をボイスブローキング（Voice

図表 6-1　ボイスブローキングの光景

（写真提供）　時事

1　ドイツやフランスなど外国為替の取引所が置かれている国もあります。
2　現在，外国為替取引で使用される主要なシステムとしては NEX markets 社が提供する EBS（Electronic Broking System）や Thomson Reuters 社が提供する Thomson Reuters FX Trading（FTX）が挙げられます。

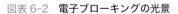

図表 6-2　電子ブローキングの光景

（写真提供）　AFP＝時事

Broking）と呼びます[3]。

　かつての市場はボイスブローキングが主流であり，こうした特徴を指して
「テレフォン・マーケット」と呼ぶことがありましたが，現在では取引の利
便性から電子ブローキングが圧倒的になっています。図表 6-1 は 1990 年代
の，図表 6-2 は 2010 年代の外国為替取引の光景ですが，ボイスブローキン
グから電子ブローキングへの移行がはっきり現れています。

■ 外国為替市場の取引規模

　外国為替市場の取引規模は巨大です。図表 6-3 は世界の為替市場の 1 日
当りの取引総額（全ての通貨ペアが対象）です。2016 年のデータを見ると世
界全体の外国為替取引額は 1 日当り 5 兆 670 億ドルに達します。2013 年か
ら 2016 年にかけて若干減少したものの，2001 年と比べて 4 倍以上に増加し
ています。この主な要因は投資信託や年金基金，保険会社といった機関投資
家や金融機関の取引増加であり，背景には国際資本移動の増加や金融技術の
発達などがあると考えられます。

3　ブローキング（Broking）とは「取引の仲介業務」を意味します。

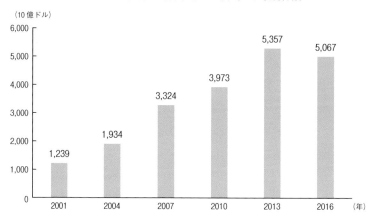

図表 6-3　世界の為替市場の 1 日当たり取引総額

（注）　各年度の 4 月中の 1 日当り平均取引額。
（データ出所）　Bank for International Settlement（BIS），Triennial Central Bank Survey of foreign exchange and OTC derivatives markets

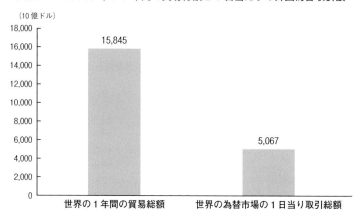

図表 6-4　2016 年の 1 年間の貿易総額と 1 日当たりの外国為替取引額

（データ出所）　Bank for International Settlement（BIS），Triennial Central Bank Survey of foreign exchange and OTC derivatives markets，ジェトロ（JETRO），世界貿易マトリクス

　この額がどれくらい大きいのか理解するため，図表 6-4 では 2016 年における世界全体の 1 年間の貿易総額と世界全体の 1 日当りの外国為替取引額を

比較しています。前者の 15 兆 8,450 億ドルに対し、後者は 5 兆 670 億ドルです。つまり、世界全体の貿易額は為替取引額の 3 営業日分にしかならないのです。これはまた、貿易を目的とした外国為替取引が全体のわずかな部分しか占めていないことを示しています。

■ 世界の主要通貨と外国為替市場

図表 6-5 は、世界の外国為替市場で取引されている各通貨のシェアを示しています。外国為替取引は 2 つの通貨の交換なので、取引通貨のシェアは合計すると 200％になることに注意してください。この表からは US ドルの取引シェアが圧倒的に大きいことがわかります。US ドルのほかに、ユーロ、円、ポンドなどが外国為替市場における主要取引通貨になりますが、以前はわずかであった中国元の取引シェアは近年、着実に増加しています。

図表 6-6 は外国為替取引の国別のシェアを示しています。取引通貨のシェアでは米ドルが他を圧倒していますが、国別のシェアではイギリス（ロンドン）市場がアメリカ（ニューヨーク）市場を上回る世界最大の市場にな

図表 6-5　**外国為替取引における通貨別シェア**

（単位：％）

	2001 年	2004 年	2007 年	2010 年	2013 年	2016 年
US ドル	89.8	88.0	85.6	84.9	87.0	87.6
ユーロ	37.9	37.4	37.0	39.0	33.4	31.4
円	23.5	20.8	17.2	19.0	23.1	21.6
ポンド	13.1	16.5	14.9	12.9	11.8	12.8
オーストラリアドル	4.4	6.0	6.6	7.6	8.6	6.9
カナダドル	4.5	4.2	4.3	5.3	4.6	5.1
スイスフラン	6.0	6.0	6.8	6.3	5.2	4.8
中国元	0.0	0.1	0.5	0.9	2.2	4.0
スウェーデンクローナ	2.5	2.2	2.7	2.2	1.8	2.2
その他	18.3	18.7	24.4	22.0	22.3	23.6
合　計	200	200	200	200	200	200

（注）　シェアの合計は 200％になる。
（データ出所）　Bank for International Settlement（BIS）, Triennial Central Bank Survey of
　foreign exchange and OTC derivatives markets

図表 6-6　外国為替取引における国別シェア

(単位：%)

	2001 年	2004 年	2007 年	2010 年	2013 年	2016 年
イギリス	31.8	32.0	34.6	36.7	40.8	36.9
アメリカ	16.0	19.1	17.4	17.9	18.9	19.5
シンガポール	6.1	5.1	5.7	5.3	5.7	7.9
香　港	4.0	4.1	4.2	4.7	4.1	6.7
日　本	9.0	7.9	5.8	6.2	5.6	6.1
フランス	2.9	2.6	3.0	3.0	2.8	2.8
スイス	4.5	3.3	5.9	4.9	3.2	2.4
オーストラリア	3.2	4.1	4.1	3.8	2.7	1.9
ドイツ	5.3	4.6	2.4	2.2	1.7	1.8
その他	17.2	17.2	16.9	15.3	14.4	14.0
合　計	100.0	100.0	100.0	100.0	100.0	100.0

（データ出所）　Bank for International Settlement（BIS），Triennial Central Bank
Survey of foreign exchange and OTC derivatives markets

図表 6-7　**各市場の取引時間帯**

ります。日本（東京）市場は 2000 年代までイギリス，アメリカに次ぐ第三の規模の市場でしたが，近年はシンガポールと香港に取引高を抜かされシェアを落としています。

　ドル・ユーロ・円のような主要通貨は，地球上に点在する市場には時差が存在するので，主要な通貨は 24 時間世界のどこかで取引が可能となっています。図表 6-7 は各国の外国為替市場における取引時間帯をまとめたもの

です[4]。これを見るとニュージーランド（ウェリントン）市場からアメリカ（ニューヨーク）市場までがリレーすることで 24 時間市場が開いていることがわかります。

6.3　外国為替市場の参加者とネットワーク‥‥‥

　この節では，外国為替市場の参加者がそれぞれどのような役割を果たしているのか，また参加者全体がどのようにネットワークを形成して，外国為替市場を構成しているのかを見ていきます。

　外国為替市場の参加者は大まかに，①民間銀行，②顧客（一般企業，投資家や個人），③為替ブローカー，④中央銀行，に分けられます。

■ 民間銀行

　民間銀行は，対顧客市場では②の一般企業や機関投資家，個人に対して為替レートを提示して取引を行い，インターバンク市場では顧客取引のカバーのため（「カバー取引」は後述），あるいは自己判断での取引を行います。

　なかでも一部の銀行は，インターバンク市場においてマーケットメーカーとしての役割（マーケットメイキング）を果たしています。インターバンク市場におけるマーケットメイキングとは常時，他の市場参加者に対して為替レートの相場を提示し，その相場での取引に応じることを指します。為替レートの相場を提示することを建値（クォート：Quote）と言います。これは買値（ビッドレート：Bid Rate）と売値（オファーレート：Offer Rate）の両方を提示するツーウェイ・クォート（Two Way Quote）で行われます。マーケットメーカーは常時，建値を行うこと（マーケットメイキング）で市場に流動性[5]を供給していると言えます。

　4　外国為替市場では，取引時間が決められてはいないのでこれらの時間はあくまで目安になります。取引が活発な時間と考えればよいでしょう。また，世界には Daylight Saving Time システムを採用する国があり，夏時間と冬時間が存在します。ここでは夏時間で時間を表記しました。
　5　流動性については**第 4 講 4.1 節**を参照。ここでの場合は，流動性とは売買の容易さを指すと言ってもいいでしょう。

マーケットメーカーでないインターバンク市場参加者は，建値に基づいて取引を行います。このような市場参加者をマーケットユーザーと呼ぶことがあります[6]。

銀行はマーケットメイキング，または顧客との取引によって外貨のポジション（持ち高）を変化させますが，その結果，為替レートの変動によって損失を出すリスクを負います。そのため，余計なポジションを解消するための取引を行います。これをカバー取引と呼びます。

■ 顧客（一般企業，機関投資家や個人）

基本的に一般企業，機関投資家や個人は銀行の顧客として取引を行います。顧客が為替取引を行う理由は，貿易取引（輸出・輸入）や資本取引（証券投資・直接投資），あるいは海外旅行のための外貨への両替といった実需要因，これらの取引に伴うリスクのヘッジ，為替レート変動による差益を狙った投機など様々です。

■ 為替ブローカー

ブローカーはインターバンク市場での為替取引を仲介する専門業者です。市場参加者からの売り注文と買い注文をマッチングさせ，手数料（ブローカレッジ）を受け取ります。為替取引がボイスブローキングで行われていた時代は，このようなブローカーを通した取引が主流でした[7]。しかし近年，市場参加者が直接取引する電子ブローキングの普及によってブローカーの数は大幅に減少しています。

■ 中央銀行

中央銀行も外国為替取引を行うことがあります。その中でも特に重要な目的は為替レートに影響を与えるための取引（為替介入）です。為替介入の目的や仕組みについては**第10講**で詳しく説明します。

---

6 また，マーケットメーカーも，他のマーケットメーカーに建値を求めます。
7 図表6-1は電話で注文を受けたブローカーが取引をマッチングさせている光景です。

■ ネットワークでつながる外国為替市場の参加者

　外国為替市場の参加者によって形成されるネットワークは，図表 6-8 のように構成されています。青い線の内側がインターバンク市場，外側が対顧客市場になります[8]。

　6.2 節で説明したとおり，青い線の内側のインターバンク市場では参加者が互いにコンピュータネットワークや電話（矢印の線）で結ばれ，それぞれの銀行は対顧客市場で様々な顧客との取引（点線）を行っています。

図表 6-8　**外国為替市場のネットワーク**

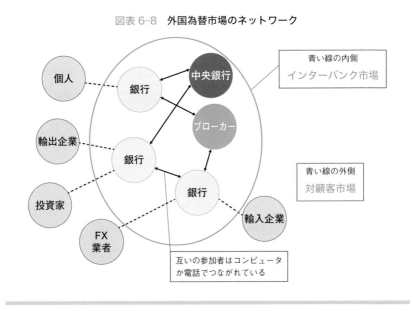

6.4 銀行間相場と対顧客相場------------------

　前節で説明した外国為替市場の取引の結果，外国為替相場（為替レート）が決まります。しかし，本節と次節で見ていくように，取引する市場と取引目的によって複数の為替レートが存在するため初心者は戸惑うことがあります。以下では，各種の為替レートの違いについて説明しましょう。

■ 銀行間相場

　まずインターバンク市場での取引で決まる相場は銀行間相場（インターバンク・レート）と呼ばれ，取引が行われている間刻々と変化します。

　図表6-9には，ある時点の円ドルの銀行間相場の例を表しました。これは1ドルを112円52銭4厘で買い，112円52銭7厘で売るという意味です。前節でも説明したとおり，前者が買値（ビッドレート），後者を売値（オファーレート）と呼びます。外国為替市場では常に両者がペアで決まります。そして両者の差をスプレッドと呼びます（上記の例では3厘）。このスプレッドがマーケットメイキングを行うことにより手数料として得られる利益となりますが，近年ではスプレッドが次第に狭まり厘単位（1円の100分の1）になっています。

■ 対顧客相場

　この銀行間相場を元に，銀行は顧客と外貨を売買するときの相場を決めま

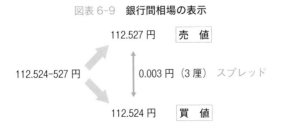

図表6-9　**銀行間相場の表示**

112.527 円　　売　値

112.524-527 円　　　0.003 円（3厘）　スプレッド

112.524 円　　買　値

す。刻々と変化する銀行間相場とは違い，銀行は毎日ある時点[9]の為替相場を基準（仲値）として一定のマージンを加えて売値と買値を決定します。こうして決まった銀行が顧客に外貨を売るときの相場を電信売相場（Telegraphic Transfer Buying：TTB），買うときの相場を電信買相場（Telegraphic Transfer Selling：TTS）と呼びます。

　一方，銀行が空港などの本支店で顧客と外貨の現金を売買するときは，また別の相場が適用されます。外貨の現金を売るときの相場を現金売相場，買うときの相場を現金買相場と呼びます。これらの相場では売値と買値のスプレッドがさらに大きくなります。これは現金の場合，輸送コストや保険料がかかる上に現金の保有は銀行にとって利息を生まないためです。

6.5　目的による外国為替取引の分類------------

　外国為替取引と一口で言っても，実際の外国為替市場ではその目的や機能に応じた複数の種類の取引が行われています。

■ 直物取引と先渡し取引

　直物（じきもの）取引とは，取引の2営業日後に取引通貨を受け渡す，私達が通常イメージする取引のことを指します。直物取引に適用される為替レートを直物相場と呼びます。

　一方先渡し（さきわたし）取引とは，取引通貨を将来のある時点で受け渡す取引で，先物取引とも呼ばれます。先渡し取引では将来受け渡す通貨のレートを現在時点で決定します。この為替レートを先渡し相場（先物相場）と呼びます。直物相場と先渡し相場の関係については**第8講**で詳しく扱います[10]。先渡し物取引には，投機や貿易取引などによって生じる為替リスクを

9　東京市場では9時55分頃と言われています。
10　先渡し取引と類似した取引として通貨先物取引（フューチャー：Future）があります。フューチャーはインターバンク市場ではなく金融取引所で取引される金融商品の一種です。また，通貨の受け渡しは想定せず満期日の相場との差額が受け渡されます（差金決済）。通貨先物の市場としてはアメリカのシカゴ・マーカンタイル取引所（CME）などが有名です。

図表 6-10　外国為替取引における取引種類別の取引額とシェア

（単位：10億ドル［シェア %]）

	2001 年	2004 年	2007 年	2010 年	2013 年	2016 年
直物取引	386 (31.2)	631 (32.6)	1005 (30.2)	1489 (37.5)	2047 (38.2)	1652 (32.6)
先渡し取引	130 (10.5)	209 (10.8)	362 (10.9)	475 (12.0)	679 (12.7)	700 (13.8)
為替スワップ取引	656 (52.9)	954 (49.3)	1714 (51.6)	1759 (44.3)	2240 (41.8)	2378 (46.9)
通貨派生取引	67 (5.4)	140 (7.2)	243 (7.3)	250 (6.3)	391 (7.3)	337 (6.7)
合　計	1239	1934	3324	3973	5357	5067

(注)　各行の上段が取引額，下段（カッコ内）がシェア。
（データ出所）　Bank for International Settlement（BIS），Triennial Central Bank Survey of foreign exchange and OTC derivatives markets

ヘッジする役割があります。また，銀行が顧客と行う先渡し取引は為替先物予約と呼ばれます。

　以上のような直物為替や先物為替の取引を，買いあるいは売りの単体で取引することをアウトライト取引と呼びます。一方スワップ取引とは，直物の売り（買い）と先物の買い（売り）を組み合わせた取引のことを言い，先物取引と同様に，外国為替取引におけるリスクヘッジや一時的な外貨資金の調達などに使われています[11]。

　図表 6-10 は世界の外国為替取引を取引種類別にまとめたデータです。これを見ると，通常の直物取引よりもスワップ取引が占めるシェアが最も大きいことがわかります。

■ 通貨派生取引（通貨デリバティブ取引）

　通貨派生取引（通貨デリバティブ取引）とは，通貨そのものの交換を目的としない通貨取引から派生した取引を指します。様々な種類の取引が存在しま

11　為替スワップ取引と類似した取引として通貨スワップ（Cross Currency Swap）があります。通貨スワップとは一定期間，異なる通貨をあらかじめ約束した金額で毎期交換する（キャッシュフローを交換する）取引です。実質的な取引の機能は為替スワップ取引と同一ですが，通貨スワップは金融機関が個別に組成する店頭取引（OTC）の形で提供されます。

すが，代表的な取引が通貨オプションです。

通貨オプションとは将来時点で取引通貨を一定のレートで売買する権利のことを指します。上述の，先物取引とは異なり，あらかじめ決めた期日が来たときに，契約で決めたレートで売買するか否かはオプションの買い手が選択できます[12]。その代わり，オプションの買い手は売り手にオプション料（プレミアム）を支払う必要があります。通貨オプション取引はインターバンク市場での取引ではなく，個別金融機関が相対で顧客に提供する店頭取引（Over the Counter：OTC）で行われます。

オプションの権利の条件（バリア）は柔軟に設計することができるので，市場では様々なタイプのオプションが取引されています。

コラム　外国為替証拠金取引（FX）と外国為替市場

近年の外国為替市場では「ミセス・ワタナベ」と呼ばれる人々が話題になることがあります。これは外国為替証拠金取引（FX）に参加している日本人の個人投資家達を指しています。外国為替証拠金取引とは，顧客があらかじめ現金を証拠金（保証金）としてFX業者に預託し，FX業者との間で通貨を売買する取引を指します[13]。

日本の外国為替市場は，他の主要国の外国為替市場と比較して個人投資家の取引が占める割合が多く，「ミセス・ワタナベ」も為替相場に大きな影響を与えることがあると言われています。1998年，FXは外国為替及び外国貿易法が改正されたことで可能になり，複数のFX業者が取り扱いを始めました。2000年代にインターネットが普及し，個人がリアルタイムで為替取引を行えるようになったため，FXの取引高が急激に増大しました（図表6-11）。

しかし，ここまでに説明したとおり，為替レートがリアルタイムで変化しているインターバンク市場に参加できるのは銀行などの金融機関に限られます。個人投資家のFXの取引は，インターバンク市場での為替レートの決定とどのように関わっているのでしょうか。

個人投資家とFX業者との取引を図式化したのが図表6-12です。個人投資家は預託した証拠金の範囲内（証拠金×レバレッジ）でFX業者と通貨の売買を行います。FX業者は，インターバンク市場の為替レートに自らの利益となるマージンを加えたレートを顧客に提示します。

FX業者は顧客から同じ通貨の売り注文と買い注文があった場合，これを相殺させ

12　厳密には，これはヨーロピアンと呼ばれるオプションのタイプに当てはまります。アメリカンと呼ばれるタイプのオプションでは期日前でも買い手の好む時点で売買を行うことができます。

13　つまり，FX取引のおける証拠金は担保の役割を果たします。証拠金に対する取引金額の比率をレバレッジと呼びます。高いレバレッジは投資家のリスクを高めるため2019年現在，FX取引におけるレバレッジは25倍以内に規制されています。

ることができますが，これをマリー（Marry）と言います。マリーできなかった分は
業者のポジション（持ち高）になるので，そのリスクを避けるためにFX業者はイン
ターバンク市場に参加する金融機関とカバー取引を行います[14]。新見（2016）はこの
カバー取引も近年，インターバンク市場での為替レートの決定に一定の影響を与えて
いると指摘しています。

図表6-11　**FX取引額の推移**

（注）　店頭取引のみの取引額，取引所における取引額を含まない。
（データ出所）　金融先物取引業協会統計

図表6-12　**外国為替証拠金取引の仕組み**

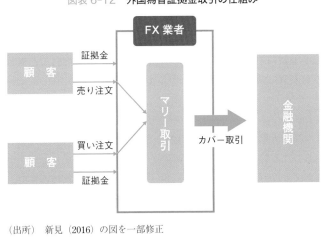

（出所）　新見（2016）の図を一部修正

14　**6.3節**の銀行の行動を思い出してください。

6.6 ま と め

　本講では外国為替市場の仕組みや機能と，そこで決まる各種の為替レートについて学びました。決まった取引所を持たず市場参加者がネットワークでつながった外国為替市場のメカニズムは，株式市場などよりも難しい面があります。また，時差をもってつながっている世界中の外国為替市場では24時間，為替取引が行われているグローバルな働きをこの講でよく理解してください。

　外国為替市場では直物，先物，為替スワップなど複数の取引が並行して行われています。これらの取引の仕組みをしっかり理解することで外国為替取引を行う多様な動機についても理解が深まるでしょう。

■ Active Learning

《理解度チェック》・・・

□1　外国為替市場と株式市場の違いを説明してみましょう。

□2　インターバンク市場と対顧客市場の役割の違いを説明してみましょう。

□3　外国為替市場でのマーケットメーカーの役割を説明してみましょう。

□4　同じ通貨間の外国為替取引でも直物取引，先渡し取引など複数の種類の取引が行われている理由を説明してみましょう。

《調べてみよう》・・

[1]　日本経済新聞の相場欄などを見て，外国為替市場について複数の為替レートがあることを確認し，相互の関係について調べてみましょう。

[2]　東京証券取引所の Web サイトなどを参考に，外国為替市場における相場の決定と株式市場における株価の決定方法の違いについて調べてみましょう。

《Discussion》・・・

6.2 節で説明したとおり，外国為替取引において東京市場のシェアは低下してい

ます。これによってどのような影響が生じるでしょう？ また，東京市場のシェア
を高める方策としてどのようなことが考えられるでしょう？

文献紹介

- 小口幸伸（2013）『入門 外国為替のしくみ』日本実業出版社
- 東短リサーチ株式会社編（2019）『東京マネー・マーケット 第8版』有斐閣
- 新見朋広（2016）「本邦外国為替証拠金（FX）取引の最近の動向」，日銀レビュー，
  2016-J-9

第7講
購買力平価

■第7講から第9講までは主な為替レート決定理論について取り上げます。
為替レートは第4講でも説明したとおり，通貨に対する需要と供給で決定さ
れますが，それぞれの為替レート決定理論は，為替レートを決めるメカニズ
ムを特定の視点からより詳細に分析することによって，為替レートと経済変
数の関係をより明らかにすることを目的としています。

　第7講で取り上げるのは購買力平価という考え方です。購買力平価は長期
的な為替レート水準の変化を考える上で重要な理論です。すでに，第5講を
中心に為替レートが国際的な財・サービス取引（貿易）に与える影響につい
て学んできましたが，購買力平価はこうした貿易取引をベースに為替レート
の決定を分析します。

7.1　一物一価と為替レート ----------------------

■ 一物一価と裁定取引

　購買力平価のメカニズムの基本となるのが一物一価という概念です。これ
は単純に「同じ商品は異なる市場でも同時点では同じ価格になる」というこ
と意味します。これは当たり前のようにも思えますが，なぜ異なる場所や市
場で価格が一致するのでしょうか。

　一物一価を実現する原動力となるのが裁定取引です。裁定取引とは異なる
場所や市場に存在する価格差を利用した売買で利ざやを稼ぐ取引を指します。
例えば，江戸時代の初めは日本の各地域で米の価格に差がありましたが，次
第に同一の価格に近づいていったことが知られています。この変化の背後に

日　本　　　　　　　　　　　　　　　　アメリカ

現地通貨建て

1 本 200 円	1 本 2 ドル

円建て（1 ドル 80 円の場合）

200 円	＞	2 ドル×80 円＝160 円

は価格の低い市場で米を買い，価格の高い市場で売る米商人達の裁定取引があったと考えられます。一方で国境を越えた市場間の場合，一物一価は国内と同じようには成立しません。なぜなら各国の通貨が異なるために，同じ商品の価格をそのまま比較することができないからです。

　図表 7-1 の例を使って考えてみましょう。アメリカ製の同じブランドのビール（同じ品質）が日本では 1 本 200 円，アメリカでは 2 ドルで売っているとします。このままでは両者の比較はできませんが，為替レートが 1 ドル 80 円とすると，これを使って評価ができます。この場合，円建てで評価するとアメリカでの価格 160 円に対し，日本での価格は 200 円とアメリカより高くなります。

　この場合，関税や輸送費をゼロと仮定すると，日本とアメリカの間で相対的に安いアメリカのビールを日本に輸入するという形で裁定取引のチャンスがあることがわかります[1]。こうした取引で輸入業者は 1 本当り 40 円の価格差を利ざやとして得られます。しかし，裁定取引によって日本市場でアメリカ製ビールの供給が増えると，日本でのアメリカ製ビールの価格は次第に下

---

[1]　ある商品を正規の代理店や直営店を通さずに輸入する並行輸入はこうした取引にあたります。

図表 7-2　裁定取引後の日米のビールの値段

日　本

アメリカ

現地通貨建て	
1 本 160 円	1 本 2 ドル

円建て（1 ドル 80 円の場合）		
160 円	＝	2 ドル×80 円＝160 円

落していくでしょう。

　この動きは図表 7-2 のように，日本でのビールの価格が 1 本 160 円になると終わると考えられます[2]。なぜならこの値段になると，上記の裁定取引の利益がゼロになるからです。そしてこのとき，両国のアメリカ製ビールの間には一物一価が成立していることがわかります。

　この関係を一般的な式で表してみましょう。ビールの日本での価格を P_B，アメリカでの価格を P^*_B，円ドルの為替レートを S とすると，一物一価は以下のように表現できます。

$$P^*_B \times S = P_B \qquad (7.1)$$

（7.1）式を書き換えると以下のようになります。

$$S = \frac{P_B}{P^*_B} \qquad (7.2)$$

（7.2）式は，一物一価が成立するとき，為替レート S は両国の財の価格比

2　この取引の規模が大きい場合は為替レートが変化することも考えられます。また，ビールの日本への供給が増えて，アメリカでのビールの価格が値上がりすることも考えられます。日本でのビールの価格だけが下がるのは，一つの可能性に過ぎないことに注意してください。

に等しいことを意味しています。

一物一価が成立するためにはすでに述べたとおり，商品の移動に必要な輸送費や関税などの取引費用がゼロであるなど，貿易障壁が存在しないこと，市場が競争的であることが条件になります[3]。

■ 貨幣の購買力

(7.2) 式は貨幣の購買力という見方から解釈することもできます。購買力 (Purchasing Power) とは，貨幣1単位で購入できる財・サービスの量を指します。人々が貨幣を保有する目的の一つは，財・サービスを購入することですから，貨幣1単位で購入できる財・サービスの量が多いほど貨幣の価値が高いことがわかります[4]。

これを簡単な例で考えてみましょう（図表 7-3）。1円はX財を1単位買うことができる一方，1ドルは同じX財を2単位買うことができます。つまり，X財で測ると円の購買力は1，ドルの購買力は2になります。この場合，ドルの購買力が円の購買力の2倍になることがわかります。

このとき円とドルの為替相場（交換比率）はどのようになるでしょうか。例えば当初1ドル＝1円である場合を考えましょう。このときは1円を1ドルに交換すると購入できるX財の量は倍（2単位）になります。このX財2

図表 7-3　X財による円とドルの購買力の定義

それぞれの通貨1単位で購入できるX財の単位数＝購買力

3　市場が競争的とは，市場価格に影響を与えられるような力（価格支配力）がある市場参加者がいないこと，商品が同質であること（差別化されていない），商品などに関する情報が完全であることを指します。詳しくは適当なミクロ経済学の教科書を参照してください。
4　貨幣を保有する他の動機については**第4講**を参照してください。

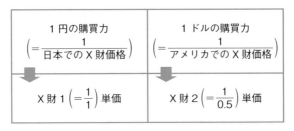

図表 7-4　各通貨の購買力と X 財価格の関係

単位を日本で売れば 2 円になるので，確実に利益を上げることができます。この場合は，全員が円を手放してドルを手に入れようとするでしょう。すると需給のバランスからドルの価値が上がるはずです。

　最終的に 1 ドル＝ 2 円になれば，1 円をドルに交換しても X 財は同じ 1 単位しか得られないので，円をドルに変える動きは止まるでしょう。このとき，円とドルの購買力は一致します。日米の貨幣の購買力と為替レートには (7.3) 式のような関係が成り立ちます。

$$\frac{ドルの購買力}{円の購買力} = 為替レート_{円/ドル} \tag{7.3}$$

　ここで，X 財の価格に再度注目してみましょう。X 財の価格は日本では 1 単位 1 円，アメリカでは 1 単位 0.5 ドルになります。実は図表 7-4 で示したように，円とドルの購買力はそれぞれの国での X 財価格の逆数に等しいことがわかります。

　(7.3) 式と図表 7-4 の結果をまとめると，以下の (7.4) 式のようになります。

$$\frac{ドルの購買力}{円の購買力} = \frac{\dfrac{1}{アメリカでの X 財価格}}{\dfrac{1}{日本での X 財価格}} = 為替レート_{円/ドル} \tag{7.4}$$

　(7.4) 式の関係を一般的に表すため，X 財の日本での価格を P_X，アメリカでの価格を P^*_X とすると以下のようになります。

$$\frac{1/P^*_X}{1/P_X} = S \tag{7.5}$$

（7.5）式を少し書き換えた（7.6）式は，一物一価から得られた（7.2）式と同一であることがわかります。

$$S = \frac{P_X}{P^*_X} \tag{7.6}$$

　結局，ある商品の価格と為替レートに一物一価が成立する場合，その商品で測った両国の貨幣の購買力の比率と為替レートが一致することがわかります。つまり，自国貨幣を外国通貨に交換して購入できる財・サービスの量は自国通貨で直接，購入した場合の量と等しくなります。

　また，（7.5）式と（7.6）式が**第5講**で説明した実質為替レート Z の（5.1）式と似ていることに気づかれた方もいるでしょう。実際，（5.1）式で $Z=1$ とすると，（7.5），（7.6）式を導出することができます。一物一価が成立する場合，実質為替レートは名目為替レートの変動にかかわらず $Z=1$ となり変動しません。

7.2　購買力平価と物価

■ 購買力平価とは

　7.1節では，個々の財の価格の間で一物一価が成り立つ為替レートが，財の価格比と等しくなることを明らかにしました。しかし，一国で取引されている財・サービスは膨大な数にのぼります。これらの財・サービス全般の平均的価格である物価と為替レートの関係はどうなるのでしょうか。

　前節で学んだ一物一価から類推すると，為替レートは物価水準の比率に等しい水準に決まると考えることができます。この仮説を購買力平価（Purchasing Power Parity：PPP）説と呼びます。つまり購買力平価説では，自国の物価水準を P，外国の物価水準を P^* とすると，為替レート S は以下の（7.7）式のように決まります。

図表 7-5　財・サービスのバスケットのイメージ

$$S=\frac{P}{P^*} \tag{7.7}$$

第 1 講 1.3 節で説明したように，個別の財・サービスの価格ではなく全体的な物価（水準）を測るためには物価指数を用いますが，多くの物価指数は個別の財・サービスの価格を加重平均して算出します。つまり，物価指数は図表 7-5 のように，様々な財・サービスから構成されるバスケットの価格と見なすことができます。また，一般的な貨幣の購買力は物価指数の逆数で測ることができるため，購買力平価が成立している場合は両国の貨幣の購買力が等しくなります。購買力平価という名称はここから来ています。

第 1 講でも説明したとおり，物価指数は複数存在しています。それぞれの指数では，作成する目的に応じてバスケットの構成の仕方が異なっています。物価指数として最もよく参照されるのが消費者物価指数（Consumer Price Index：CPI）です。CPI は家計で消費される財・サービスを対象としています。これに対して，企業物価指数（Corporate Goods Price Index：CGPI）は企業間で取引される財・サービスを対象としています。部品・原材料といった中間財は，家計が直接消費しないので CPI には入りませんが，CGPI には入ってきます。また，輸出物価指数・輸入物価指数は名前どおり，輸出・輸入される財を対象とした物価指数です[5]。

■ 一物一価と購買力平価

さて，個別財で一物一価が成り立つ場合，購買力平価（7.7）式は必ず成立するのでしょうか。X と Y の 2 財が存在するケースを使って購買力平価が成立する条件を見てみましょう。

自国と外国の物価指数は共通の X, Y 財から構成され，X 財，Y 財の自国での価格はそれぞれ P_X, P_Y とします。外国ではそれぞれ P^*_X, P^*_Y です。X 財，Y 財の両方で一物一価が成り立っていれば，それぞれ（7.8），（7.9）式が成り立ちます。

$$P^*_X \times S = P_X \tag{7.8}$$

$$P^*_Y \times S = P_Y \tag{7.9}$$

物価指数の作成に用いるウェイトは自国では X 財が W_X，Y 財が W_Y とします[6]。外国ではそれぞれ W^*_X, W^*_Y です。これらのウェイトによる加重平均で自国と外国の物価指数 P と P^* が定義されます。

$$P = W_X P_X + W_Y P_Y \tag{7.10}$$

$$P^* = W^*_X P^*_X + W^*_Y P^*_Y \tag{7.11}$$

（7.10），（7.11）式から P と P^* の比率を表す式を求めた上で，（7.8），（7.9）式を使って書き換えます。

$$\begin{aligned}
\frac{P}{P^*} &= \frac{W_X P_X + W_Y P_Y}{W^*_X P^*_X + W^*_Y P^*_Y} = \frac{W_X S P^*_X + W_Y S P^*_Y}{W^*_X P^*_X + W^*_Y P^*_Y} \\
&= S \times \frac{W_X P^*_X + W_Y P^*_Y}{W^*_X P^*_X + W^*_Y P^*_Y}
\end{aligned} \tag{7.12}$$

ここで，両国でウェイトが $W_X = W^*_X$, $W_Y = W^*_Y$ になること（X 財，Y 財へのウェイトが両国で共通）を仮定します。この仮定を使うと，（7.12）式は（7.13）式のように書き換えられます。

5　CPI や CGPI は**第 1 講**で説明した GDP デフレータとは異なる計算方法で算出します。
6　ウェイトは数量で定義されます。またウェイトの定義上，$W_X + W_Y = 1$ となります。

$$\frac{P}{P^*} = S \times \frac{W^*_X P^*_X + W^*_Y P^*_Y}{W^*_X P^*_X + W^*_Y P^*_Y} = S \tag{7.13}$$

(7.13) 式は両国の物価指数の比率が為替レートと一致し，(7.7) 式の購買力平価が成立していることを表しています。

つまり，ここでの2財の結果を一般化すると，以下の3つが全て成立することが，2国の物価指数の間に購買力平価が成り立つための条件であることがわかります。すなわち，①全ての財・サービスで一物一価が成立し，②両国の物価指数が共通の財・サービスで構成され，③物価指数の各財・サービスへのウェイトが両国で共通であること，です。このうち2番目と3番目の条件は，購買力平価が成立するためには財・サービスのバスケットの中身が両国で共通していなければならないことを意味しています。

■ 絶対的購買力平価と相対的購買力平価

購買力平価が実現するためには前項で説明したとおり，全ての財・サービスで一物一価が成立する必要があります。しかし，これは関税や輸送費などの取引費用がゼロである必要があるため，いささか非現実な仮定と言えます。

貿易に関税や輸送費といった取引費用が存在する場合，購買力平価は (7.7) 式のように，外国の物価水準に取引費用 θ（定数）を掛けた形になります[7]。

$$S = \frac{P}{P^* \theta} \tag{7.14}$$

しかし，物価水準ではなく自国と外国のインフレ率（物価変化率）$\frac{\Delta P}{P}$，$\frac{\Delta P^*}{P^*}$ に注目すると，定数 θ を含まない以下の式が成り立ちます。

$$\frac{\Delta S}{S} = \frac{\Delta P}{P} - \frac{\Delta P^*}{P^*} \tag{7.15}$$

7　この取引費用 θ の入れ方は，直感的にわかりにくいかもしれません。(7.13) 式を一物一価の形にすると以下のようになります。

$$\theta S P^* = P$$

例えば，取引費用が外国財（自国通貨建て）価格 SP^* の20%とすると，取引費用を入れた一物一価の式は

$$SP^* + 0.2SP^* = 1.2SP^* = P$$

になります。この場合の θ は1.2になります。

この (7.15) 式の関係を相対的購買力平価（相対的 PPP）と呼びます[8]（相対的 PPP は為替レートの変化率は自国と外国のインフレ率の格差に等しいということを意味しています）。また、これに対して物価水準の間で成り立つ購買力平価 (7.7) 式を絶対的購買力平価（絶対的 PPP）と呼びます。

重要なポイントは、相対的 PPP は取引費用 θ が存在しても、θ が時間を通じて一定であれば成り立つということです。つまり、相対的 PPP は絶対的 PPP に比べてより一般的な条件で成立するのです[9]。

7.3　購買力平価の説明力

購買力平価は、現実の為替レートをどの程度説明できるのでしょうか。まず絶対的購買力平価（絶対的 PPP）の場合から見てみましょう。

図表 7-6 は、円ドルの名目為替レート（月中平均）とそれぞれ消費者物価指数（CPI）、企業物価指数（CGPI）で測った絶対的 PPP（購買力平価）の1973 年から 2018 年にかけての推移を示しています。

絶対的 PPP の各系列の水準自体は基準年の取り方で変わるので、為替レートと絶対的 PPP の各系列のトレンドを比較していきます。図表 7-6 から消費者物価指数（CPI）と企業物価指数（CGPI）の系列は、両方とも長期的な円高（右下がり）のトレンドを捉えているものの、為替レートの数年単位のトレンドとはほぼ無関係であることがわかります。

特に 1970 年代から 1980 年代にかけて円ドル為替レートと CPI ベース、CGPI ベースの絶対的 PPP の動きが大幅に異なっていることが目立ちます。

次に相対的購買力平価（相対的 PPP）の説明力について検討してみましょう。相対的 PPP では各国のクロスセクション（横断面）データを使って検証します。図表 7-7 は横軸に 17 カ国のインフレ率のアメリカインフレ率との格差、縦軸に為替レート変化率をとってプロットした図です。直線は 45 度線を表します。

8　相対的 PPP の導出については本講末の**補論**を参照してください。
9　この理由についても本講末の**補論**で説明しているので参照してください。

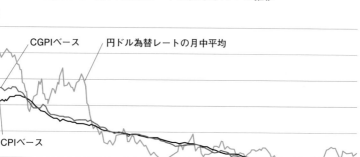

図表 7-6 円ドル為替レートと絶対的 PPP の推移

（注）　絶対的 PPP の各系列は 1990 年を基準に計算。1990 年に購買力平価（7.7）式が成立していると仮定し，その前後の両国の物価指数の変化を反映させる形で計算している。
（データ出所）　日本銀行，総務省，Federal Reserve Economic Data，公益財団法人 国際通貨研究所

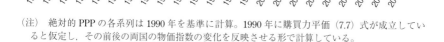

　図表 7-7 から各国の対ドル為替レート変化率とインフレ率のアメリカインフレ率との格差には全体的には正の関係があることがわかります。つまり，物価がアメリカと比べて大きく上昇している国ほど対ドルの為替レートが減価しているので相対的 PPP と整合的な結果と言うことができます。

　一方，（7.14）式の相対的 PPP によれば，為替レート変化率とインフレ率格差は一対一で変化するので 45 度の直線近くにデータが並ぶはずです。スイス，カナダ，イスラエル，ノルウェー，チリなどは確かに 45 度線の近くに位置しています。一方で日本，ニュージーランド，チェコ，ハンガリー，アイスランド，メキシコなどは 45 度線から大きく外れています。

　日本の場合，インフレ率のアメリカとの格差は大きくマイナス（−43.6%）ですが，対ドル為替レートはそれに対してわずかな減価（2.5%）となっています。これは日本の対ドルの実質為替レートが大きく減価していることを意味しており，**第 5 講**の図表 5-1 で示した円の実質実効為替レートの動きとも

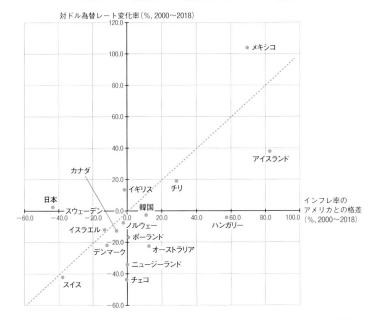

図表 7-7　為替レート変化率とインフレ率格差

(注)　縦軸の対ドル為替レート変化率は 2000 年から 2018 年にかけての各国対ドル
　　　為替レートの変化率。横軸のインフレ率格差は各国の 2000 年と 2018 年にかけて
　　　の各国 CPI 変化率からアメリカの同期の変化率を引いた値。
(データ出所)　International Financial Statistics

整合的です。

　まとめると，相対的 PPP は為替レートの変化をある程度説明するものの，
厳密な形で成り立っていないことも明らかです。つまり，絶対的 PPP と相
対的 PPP はどちらも実際の為替レートの動きを一部しか説明できないこと
がわかります。特に，国によって為替レートの動きが相対的 PPP の予測か
ら大きく乖離していることは，購買力平価の成立を阻害する理由が（固定的
な）取引費用以外にもあることを示唆しています。

購買力平価の限界-----------------------------

7.2 節で説明したとおり，関税や輸送費用の存在以外にも購買力平価の成立を阻害する複数の要因が考えられます。本節では購買力平価の限界について説明していきます。

■ 物価指数の構成

物価指数で測った購買力平価が成立するためには，前節で説明した②両国の物価指数が共通の財・サービスで構成される，③物価指数でのウェイトは両国で共通である，という条件も満たす必要があります。

しかし日米の物価指数を考えてみても，餅・梅干しや畳替えのように日本の消費バスケットには含まれてもアメリカの消費バスケットに含まれない財・サービスは容易に考えつくことができます。また，米や牛肉のように日本とアメリカの消費バスケットで大きくウェイトが異なる財・サービスも数多くあります[10]。

両国の物価指数で財のウェイトが異なる場合，各財で一物一価が成立しても購買力平価が成り立たないことを簡単な数値例で見てみましょう。図表 7-8 は 2 財だけから成る消費者物価指数（CPI）の数値例です。このとき，円ドル為替レートは 1 ドル 100 円とします。すると，（7.2）式より米と牛肉

図表 7-8　**2 財の CPI**

	現地価格		CPI でのウェイト		2財のCPI
	米	牛肉	米	牛肉	
アメリカ	4 ドル	6 ドル	20%	80%	5.6
日 本	400 円	600 円	80%	20%	440

10　日米の CPI の構成の違いについては以下の文献なども参照してください。市橋寛久・長谷川昌士（2012）「消費者物価の日米比較——個別品目に着目して」マンスリートピック No. 007，内閣府。

の両財で一物一価が成立していることがわかります。

さて，2財の価格とウェイトを使って日米の CPI を作成すると，それぞれ 5.6 と 440 になります[11]。(7.7) 式より，以下のように計算すると円ドル為替レートの 1 ドル 100 円とは異なる結果が得られ，CPI を使った購買力平価は成立しないことがわかります。

$$\frac{440}{5.6} = 約 1 ドル 78.57 円$$

■ 非貿易財の存在

財・サービスの一物一価の成立を阻害する要因は，関税や輸送費用の存在以外にもあります。なかでも重要な要因が非貿易財の存在です。非貿易財とは，貿易取引の対象にならない財・サービスのことを指します。

多くのサービスは非貿易財としての性格を持ちます。例えば，理容（ヘアカット）のサービスは，サービスを提供する場に理容師がいなければならないので，外国のヘアカット料金が安かったとしても外国から輸入することは困難です。非貿易財の多くを占めるサービスは，そのコストに占める人件費の比率が高いため，先進国では途上国よりも高くなる傾向があります。

一方で，何が非貿易財になるかは場所や技術的条件によって変化します。例えば生鮮野菜などはかつて非貿易財と考えられていましたが，輸送や流通の進歩によって海外から輸入することが可能になりました。コールセンター業務の海外へのアウトソーシングなどに見られるように，一部のサービスも IT 技術の進歩などによって国境を越えた提供が可能になりつつあります。

■ 企業の価格設定行動

輸出企業が PTM（Pricing to Market）行動を取り，国（市場）によって価格設定を変えることも財・サービスの価格が一物一価から乖離する要因となります。輸出企業が PTM 行動を取る理由については**第 5 講**を参照してください。

11　この数値例では，単純化のため CPI を指数化していませんが，実際には，CPI は基準化時点で 100 に指数化しています。

　イギリスの経済誌 Economist は 1986 年以来，ビッグマック指数（Big Mac Index）という指標を公開しています。ビッグマック指数とは，マクドナルドの主要メニューであるビッグマックの各国での価格で一物一価が成立する為替レートを指します。つまりこの指数は，ビッグマックを使って計算した絶対的購買力平価になっているので，ビッグマック平価とも呼ばれます。

　ある財の価格で一物一価が成立しているか判断するためには，同じ品質の財・サービスを比較する必要があります。その点，マクドナルドは世界中に店舗を展開しているため，ビッグマックもほぼ同一の製品が各国で提供されています[12]。

　図表7-9 は 2018 年 7 月時点のビッグマック平価です。(1)は各国で販売されている現地通貨建てのビッグマック価格なので，これと最下段のアメリカでの価格との比が(4)のビッグマック平価になります。(5)は(3)の実際の対ドル為替相場がビッグマック平価と比較してどの程度過大，過小評価されているのかを計算しています。日本の場合はビッグマック平価が 1 ドル 70.78 円なのに対し，実際の為替相場は 1 ドル 111.25 円なので，36.4％の過小（円安）評価です。

　図表7-9 の(2)を見ると，ドルで換算したビッグマック価格は国ごとにかなり異なることがわかります。最高のアメリカ（5.51 ドル）と最低のウクライナ（1.91 ドル）では 2.5 倍以上の差があります。これに対応してウクライナ通貨（フリブニャ）の対ドル為替相場はビッグマック平価に比べて 60％以上の過小評価になっています。

図表 7-9　ビッグマック平価（2018 年 7 月）

国　名	ビックマックの現地通貨価格(1)	ビックマックのドル換算価格(2)	対ドル為替相場(3)	ビッグマック平価(4)	過大(+)・過少(−)評価率（%）(5)
オーストラリア	6.05 豪ドル	4.52	1.34	1.10	−18.1
ブラジル	16.9 レアル	4.40	3.84	3.07	−20.1
カナダ	6.65 加ドル	5.07	1.31	1.21	−8.0
中　国	20.5 元	3.10	6.62	3.72	−43.8
ユーロ圏	4.04 ユーロ	4.74	0.85	0.73	−14.1
イギリス	3.19 ポンド	4.23	0.75	0.58	−23.2
日　本	390 円	3.51	111.25	70.78	−36.4
ノルウェー	42 クローネ	5.22	8.04	7.62	−5.2
ウクライナ	50 フリブニャ	1.91	26.20	9.07	−65.4
アメリカ	5.51 ドル	5.51	1.00	1.00	0.0

（注）　(2)＝ビッグマックの現地通貨価格(1)/対ドル為替相場(3)，
　　　　(4)＝ビッグマックの現地通貨価格(1)/アメリカでの価格（5.51 ドル）。
（データ出所）　Economist 誌

12　日本マクドナルドの Web サイトでは以下のように説明しています。
　『マクドナルドでは，レギュラーメニューを「世界共通の品質」で提供。この「同じおいしさを維持する」ため，国ごとでの指導に加え，世界各国の品質担当者が一堂に会して食材の分析・検討を行う Product Cutting（品質審査会）を定期的に開き，基準の統一を図っています。』

ハンバーガーの価格がこのように各国で異なるのはどうしてでしょうか。パースレイ（D. C. Parsley）とウェイ（S. Wei）はハンバーガーの原材料（牛肉，レタス，オニオン等），店の賃料，人件費，電気料金等[13]の現地価格のデータを用いて，ビッグマックのコストに占めるそれぞれのシェアを推定しました（Parsley & Wei（2007））[14]。このうち原材料は輸出入可能な貿易財なのに対し，店の賃料，人件費，電気料金などは非貿易財と考えられます。彼らの推定では非貿易財がビッグマックのコストの約55％を占め，特に人件費のシェアが45.6％で最も大きいことが明らかになりました。

　また，アシェンフェルター（O. Ashenfelter）らは各国のマクドナルドで働くクルー（従業員）の賃金データを収集し，各国のクルーの時給の格差（ドル換算）がビッグマックのドル換算価格の格差の4割程度を説明することを示しています（Ashenfelter & Jurajda（2001））[15]。2000年のデータではアメリカではクルーの時給が6.5ドルだったのに対しブラジルでは0.89ドル，中国では0.42ドルでした。クルーの業務内容はどの国でもほぼ同一であることを考えると非常に大きな格差と言えます。

　このようにビッグマック平価が実際の為替レートから乖離する理由としてコストに非貿易財が含まれていることが挙げられます。

7.5　ま と め

　購買力平価は長期的な為替レートの決定を考える上で非常に重要な考え方です。購買力平価が表す物価と為替レートの関係は非常にシンプルですが，そこには様々な仮定が前提とされていることに注意が必要です。為替レートが購買力平価から乖離している場合も，どの仮定が成り立っていないのか検討することで為替レートの動きについてより深い理解が得られます。

補論　相対的購買力平価の求めかたについて

　この補論では絶対的購買力平価の式から相対的購買力平価の式を求める方法に

13　ビッグマックのコストにはこれらの他に，工業製品（包装紙など）が含まれています。

14　Parsley, D. C., & Wei, S. "A Prism into the PPP Puzzles: The Micro-Foundations of Big Mac Real Exchange Rates." *Economic Journal*, 2007, Vol.117(523), pp.1336-1356.

15　Ashenfelter, O., & Jurajda, S. "Cross-Country Comparisons of Wage Rates: The Big Mac Index." *Unpublished manuscript*, Princeton University and CERGE-EI/Charles University, October 2001.

ついて説明します。

t 期と $t+1$ 期の両方で絶対的購買力平価が成立するとします。すなわち，$S_t = P_t/P_t^*$，$S_{t+1} = P_{t+1}/P_{t+1}^*$。したがって，以下の関係も成り立ちます。

$$\frac{S_{t+1}}{S_t} = \frac{P_{t+1}/P_t}{P_{t+1}^*/P_t^*}$$

S の変化分は $\Delta S = S_{t+1} - S_t$ なので，この式の左辺は

$$\frac{S_t + S_{t+1} - S_t}{S_t} = \frac{S_t + \Delta S}{S_t} = 1 + \frac{\Delta S}{S_t}$$

となります。

つまり，S の変化率プラス 1 になります。同じことは，P と P^* にも言えるので，先の式は以下のように展開することができます。

$$1 + \frac{\Delta S}{S} = \frac{1 + \frac{\Delta P}{P}}{1 + \frac{\Delta P^*}{P^*}} = \frac{\left(1 + \frac{\Delta P}{P}\right)\left(1 - \frac{\Delta P^*}{P^*}\right)}{\left(1 + \frac{\Delta P^*}{P^*}\right)\left(1 - \frac{\Delta P^*}{P^*}\right)} = \frac{1 + \frac{\Delta P}{P} - \frac{\Delta P^*}{P^*} - \frac{\Delta P}{P} \cdot \frac{\Delta P^*}{P^*}}{1 - \left(\frac{\Delta P^*}{P^*}\right)^2}$$

ここで，展開した式に出てくる変化率の積に注目します。変化率が数％であれば，その積は非常に小さい数なので，無視しても大きな影響はありません。例えば，変化率がそれぞれ 5％と 3％であれば積は

$$0.05 \times 0.03 = 0.0015$$

と非常に小さな値になります。近似として上の式で変化率の積を無視すると

$$1 + \frac{\Delta S}{S} \cong 1 + \frac{\Delta P}{P} - \frac{\Delta P^*}{P^*} \quad \Rightarrow \quad \frac{\Delta S}{S} = \frac{\Delta P}{P} - \frac{\Delta P^*}{P^*}$$

これで，相対的購買力平価の式が得られました。

ここから，時間を通して一定の取引費用がかかる場合も相対的購買力平価が成立する理由が説明できます。**7.4節**で説明したとおり，このような場合の為替レートは物価の比に，定数 θ が掛かった形になります。

$$S = \frac{P}{P^*\theta}$$

ここでも，各変数の変化率を考えると以下のような式が得られます。

$$1 + \frac{\Delta S}{S} = \frac{1 + \frac{\Delta P}{P}}{1 + \frac{\Delta P^*}{P^*}\left(1 + \frac{\Delta \theta}{\theta}\right)}$$

これを先ほどと同様に展開して近似すると，取引費用 θ がある場合の相対的購買力平価の式は以下のようになります。

$$\frac{\Delta S}{S} = \frac{\Delta P}{P} - \frac{\Delta P^*}{P^*} - \frac{\Delta \theta}{\theta}$$

しかし，θ が一定という仮定により，θ の変化率 $\frac{\Delta \theta}{\theta}$ はゼロになるので，相対的購買力平価の式は関税や輸送費がない場合と一致します。

■ Active Learning

《理解度チェック》・・

□ 1　商品裁定とは何でしょうか，また一物一価との関係について説明してみましょう。

□ 2　購買力と物価の関係について説明してみましょう。

□ 3　絶対的購買力平価と相対的購買力平価の違いについて説明してみましょう。

□ 4　非貿易財の存在が購買力平価の成立に与える影響について説明してみましょう。

《調べてみよう》・・・

［1］　様々なデータを使って日本と海外の財・サービスの価格を比較し，どの程度一物一価が成立しているのか調べてみましょう。

［2］　近年のインフレ率が高い国を選び，為替レートにどのような影響を与えているか調べてみましょう。

《Discussion》・・・

コラムではビッグマック平価と為替レートが乖離している理由として非貿易財（労働サービス）の存在を挙げましたが，他にどのような理由が考えられるでしょうか？

文 献 紹 介

● P. R. クルーグマン・M. オブズトフェルド・M. J. メリッツ（2017）『クルーグマン国際経済学──理論と政策［原書第 10 版］（上）（下）』山形浩生・守岡桜（訳），丸善出版

第8講
金利平価

■第7講では，財・サービス価格と為替レートの間に成立する，購買力平価という為替レート理論について説明しました。データからわかったとおり，購買力平価に沿った為替レートの調整は年単位の長期的なものになるかもしれません。

　一方，国際金融市場では国境を越えた金融取引が増大し，短期的な外国為替市場の動きに大きな影響を与えています。また，個人でも外貨預金やFX（外国為替証拠金取引）などの形で外国資産への投資が一般的になりつつありますが，これらの運用結果は為替レートの変化によって大きな影響を受けます。

　本講では，こうした国際金融取引（国際資産取引）の観点から為替レートの決定について分析します。

8.1　為替レートと投資収益率----------------------

■ 海外投資と為替レート

　まず為替レートと海外の資産に投資をした場合の収益率の関係を見ていきます。日本の投資家が現在（t 期）から将来（$t+1$ 期）にかけて，アメリカで1億円を運用するケースを考えてみましょう（図表8-1）。また，為替取引の取引費用（税金や手数料）はゼロとします。

　アメリカで資産を運用するためには，投資家は円資金をドルに交換する必要があります。現在の為替レートを S_t とすると，1億円は $1 \times \dfrac{1}{S_t}$ 億ドルに交換できます。アメリカの金利を i^f とすると，この資金を1期間アメリカ

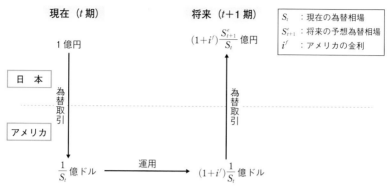

図表 8-1　ドル資産での運用と結果

で運用した結果は $(1+i^f)\dfrac{1}{S_t}$ 億ドルになります。

　日本の投資家が運用収益を評価するためには，将来時点で得られる予想（期待）収益を円建てに戻す必要がありますが，現在時点では将来の為替レートはわかりません。そこで，予想為替レート S_{t+1}^e を使って運用結果を評価すると，将来時点で得られる予想収益は $(1+i^f)\dfrac{S_{t+1}^e}{S_t}$ 億円になります。重要なポイントは，自国から外国の資産に投資したときの運用結果には，必ず現在の為替レートと将来の予想為替レートが影響するということです。

　具体例として，アメリカの金利が年利 3％ (i^f=0.03)，現在の円ドル相場が 1 ドル 100 円 (S_t=100)，将来の予想円ドル相場が 1 ドル 105 円 (S_{t+1}^e=105) のケースを考えてみましょう。このとき，現時点で 1 億円をドルに交換すると 100 万ドルになり，それを 1 年間運用すると 103 万ドルとなります。これを将来時点の予想円ドル相場に基づき円建てで評価すると，1 億 815 万円となることが予想されます。このケースでは 1 期間の運用による予想収益率が 8.15％ となり，アメリカの金利 3％ を大きく上回ります。これは現在から将来にかけてドル高円安が予想されるため，ドルの増価分が投資収益に上乗せされるためです。

■ 海外投資の予想収益率

図表8-1より，運用金額（元本）がA円の場合，外国で1期間運用したときの（予想される）結果は $(1+i^f)\dfrac{S_{t+1}^e}{S_t}$ A円となることがわかります。ここから次のように予想収益率 R_f は，

$$R_f=(1+i^f)\frac{S_{t+1}^e}{S_t}-1 \tag{8.1}$$

となります。また，この予想収益率 R_f は以下のような式で近似することができます（詳細は本講末の**補論**を参照）。

$$R_f=i^f+\frac{S_{t+1}^e-S_t}{S_t} \tag{8.2}$$

この式の右辺第2項は為替レートの予想変化率であり，したがって海外投資の予想収益率 R_f は外国金利と予想為替変化率の和に等しくなります。このとき，海外投資の予想収益率 R_f と現在の為替レート S_t の関係はどうなるでしょうか。

将来（$t+1$期）の予想為替レート S_{t+1}^e が一定であれば，現在の為替レートが上昇（減価）するほど，予想為替変化率 $\dfrac{S_{t+1}^e-S_t}{S_t}$ は低下して R_f 自体も低下します。逆に現在の為替レートが低下（増価）すると，予想収益率は上昇します。つまり，海外投資の予想収益率と現在の為替レートの間には逆相関の関係が成り立ちます。

例えば，先ほどのケースで現在の円ドル相場が1ドル105円（$S_t=105$）とした場合を考えます。このとき，将来の円ドル相場（S_{t+1}^e）が1ドル105円で不変であれば，現在から将来にかけての為替レートの変化はゼロになるので，日本の投資家が1億円を1期間，運用したときの結果は約1億300万円，予想収益率 R_f は3％となります。現在の円ドル相場が1ドル100円のときの予想収益率は8.15％だったので，現在の円ドル相場がより円安ドル高の場合，予想収益率が低くなることがわかるでしょう。

8.2 カバーなし金利平価------------------------

■ 国際資金移動と金利裁定

　海外投資が自由に行える場合，投資家は収益率のより高い市場へ資金を移動させると考えられます[1]。例えば，アメリカで投資したときの予想収益率が日本で投資したときの収益率よりも高い場合，投資家は日本の資産を売ってアメリカの資産を買おうとします。その結果として，日本からアメリカへの資金移動が生じます。このような収益率（金利）の差に反応して起きる取引を金利裁定と呼びます。

　金利裁定による資金移動は，金融市場と外国為替市場の需給に影響します。具体的には日本からアメリカへ資金が流出する場合，外国為替市場で円売りドル買いが生じ，為替レートがドル高円安方向に変化するのと同時に，日本の金融市場では資金量の減少によって日本の金利が上昇する一方，アメリカの金融市場では資金量の増加によってアメリカの金利が低下すると考えられます[2]。

　これによって，国際間の市場取引が自由で取引費用が存在しない完全資本移動のケースで，かつ投資家が内外の資産を収益率の水準以外で区別しない完全代替の条件を満たすとき，金利裁定によって投資の予想収益率は，日本では上昇し，アメリカでは低下し，最終的には両国で一致すると考えられます。この場合，内外資産が完全代替になるためには，投資家が資産のリスクに対してリスク中立的であることが必要です[3]。

1　多くの国では，海外投資に対して何らかの規制が行われています。海外投資に対する規制としては，非居住者による国内への投資や居住者による海外への投資に対する禁止や上限額の設定（一部分野に対する禁止を含む），投資資金の国外持ち出しに対する禁止，上限額の設定や高率な課税などが挙げられます。

2　国際資金移動に伴う為替レートの変化については，**第4講4.3節**も参照してください。

3　「投資家がリスク中立的」とは，投資家が収益の期待値の水準だけを考慮し，リスクの程度には無関心という意味です。リスクの定義については**第4講4.1節**の説明を参照してください。リスク中立的な場合を含め，投資家のリスクへの態度については本講の**8.4節**で詳しく分析します。

■ カバーなし金利平価式

　先に述べたとおり，金利裁定が実現すると，アメリカで運用したときの運用結果と日本で運用したときの結果（日本の金利は i）は一致します。これを一般的に式で表すと

$$1+i=(1+i^f)\frac{S^e_{t+1}}{S_t} \tag{8.3}$$

となり，この式はカバーなし金利平価式（Uncovered Interest Parity：UIP）と呼ばれます[4]。つまり，カバーなし金利平価式が成立すると，自国と外国の投資家の両方が資金を移動させることによって，より高い収益を得る金利裁定の機会がなくなります。そのため，カバーなし金利平価式は国際金融市場における無裁定条件となっています[5]。ただしカバーなし金利平価式は，金利裁定によって両国の金利，現在の為替レート，将来の予想為替レートのいずれが調整するかについては教えてくれません。図表 8-2 は日本の投資家が，日本とアメリカでそれぞれ資金を運用したときの収益を比較しています。

　(8.3) 式は (8.2) 式と同様のやり方で近似すると以下のような式になります。

$$i-i^f=\frac{S^e_{t+1}-S_t}{S_t} \tag{8.4}$$

　(8.4) 式にはどのような意味があるのでしょうか。例えば外国の金利が自国よりも高い場合，左辺の金利格差はマイナスになります。このとき右辺の予想為替変化率がゼロならば予想収益率も外国の方が高く，金利裁定の機会が存在しています。この場合，右辺の予想為替変化率も同率のマイナスになれば，予想為替変化率が金利格差を相殺して金利裁定の機会がなくなります。つまり，(8.4) 式からカバーなし金利平価式が成立している場合，「金利格差＝予想為替変化率」となることがわかります。

　例えば，日本の金利 i とアメリカの金利 i^f がどちらも 1% のとき，金利格

4　「カバーなし」とは，為替レートの変動リスクがカバーされていないことを意味しています。リスクのカバー（Cover）とは，他の取引によってリスクを打ち消すことを指し，リスクのヘッジ（Hedge）と同じ意味になります。為替リスクがカバーされるケースについては **8.4 節**で詳しく説明します。

5　取引において裁定機会が存在しないという無裁定条件は，資産価格の評価などで広範に利用されています。

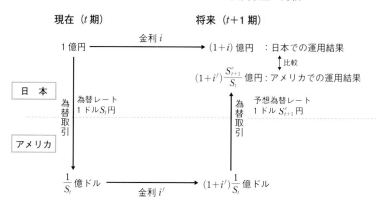

図表 8-2　日本とアメリカでの投資収益の比較

差はゼロなので，予想為替変化率もゼロになります。

　ここで，アメリカの金利 i^f が 6％に上昇すると（日本の金利は不変），金利格差 $i-i^f$ は −5％になるので，（8.4）式より予想為替変化率も −5％になります。予想為替変化率が変化するので，現在の円ドル為替レート S_t と将来の予想為替レート S_{t+1}^e のどちらか，または両方が動くと考えられます。

■ カバーなし金利平価と為替レートの決定

　カバーなし金利平価（UIP）では，自国と外国の金利，将来の予想為替レート S_{t+1}^e を与えれば，現在の円ドル為替レート S_t が決まります。次にグラフを使って，自国と外国の金利が為替レートに与える影響について分析してみましょう。

　図表 8-3 は円ドル相場と円資産，ドル資産の（円建て）収益率の関係を示しています。円資産の収益率（自国金利）は為替レートと無関係なので垂直な線（円資産収益線）になる一方，**8.1 節**で説明したようにドル資産の円建て予想収益率 R_f は円ドル相場と右下がりの関係になります（ドル資産収益線）。

　図表 8-3 で円ドル相場の水準が S_1 の場合，ドル資産の予想収益率 R_f は E_1 点で決まるので，ドル資産の予想収益率が円資産収益率より高くなり金利裁定の機会があります。この場合は先に説明したとおり，予想為替レート，

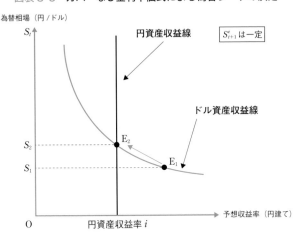

図表 8-3　カバーなし金利平価式による為替レートの決定

自国金利，アメリカ金利が所与の場合，円売りドル買いによるドル高円安が生じ，E_1 点から E_2 点へ移動します[6]。交点 E_2 における円ドル相場 S_2 では，以下の（8.5）式のようにドル資産の予想収益率 R_f と円資産の収益率 i が等しくなります。

$$i = R_f = i^* + \frac{S_{t+1}^e - S_t}{S_t} \tag{8.5}$$

つまり，先の（8.4）式と比較すると，図表 8-3 の交点 E_2 の S_2 が UIP の実現する円ドル相場水準であることがわかるでしょう。

■金利水準の変化が為替レートに与える影響

図表 8-4 は円金利 i が上昇したときの円ドル相場の変化を分析しています。ここで円金利の i_1 から i_2 への上昇は円資産収益線の右シフトで表され，これによって交点は E_1 から E_2 へと右下に移動します。したがって円ドル相場は S_1 から S_2 に下落します。つまり，他の変数を一定とした場合，円金利の

6　円金利の上昇やドル金利の低下，将来の予想円ドル相場の増価が起こる可能性もあります。

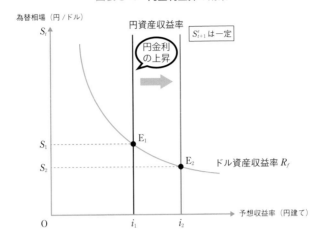

図表 8-4　円金利上昇の効果

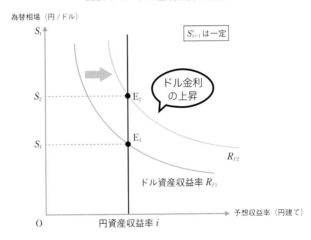

図表 8-5　ドル金利上昇の効果

上昇は円高（増価）につながります。

　他方，図表 8-5 はドル金利の上昇による円ドル相場の変化を分析しています。ドル金利 i^f の上昇は，ドル資産収益線を R_{f1} から R_{f2} へ金利上昇分だけ右にシフトさせます。これによって交点は E_1 から E_2 へと上方に移動します。この場合の円ドル相場は S_1 から S_2 に上昇します。つまり，他の変数を

一定とした場合，ドル金利の上昇は円安（減価）につながります。

これらの分析から，自国および外国の金利の変化がどのように為替レートに影響するかがわかりました。ただし，「他の変数を一定とした」という前提条件に注意する必要があります。

8.3　カバーつき金利平価 -

■ 先物取引による為替リスクのカバー

カバーなし金利平価式（UIP）には将来（$t+1$ 期）の予想為替レート S_{t+1}^e が含まれています。もちろん，将来実現する為替レートは予想と異なる場合があるので，予想為替レート S_{t+1}^e に基づく投資には為替リスク（為替レートの変動によって収益が変動するリスク）があります。つまり UIP は投資結果が為替リスクから保護されていない（カバーされていない）ので，「カバーなし」の金利平価式なのです。

一方，**第6講**で説明した先物取引（先渡し取引）の場合は，将来時点で通貨を受け渡すレートが現時点で決定します。そのため，例えば現在時点で将来時点の外貨売り自国通貨買いの契約をしておけば，その将来時点で，契約した為替レートで自国通貨に戻せるため，外国投資の自国通貨建て収益率に為替リスクは生じません。

■ カバーつき金利平価式

為替リスクをカバーできる場合の外国投資の収益率 R_f を具体的に見てみましょう。t 期に契約して $t+1$ 期に受け渡す先物取引の相場を $F_{t,t+1}$ とします。図表 8-1 の例で，為替リスクをカバーするために先物取引を利用したとすると，1 期先の運用結果は $(1+i^f)\dfrac{F_{t,t+1}}{S_t}$ 億円になります。図表 8-1 の運用結果 $(1+i^f)\dfrac{S_{t+1}^e}{S_t}$ は予想収益額でしたが，先物取引を利用した $(1+i^f)\dfrac{F_{t,t+1}}{S_t}$ 億円は確実に得られる収益額になります。

8.1 節と同様に近似をすると，先物取引を利用した場合の外国投資の収益率は（8.6）式のようになります。

$$R_f = i^f + \frac{F_{t,t+1} - S_t}{S_t} \tag{8.6}$$

ここで，右辺第二項 $\frac{F_{t,t+1} - S_t}{S_t}$ を直先スプレッド率と呼びます[7]。

　この場合，金融市場で完全資本移動が実現していれば（8.7）式のように自国資産，外国資産の（自国通貨建て）収益率が一致する無裁定条件が成立すると考えられます。

$$1 + i = (1 + i^f) \frac{F_{t,t+1}}{S_t} \tag{8.7}$$

（8.7）式をカバーなし金利平価（UIP）と同様のやり方で近似すると，（8.8）式のようになります。

$$i - i^f = \frac{F_{t,t+1} - S_t}{S_t} \tag{8.8}$$

　無裁定条件から得られる（8.7）式と（8.8）式をカバーつき金利平価式（Covered Interest Parity：CIP）と呼びます。（8.8）式から，CIP が成立すると「金利格差＝直先スプレッド率」となることがわかるでしょう。CIP は，UIP と非常に似た式ですが，その条件には予想為替レートを含まないため，為替リスクが存在しない点に注意が必要です。

コラム　カバーつき金利平価とジャパン・プレミアム

　カバーつき金利平価（8.8）式によれば，2 国間の金利格差と 2 国間の為替レートにおける直先スプレッド率は一致するはずです。図表 8-6 は 1994 年から 2001 年にかけての日米の金利格差と直先スプレッド率を比較した図表です。これを見ると両者はほぼ一致しているものの，1995 年後半と 1998 年前後において，両者が一定程度乖離していることがわかります。日米のような自由な金融市場において，カバーつき金利平価が成立しないことは不可解な現象であると考えられますが，以下で説明される「ジャパン・プレミアム」によって説明されることがあります。

　この時期，日本の金融機関は巨額の不良債権を抱えていたため，経営状態が悪化し信用力が低下していました。そのため，欧米のインターバンク市場からドル資金を借り入れる際，日本の金融機関にだけ通常の外国金利 i^f に特別に「ジャパン・プレミアム」を上乗せされた金利 i^f_j を要求されました。

7　これに対して先物為替レートと直物為替レートの差（$F_{t,t+1} - S_t$）を直先スプレッド（フォワード・スプレッド）と呼びます。

例えば日本の銀行Ａのアメリカ支店は，このジャパン・プレミアムつきの金利 i^f_J を避けるため，東京の本店が日本のインターバンク市場（コール市場）で円資金を借り入れ，外貨に転換することで短期的な外貨を調達することもできます。これは円金利 i での円資金の借入れと直物のドル買い円売り，先物のドル売り円買いを組み合わせた取引になります[8]。この場合，日本の銀行Ａのドル資金調達コストは $(1+i)\dfrac{S_t}{F_{t,t+1}}-1$ になります[9]。

　この調達コストとジャパン・プレミアムを上乗せされたドル金利 i^f_J の間では，より低コストでの資金調達を求めて投資と同様に裁定が働き，CIP が成立するとします。しかし，先ほどの $i^f < i^f_J$ という関係とあわせて考えると，以下のような式が成り立ちます。

$$i^f < (1+i)\frac{S_t}{F_{t,t+1}}-1 = i^f_J$$

　左の不等式を書き換えると以下の式が得られるので，カバーつき金利平価式（8.7）式が，一見すると成り立たないことがわかります[10]。

図表 8-6　日米金利格差と直先スプレッド率

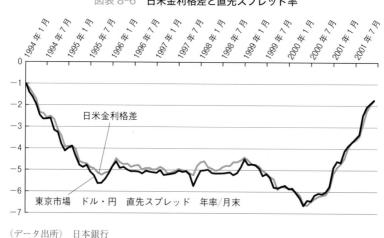

（データ出所）　日本銀行

8　実際に日本の金融機関は短期的なドル資金を調達するとき，為替スワップ（**第6講**参照）を使うことが一般的でした。**第6講**の為替スワップの説明も参照してください。

9　例えば，日本の銀行Ａのアメリカの支店で X ドル必要だったとしましょう。このとき，直物為替レートが1ドル S 円だったとすると，XS 円をインターバンク市場から借り入れ，1年後に $XS(1+i)$ 円返済します。現時点で先物契約を使って返済額を確定すると，$XS(1+i)/F$ ドルとなり，資金の調達コストは $(1+i)\dfrac{S_t}{F_{t,t+1}}X-X$ ドルとなります。よって，1ドル当りの調達コストは $(1+i)\dfrac{S_t}{F_{t,t+1}}-1$ になります。

10　この場合，アメリカの投資家にとってはアメリカより日本での投資収益が高くなり，裁定機会が存在することになります。

$$1+i > (1+i')\frac{F_{t,t+1}}{S_t}$$

　このように，不良債権問題によって生じた日本の金融機関におけるリスクの高まりが，1990年代後半に生じた円ドル相場のカバーつき金利平価からの乖離（言い換えると，図表8-6に見られる，金利差以上の直先スプレッドの増大）の原因になったと考えられます[11]。

8.4　リスクプレミアムつき金利平価

■ 投資家のリスクに対する態度

　ここで再度カバーなし金利平価式（8.3）式を見ると，左辺の自国での運用結果が確定値なのに対して，右辺の外国での運用結果には将来の為替レート変動によるリスクが伴っているにもかかわらず，確定値とリスクを含む予想値が等号で結ばれていることがわかります。このような関係が成り立つためには，投資家のリスクに対する態度がリスク中立的（Risk Neutral）と呼ばれるタイプであることが必要です。

　一方，収益の期待値が同一であればリスクの低い資産を選ぶ場合，このような投資家の態度をリスク回避的（Risk Averse）と呼びます。また，収益の期待値が同一であればリスクの高い選択肢を選ぶ場合，このような態度をリスク愛好的（Risk Prone）と呼びます。

　このような態度について簡単な数値例で考えてみましょう。みなさんが次のような2つの選択肢を与えられたらどちらを選ぶでしょうか。

　選択肢1　確実に（つまり確率100％で）5,000円がもらえる
　選択肢2　50％の確率で10,000円がもらえ，50％の確率で0円になる

　期待収益は，各状況において発生する収益に確率を掛け，合計することで得られます。つまり，

11　詳しくは清水ほか（2016）の第8章を参照してください。

選択肢1　　5,000×1＝5,000

選択肢2　　10,000×0.5＋0×0.5＝5,000

となり，選択肢1と2の期待収益は同じ5,000円であることがわかります。一方リスクに関しては，選択肢1では確実に5,000円がもらえるのでリスクはゼロ，選択肢2では収益が不確実なのでリスクが存在します[12]。

　リスク中立的な投資家にとって選択肢1と選択肢2は無差別です。つまり，どちらを受け取っても満足度（効用）は変わりません。しかし，多くの人は確実に5,000円を得られる選択肢1を選ぶのではないでしょうか。もしそうなら，多くの人のリスクに対する態度はリスク回避的と見なすことができます[13]。

■ リスクプレミアムと金利平価

　もし市場において投資家の多数派がリスク回避的な場合，市場全体ではカバーなしリスク平価は成立しなくなります。この場合，為替リスクを含む外国資産の投資にはリスクプレミアム（Risk Premium：RP）が発生します。リスクプレミアムとはリスクの対価として投資家が資産に要求する収益の追加分（超過収益）のことを言います。

　金融市場におけるリスクプレミアムは，一般に危険資産の収益率と安全資産の収益率の差で定義されます。以下の（8.9）式のように，外国資産の予想（期待）収益率 $\left(i^f + \dfrac{S^e_{t+1}-S_t}{S_t}\right)$ は，為替変動リスクを含んでいるので危険資産，自国資産の収益率（自国の金利）i は安全資産の収益率にあたります[14]。

$$\left(i^f + \frac{S^e_{t+1}-S_t}{S_t}\right) - i = RP \tag{8.9}$$

さらに上式を書き換えると，

12　投資収益のリスクは，一般的に各状況での収益が期待収益からどれだけ離れているか（正確には標準偏差）で表されます。つまり選択肢1では $\sqrt{(5{,}000-5{,}000)^2 \times 1}=0$ 円，選択肢2では $\sqrt{(10{,}000-5{,}000)^2 \times 0.5 + (0-5{,}000)^2 \times 0.5}=5{,}000$ 円となります。

13　もちろん，リスク愛好的な人は選択肢2を選びます。

14　つまり外国資産が安全資産であったとしても，自国通貨建てで評価した場合の内外資産の代替は不完全となります。

$$i - i^f = \frac{S^e_{t+1} - S_t}{S_t} - RP \qquad (8.10)$$

となり，（8.10）式はリスクプレミアムつき金利平価式と呼ぶことができます。

　それでは，リスクプレミアム RP の水準はどのように決まるのでしょうか。リスクプレミアムは，まず為替の変動リスクが大きくなると大きくなります。また市場参加者のリスク回避度（リスク回避的な程度）もリスクプレミアム水準の決定要因の一つと考えられます[15]。一般的に，投資家のリスク回避度が高まるほど危険資産に対するリスクプレミアムも大きくなるでしょう。

8.5　カバーなし金利平価と為替レートの予想…

■ 将来為替レートの予想と合理的期待

　カバーなし金利平価式（UIP）やリスクプレミアムつき金利平価式には予想為替レート S^e_{t+1} が含まれています。それでは，市場参加者はこの予想為替レートをどのように予想しているのでしょうか。

　外国為替市場では，市場参加者の予想為替レートを観察することはできません。一部では，市場参加者からヒアリングしたサーベイデータを用いた研究も行われていますが，調査の対象になっているのは限られた市場参加者にとどまります。そのため，多くの研究者は為替レートを分析する際，将来為替レートの予想について，市場参加者が合理的期待を有することを仮定します。

　合理的期待の説明に入る前に，不確実性のある世界と不確実性のない世界について説明する必要があります。現実の世界では，将来の経済変数について正確に予想できる人はいないでしょう。この場合，将来の経済変数は，**8.4節**にあるように，ある確率のもとで実現する値となるので確率変数となります。そして将来の経済変数が確率変数である場合を不確実性があると言います。一方，現実的にはありえないのですが，将来の経済変数が確実にわ

15　リスク回避度の正確な定義や意味については福田（2013）などを参照してください。

かる場合を不確実性がないと言います（すなわち将来の経済変数は非確率変数となります）。

合理的期待仮説とは，不確実性がある世界を仮定した場合，合理的な経済主体は現時点で入手可能な情報を全て利用して将来の経済変数を予想するという仮説のことを言います。具体的には，将来の経済変数の予想値は，**8.4節**で説明した数学的な期待値となるのが特徴です[16]。一方，不確実性のない世界で，経済主体が現時点で予想した将来の経済変数が確実に実現するという仮説は完全予見と呼ばれます。

完全予見と合理的期待の違いは，予想為替変化率を仮に2%とすると，完全予見のケースでは，実際に実現する為替変化率が2%と完全に一致しますが，合理的期待のケースでは，2%の予想為替変化率に対し，実現する為替変化率は$2+\varepsilon$%となるという点です。このε（イプシロン）は確率変数である予測誤差で，平均的にはゼロになると仮定されます[17]。つまり，合理的期待仮説に従うと，実現する為替変化率は3%になったり，1%になったりするかもしれないけれども，平均的には予想為替変化率と実現する為替変化率は等しくなると仮定されるのです[18]。

■ 合理的期待を仮定したカバーなし金利平価の説明力

合理的期待をカバーなし金利平価（8.4）式の成立と合わせて仮定すると，2国間の金利格差は実際の為替変化率と平均的には等しいという予測が得られます。

　　合理的期待＋カバーなし金利平価
　　　⇒　「金利格差＝実際の為替変化率」が平均的に成立

16　正確には，現時点で入手できる全ての情報を条件とした期待値（条件つき期待値）となります。

17　狭義の合理的期待仮説では，各期の誤差が無相関，つまりホワイトノイズ（White Noise）という統計的性質に従うとされます。

18　これは，実験のように同じ状況を繰り返し再現できる場合，各回の予測誤差を均せばゼロに近づくという意味です。**8.5節**の例の選択肢2では，10,000円と0円しか実現しないので，予測誤差はそれぞれプラス5,000円とマイナス5,000円となり，毎回の予測は正確ではありませんが，平均的な予測誤差はゼロになります。

しかし，実際の金融市場ではこの予測が成り立たないどころか，平均的な為替変化率は金利格差が予測する符号と統計的に有意に逆になることを多くの実証研究が報告しています。つまり，UIP に従えば日米間の金利格差が将来の円高を予測する場合でも，事後的には（平均的に）円安になっていることが観察されるのです。これは上記で示したように，合理的期待とカバーなし金利平価式（UIP）のいずれか，または両方が成り立たないことを示唆しています。この問題は UIP パズルと呼ばれ，現在も多くの研究者がその解明方法を模索しています[19]。

コラム　キャリートレード

　キャリートレード（Carry Trade）とは，金利の低い国で資金を調達し，高い国で運用する投資手法です。2000 年代は世界金融危機が発生するまで，日本の金利はアメリカなどの金利よりも持続的に低く，日本で円資金を調達しアメリカやオーストラリアなどで運用するキャリートレードが活発に行われました。

　ここまで本講を読んだ読者ならわかるとおり，外国為替市場でカバーなし金利平価が成立していれば，2 国間の金利の格差は予想為替変化率で相殺されるので，キャリートレードでは儲からないと予想されます。しかし，実際に多くの市場参加者がキャリートレードに参加し，さらにデータによれば実際にキャリートレードによって平均的に収益を上げていたことが確認されています。これはどういうことでしょうか[20]。

　この現象について説明するため，**8.5 節**で説明したリスクプレミアムつき金利平価を応用することが考えられます。

　カバーなし金利平価によれば，この時期の日米金利差からは将来の円高ドル安が予想されますが，リスクプレミアムつき金利平価では，金利格差は「予想為替変化率－リスクプレミアム」となるので，リスクプレミアムの大きさによっては日米の金利格差と円安ドル高予想の共存と矛盾しません。**8.4 節**で説明したように，外貨建て資産のリスクプレミアムは為替変動リスクから生ずるので，投資家はキャリートレードに大きな為替変動リスクが内在することを知りつつ，その対価としてより高い超過収益の獲得を狙っていたということになります。

　また，他の説明としては，予想された将来為替レートと事後的に観察された将来為

19　カバーつき金利平価には，直先スプレッド率が実際の為替変化率を予測できないというフォワード・プレミアム・パズル（Forward Premium Puzzle）問題があります。カバーつき金利平価が成立していれば，金利格差と直先スプレッド率は等しくなるので，UIP パズルとフォワード・プレミアム・パズルは一致します。より詳しくは藤井（2013）の 11 章などを参照してください。
20　キャリートレードは，前のコラムで説明したジャパン・プレミアムによるカバーつき金利平価からの乖離がなくなっても活発に行われていました。

替レートが平均的に異なっていたことが考えられます。現実には 2000 年代，キャリートレードは平均的には収益を上げていましたが，2009 年の世界金融危機の際には急激な円高によって大きな損失を被っています。

このような可能性を市場参加者が考慮している場合，予想為替レートはどのように決まるのでしょうか。将来，大きな価格変化が予想される場合，市場参加者は小さな確率でもこの可能性を考慮するでしょう。例えば，図表 8-7 のように将来（$t+1$ 期）の円ドル相場が 95％の確率で 1 ドル 100 円の水準を持続するが，5％の確率で 1 ドル 60 円になる場合，円ドル相場の期待値は 1 ドル 98 円になります。

しかし，実際には 95％の確率で実現する 1 ドル 100 円が観察され続けるので，しばらくの間，予想為替レート 1 ドル 98 円と $t+1$ 期の事後的に観察される相場 1 ドル 100 円が乖離したままになります。この場合，予想為替変化率はマイナスなので，カバーなし金利平価式（8.4）式によれば外国金利の方が自国金利より高くなります。しかし，大幅な為替レートの変動が生じるまで為替レートは 1 ドル 100 円のままなので，この間は円資金を調達してドルで運用するキャリートレードによって利益を上げることができます。

このように市場参加者が低い確率で起こる大幅な為替レートの変動を考慮するため，予想為替レートが事後的に観察される将来の相場と持続的に乖離し続ける現象をペソ問題と呼びます[21]。

図表 8-7　低い確率で起こる為替レートの変動と期待値

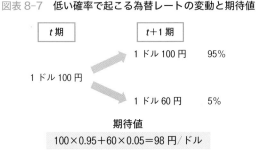

21　ペソ問題という名前は，メキシコ・ペソに由来します。1970 年代，メキシコ・ペソは当局による切り下げ予想が広がり先物相場でペソ安となったものの，当局はなかなか切り下げに踏み切らず，結果として先物相場と為替レートの乖離が持続しました。ペソ問題やキャリートレードとの関連については永易ほか（2015）やクルーグマンほか（2017）なども参照してください。

　本講で説明した金利平価式は，国際金融取引と為替レートの関係を考える上で非常に重要な式です。非常にシンプルな式ですが，カバーなし金利平価（UIP），カバーつき金利平価，リスクプレミアムつき金利平価の相違点やそれぞれ成立する条件を理解するためには，為替変動リスクや投資家のリスクに対する態度についての理解が不可欠です。

　金利平価式は，為替レートと自国・外国の金利の関係を表す式として**第9講**や**第12講**で展開する理論モデルでも登場するので，本講でその考え方を十分に理解しておいてください。

補論　外国投資の自国通貨建て予想収益率の導出

　この**補論**では本文の（8.2）式の導出方法について説明します。外国投資の自国通貨建ての予想収益率 R_f の式は下記に再掲した本文（8.1）式になります。

$$R_f = (1+i^f)\frac{S_{t+1}^e}{S_t} - 1$$

この式を以下のように書き換えることができます。

$$(1+R_f)(1-i^f) = (1+i^f)(1-i^f)\frac{S_{t+1}^e}{S_t}$$

さらに，上記の式を展開します。

$$1 - i^f + R_f - R_f i^f = (1-(i^f)^2)\frac{S_{t+1}^e}{S_t}$$

ここで，金利の2乗 $(i^f)^2$ や収益率と金利の積 $R_f i^f$ は非常に小さな値になるので無視することにします。すると以下の近似式が得られます。

$$1 - i^f + R_f \approx \frac{S_{t+1}^e}{S_t}$$

（「$\approx$」は近似であることを示しています。）

　これを書き換えると簡単に（8.2）式を得られます。

■ Active Learning

《理解度チェック》‥‥‥‥‥‥‥‥‥‥‥‥‥‥‥‥‥‥‥‥‥‥‥‥‥‥‥‥‥‥‥‥‥‥‥‥‥‥

□ 1 現在の為替レートが1ドル100円, 将来の為替レートが1ドル104円で
アメリカ金利が4％の場合, 1億円を1年間運用した結果はいくらと予想され
るでしょうか。図表8-1を参考にして計算してください。また, このときの
予想収益率はいくらでしょうか。

□ 2 前と同じケースの予想収益率を今度は（8.2）式を使って計算してください。

□ 3 前と同じケースで現在の為替レートが1ドル80円だった場合, 予想収益
率はいくらになるでしょうか。（8.2）式を使って計算してください。

□ 4 アメリカの金利が8％, 日本の金利が5％で現在の為替レートが1ドル
100円とします。CIPが成立している場合, 先物相場は1ドルいくらになるか
計算してください。

□ 5 下記のような選択肢を示された場合, 選択肢2を選ぶ人のリスクに対す
る態度はリスク中立的, リスク回避的, リスク愛好的のいずれでしょうか。

$$\begin{cases} \text{選択肢1} & \text{確実に 2,000 円} \\ \text{選択肢2} & \text{50％の確率で 3,000 円, 50％の確率で 0 円} \end{cases}$$

《調べてみよう》‥‥‥‥‥‥‥‥‥‥‥‥‥‥‥‥‥‥‥‥‥‥‥‥‥‥‥‥‥‥‥‥‥‥‥‥‥

[1] 日米の金利と円ドル相場の時系列データを使って, 両国の金利の推移と為
替レートの関係がどうなっているのか調べてみましょう。

[2] [1] のデータと（8.1）式を使って, 日本人がドル資産に投資したときの
予想収益率の時系列を計算してみましょう。円資産と比べて, ドル資産の収
益率はどれくらい激しく変動しているでしょうか（予想為替レートは完全予
見を仮定し, 実際の為替レートを使用）。

《Discussion》‥‥‥‥‥‥‥‥‥‥‥‥‥‥‥‥‥‥‥‥‥‥‥‥‥‥‥‥‥‥‥‥‥‥‥‥‥

8.3節では金利平価が成り立つ場合に, 自国と外国における現在の金利変動が為
替レートに与える影響について説明しました。では1期先に金利が変化すると予
想される場合, 為替レートはどのような影響を受けるでしょうか。1期先もカバー
なし金利平価が成り立つと想定して考えてみましょう（ヒント：予想為替レート
への代入）。

文 献 紹 介

- 清水順子・大野早苗・松原聖・川崎健太郎（2016）『徹底解説 国際金融——理論から実践まで』日本評論社
- 福田慎一（2013）『金融論——市場と経済政策の有効性』有斐閣
- 藤井英次（2013）『コア・テキスト国際金融論　第2版』新世社
- 永易淳・江阪太郎・吉田裕司（2015）『はじめて学ぶ国際金融論』有斐閣
- P. R. クルーグマン・M. オブズトフェルド・M. J. メリッツ（2017）『クルーグマン国際経済学——理論と政策［原書第10版］（上）（下）』山形浩生・守岡桜（訳），丸善出版

第9講
アセット・アプローチによる
為替レートの決定

■第8講では，国際金融市場における投資家の資産取引から金利平価式を導出しました。そこで説明したとおり，金利平価式は投資家の裁定機会がなくなる条件を示した無裁定条件であり，内外金利差によって為替レートの予想変化率が説明されます。それではこの金利差はどのように生じるのでしょうか。

通常，マクロ経済学では，金利は貨幣や債券という資産の需要・供給の均衡から分析されていますが，このような資産の需要・供給の均衡条件から，為替相場を説明する理論をアセット（資産）・アプローチと呼びます。

本講では，その中でもアセット・モデル，マネタリー・モデル，ポートフォリオ・バランス・モデルと呼ばれる考え方を取り上げます。

経済学では，物価 P が一定の短期（Short-Run）に対して，物価 P が完全に伸縮的に動く場合を長期（Long-Run）と呼びますが，各理論の違いは分析における時間的視野の違い（アセット・モデルとマネタリー・モデル），分析対象の資産の範囲と資産間の代替性の違い（アセット・モデルとポートフォリオ・バランス・モデル）にあります。

前講までの議論よりも理論的には多少複雑になりますが，本講を読むと様々な政策的な問題に応用可能な理論であることがわかるでしょう。

9.1　アセット・モデル

第8講の分析では，円金利とドル金利の変化によって円ドル相場が影響を受けることを明らかにしました。しかし，そこでは両国の金利（利子率）が変化する要因については触れませんでした。

第4講では貨幣市場の均衡と金利の決定について説明しましたが，為替レート決定のアセット・モデルでは，貨幣市場の分析とカバーなし金利平価を統合して，貨幣市場の需給変化が為替レートに与える短期的な影響を分析します。

■ 貨幣市場の均衡

　第4講では次のような貨幣市場の均衡式を導出しました。

$$\frac{\overline{M}}{P} = L(Y, i) \tag{9.1}$$

　右辺の L は（実質）貨幣需要関数を表します[1]。貨幣需要 L は国民所得 Y の増加関数，金利 i の減少関数となります[2]。ただし，ここでは物価 P は短期では一定と仮定し，$P=1$ とします。

　図表9-1は貨幣市場の均衡を図示したものです。貨幣供給 $\overline{M}$ を表す垂直

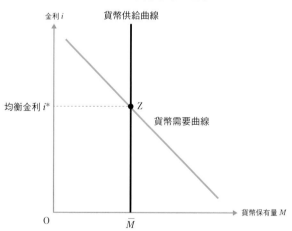

図表9-1　貨幣市場の均衡

1　貨幣需要関数 $L(Y, i)$ は物価 P の変動を受けない実質貨幣需要を表します。これに対して名目貨幣需要は $P \times L(Y, i)$ になります。実質と名目の区別については**第1講**と本講の **9.2節**を参照してください。
2　正確には，(9.1) 式の国民所得 Y も実質国民所得となります。

な線と貨幣需要曲線の交点 Z が貨幣市場の均衡点となります。

■ 貨幣市場の均衡と為替レート

　上記の貨幣市場と**第8講**の金利平価の結果を結びつけると，為替相場の決定を分析することができます。

　図表 9-2 では日本の貨幣市場の均衡と円ドル相場の決定を同時に分析しています。図の上半分が外国為替市場，下半分が日本の貨幣市場を表しています[3]。下半分の貨幣市場は，注意深く見ればわかるとおり図表 9-1 を 90 度回転すれば得られます。上半分の外国為替市場は，**第8講**でカバーなし金利平価の下での為替相場決定を分析するために使った図表 8-3 と同じです。

　外国為替市場におけるドル資産収益線は，**第8講**の 8.1 節で説明したように，将来の予想為替相場 S_{t+1} を一定とすると，現在の為替相場 S_t が増価するほどドル資産の円建て予想収益率が上昇することから得られます。

図表 9-2　**貨幣市場と外国為替市場の均衡**

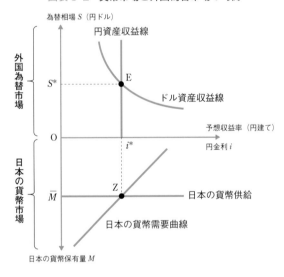

3　このような図に見慣れていない人は全ての変数が中央の原点から正の値をとっていることに気をつけてください。例えば，下半分では原点 O から縦軸で下方向に向かうほど M は増加します。

図表 9-2 の上下の図は円金利 i（予想収益率）でリンクしていることがわかります。貨幣市場の均衡 Z で円の均衡金利 i^* が決定し，ドル資産収益線を所与とすれば，外国為替市場の均衡 E で円ドル相場 S^* も決定します。そして，外国為替市場の均衡 E では（8.4）式と同じカバーなし金利平価式（9.2）式が成立します。

$$i - i^f = \frac{S_{t+1}^e - S_t}{S_t} \tag{9.2}$$

■ アセット・モデルにおける為替レート決定

図表 9-2 を使って，金融政策が為替レートに与える影響を分析することができます。金融緩和は中央銀行による外生的な貨幣供給 $\overline{M}$ の増加，金融引き締めはその減少と見なすことができます。

図表 9-3 は金融緩和によって日本の貨幣供給を $\overline{M}_1$ から $\overline{M}_2$ に増加させたときの効果を分析しています。このとき，円の均衡金利が i_1 から i_2 に低下し，ドル資産収益線が一定とすると円ドル相場は S_1 から S_2 に減価（上昇）

図表 9-3　金融緩和が為替相場に与える効果

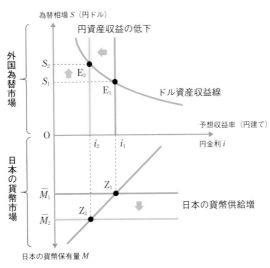

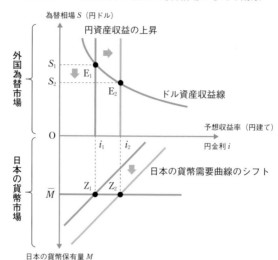

図表 9-4 国民所得の増加が為替相場に与える効果

します。つまり，中央銀行による金融緩和は為替レートを減価させる効果を持ちます。もちろん，引き締めの場合は逆に増価方向に動きます。

また，**第4講**で説明したように貨幣需要は国民所得 Y の増加によって増えるので，為替相場の決定要因になることがわかります。図表 9-4 は，国民所得 Y の増加が為替相場に与える効果を分析しています。Y の増加は貨幣需要曲線を下にシフトさせるので（図表 9-1 では右シフトにあたる），貨幣市場の均衡は Z_1 から Z_2 に移動し，均衡金利は i_1 から i_2 は上昇します。これにより外国為替市場では円ドル相場が S_1 から S_2 に増価（低下）します。

アメリカの中央銀行（FRB）が金融緩和を行ったとき，円ドル相場はどのような影響を受けるでしょうか。そのメカニズムは図表 9-3 で分析した日本の金融緩和の場合と変わらないので，ドル金利は低下します。このとき，図表 9-2 の外国為替市場パート（上半分）に図示されたドル収益線（右下がり）は左方向にシフトします[4]。その結果，円ドル相場は増価（低下）します。

4　ここの部分は，**第8講**の図表 8-5 も参照してください。

図表 9-5 日米の貨幣市場と円ドル相場の決定

アメリカの金融緩和は，日本の金融緩和と逆の効果をもたらすことがわかります。

　また，アメリカの国民所得増加は，米ドル金利を上昇させ，**第 8 講**の図表 8-5 のようにドル資産収益線を右にシフトさせるため，円ドル相場を減価（上昇）させます。すなわち円ドル相場は円・ドル資産双方の収益率を通して，両国の貨幣市場と結びついています（図表 9-5）。

9.2　マネタリー・モデル

■ 伸縮的な物価と貨幣市場の長期均衡

　マクロ経済学では，物価 P が一定で硬直的な場合を短期（Short-Run）と呼ぶのに対して，完全に伸縮的に動く場合を長期（Long-Run）と呼びます[5]。前節ではアセット・モデルを短期的な影響を分析するモデルと説明したのは，**9.1 節**の貨幣市場の説明で注意したように，物価 P が一定である状況を想定していたからです。

　この仮定を外し，物価が完全に伸縮的な長期の場合，貨幣量 M と物価 P の関係はどうなるでしょうか。貨幣は財・サービスに対する購買力なので，貨幣量の増大は財・サービスの需要を増大させ，同時に物価 P が上昇します。

5　経済学における短期と長期の定義は分野によって異なるので注意してください。例えば，ミクロ経済学の場合は生産者が一部の生産要素の投入しか変更できない場合を短期，全ての生産要素の投入を変更できる場合を長期と呼びます。

つまり短期では，全ての経済変数の名目値（物価の影響を含む値）は，実質値（物価の影響を取り除いた値）と比例して変化する一方，長期では両者は異なる動きとなります。例えば，貨幣供給量 $\overline{M}$ は名目値なのに対し，実質貨幣供給量 $\dfrac{\overline{M}}{P}$ は物価の影響を取り除いた実質値ですが，物価一定の短期では，貨幣供給量 $\overline{M}$ が2倍になると，実質貨幣供給量 $\dfrac{\overline{M}}{P}$ も2倍に増加します。

一方，(9.1) 式を書き換えると，

$$P = \frac{\overline{M}}{L(i, Y)} \tag{9.3}$$

となり，長期の場合は (9.3) 式右辺の分母（実質貨幣需要）が一定なので，貨幣供給量 $\overline{M}$ が変化したとき，物価水準 P が完全に比例的に変化することがわかります[6]。つまり，長期では貨幣供給量 $\overline{M}$ が2倍になると物価も同じく2倍というように変化します。

■ 購買力平価とマネタリー・モデル

このような長期における貨幣量 M と為替レート S の関係を分析する為替相場決定理論をマネタリー・モデルと呼びます。**第7講**で説明したように，長期では為替レート S，自国物価水準 P と外国物価水準 P^f の間に次のような（絶対的）購買力平価式 (9.4) 式が成立します。

$$S = \frac{P}{P^f} \tag{9.4}$$

外国物価水準についても，自国物価水準と同様に次式が成立します。

$$P^f = \frac{\overline{M}^f}{L(i^f, Y^f)} \tag{9.5}$$

(9.3) 式と (9.5) 式を購買力平価式 (9.4) に代入すると，マネタリー・モデルの中心的な関係を表す (9.6) 式が得られます。

6　実質貨幣需要は，物価の影響を取り除いた貨幣需要なので，実質国民所得に依存する取引需要と金利に依存する資産需要によって決まります。物価が完全に伸縮的な長期の場合，実質国民所得や金利水準 i は外生変数となるので，実質貨幣需要は一定となります。

$$S = \frac{\overline{M}}{\overline{M}^f} \cdot \frac{L(i^f, Y^f)}{L(i, Y)} \tag{9.6}$$

■ マネタリー・モデルにおける為替相場の決定

マネタリー・モデルにおいて，為替相場の決定を決定する要因は（9.6）式と貨幣需要関数の性質からわかります。

1. 自国の貨幣供給量 $\overline{M}$ の増加（減少）は為替レート S を減価（増価）させ，外国の貨幣供給量 $\overline{M}^f$ の増加（減少）は為替レート S を増価（減価）させます。

2. 自国の（実質）国民所得 Y の増加（減少）は，実質貨幣需要（$L(i, Y)$）の増加（減少）により，為替レートを増価（減価）させ，外国の国民所得 Y^f の増加（減少）は，外国の実質貨幣需要の増加（減少）により，為替レートを減価（増価）させます。

3. 自国の金利水準 i の上昇（低下）は，実質貨幣需要（$L(i, Y)$）の減少（増加）により，為替レート S を減価（増価）させ，外国の金利水準 i^f の上昇（低下）は，外国の実質貨幣需要の減少（増加）により，為替レート S を増価（減価）させます。

このうち，1と2はアセット・モデルと同様の結果ですが，1の貨幣供給量の場合，為替レートに影響を与える経路が異なります。3の金利については，アセット・モデルとは反対の結果になります。このアセット・モデルと長期のマネタリー・モデルの結果の違いは前者が金利平価，後者が購買力平価に基づいていることに起因します[7]。

7　両者を整合的に理解するためには，金利の決定要因をより一般的に分析する必要があります。興味がある人はクルーグマンほか（2017）や浜田（1996）などを参照してください。

ポートフォリオ・バランス・モデル‥‥‥‥

■ 投資家のポートフォリオと資産市場

アセット・モデルは，両国の貨幣市場の均衡によって両国の金利と為替レートが決定されるメカニズムを明らかにしました。このアプローチは，カバーなし金利平価式を前提としているので，リスク中立的な投資家と自国資産と外国資産の完全代替を前提としていました。

完全代替では，**第8講**で説明したとおり，投資家は資産を予想収益率の水準だけで評価するので，内外資産の自国通貨建て予想収益率は必ず一致します[8]。しかし，投資家がリスク回避的な場合，投資家は資産を予想収益率の水準だけでなく，そのリスク水準も評価するため，自国資産と外国資産は不完全代替であると見なされます。このとき，内外資産の自国通貨建て予想収益率は一致しません。

ポートフォリオ・バランス・モデルでは，リスク回避的な投資家と自国資産と外国資産の間の不完全代替を仮定し，各資産に対して分散投資を行うことを前提とします。この場合，保有資産の配分比率の変化によって，ポートフォリオ全体の収益率とリスクが変化し，アセット・モデルとは異なる経路で為替レートの決定に影響を与えます。

ポートフォリオ・バランス・モデルでは，資産市場では貨幣 M，自国債券 D，外国債券 F という3種類の資産が取引されます。各時点における貨幣供給量 M^s，自国債券の供給量 D^s，外国債券の供給量 F^s は[9]，後述する通貨当局の政策によって変化する外生変数であると仮定します[10]。そのため，民間資産市場における総資産額（価値）W はこれら3種類の資産から構成され，以下のように定義できます。

---

8 このとき金利裁定が働きます。具体的には，**第8講8.2節**の説明を参照してください。

9 （名目）貨幣供給量の単位は金額なので，貨幣供給量と貨幣供給額は同義となります。また，正確には，自国債券と外国債券の供給量は「流通する債券の量×債券価格」で定義しているので，両者とも金額表示の供給量になります（外国債券は外国通貨建ての金額）。

10 そのため，各時点において，民間資産市場における外国債券の供給量（額）も（通貨当局の政策による影響がなければ）一定です。しかし，自国通貨建ての外国債券供給額 $S \cdot F^s$ は為替レートの変動によって変化します。この違いに注意してください。

$$W \equiv D^s + S \cdot F^s + M^s \tag{9.7}$$

（9.7）式で，貨幣と自国債券は自国通貨建ての金額表示なのに対し，外国債券 F は外貨建てなので，為替レート S を掛けて自国通貨建てで評価しています。また，この資産の組み合わせのことを投資家の**ポートフォリオ**（Portfolio）と呼びます。

資産市場の分析では以下のような仮定を置きます。まず，分析対象国を小国経済とします。この仮定は，自国の資産市場が世界全体に比べて小さいため，自国の資産市場の需給は外国の金利 i^f に影響を与えない（i^f が外生となる）ことを意味します。また，分析を単純化するため，投資家の将来の為替レートに対する予想 S^e_{t+1} は静学的であると仮定します。この仮定は，将来の為替レートの予想値は現在の為替レートと等しい（$S^e_{t+1} = S_t$）ことを意味します。**第8講**の（8.2）式から明らかなように，この仮定によって外国債券の自国通貨建て予想収益率 R_f は外国金利 i^f と一致します。

また，ここでは総資産額が一定なので，各資産市場ではどの資産の収益率が上昇しても（他の資産の収益率は一定として），当該資産に対する需要が増加する一方，他の資産に対する需要は減少すると仮定します。ここで，他の資産に対する需要が減少するのは，他の資産から収益率が上がった資産に対する投資の（不完全な）代替が生じるためです。

各資産の均衡条件と，上記で説明した自国と外国の金利から受ける影響は（9.8）式から（9.10）式のように表すことができます。それぞれの式で左辺が資産供給，右辺が資産需要を表します。全ての資産に対する需要は，総資産 W に比例して増減することがわかります。

自国債券市場の均衡条件：

$$D^s = d(i, i^f) \cdot W \qquad \frac{\Delta d}{\Delta i} > 0, \frac{\Delta d}{\Delta i^f} < 0 \tag{9.8}$$

d （$0 < d < 1$）は投資家が選択する総資産における自国債券の配分比率（関数）です。自国金利 i （自国債券の収益率）が上昇すると[11]，自国債券への配分比率 d も上がり，外国の金利 i^f が上昇すると逆に d は下がります。

外国債券市場の均衡条件：

$$S \cdot F^s = f(i, i^f) \cdot W \qquad \frac{\Delta f}{\Delta i} < 0, \frac{\Delta f}{\Delta i^f} > 0 \qquad (9.9)$$

f（$0 < f < 1$）は投資家が選択する総資産における外国債券の配分比率（関数）です。自国金利 i が上昇すると，自国債券の場合とは逆に外国債券への配分比率 f は下がり，外国債券の収益率である外国金利 i^f が上昇すると，外国債券への需要が増えるため f は上がります。

貨幣市場の均衡条件：

$$M^s = m(i, i^f) \cdot W \qquad \frac{\Delta m}{\Delta i} < 0, \frac{\Delta m}{\Delta i^f} < 0 \qquad (9.10)$$

m（$0 < m < 1$）は投資家が選択する総資産における貨幣の配分比率（関数）です。自国金利 i が上昇すると，貨幣需要関数（9.1）式と同じように，貨幣 M に対する需要量自体も減少するので貨幣への配分比率 m は下がります。外国の金利 i^f が上昇したときもやはり m は下がります。こちらは，上記で説明したように，外国金利 i^f の上昇に伴って，貨幣から外国債券へと投資が代替する効果が生じるためです。

　そして資産市場全体の資産需要額は，以下のように総資産額 W に制約されます。

$$W = d(i, i^f) \cdot W + f(i, i^f) \cdot W + m(i, i^f) \cdot W = (d + f + m)W \qquad (9.11)$$

　（9.11）から，総資産における各資産の保有比率 d, f, m の合計は常に1に等しいこともわかります。

　それでは，資産市場の均衡と為替レートの決定について分析していきましょう。市場全体の制約式である（9.11）式より，2つの資産の市場で均衡が成立すれば，残りの1つは自動的に需給が均衡します（どれか1つの資産を選んで，実際にそうなるか確認してみましょう）。これを資産市場のワルラス

11　このとき，債券価格は低下しています。債券価格と金利の関係については，**第4講**を参照してください。

法則と呼びますが，これによって3つの資産のうち2つの資産の均衡を分析すれば良いことがわかります。そこで本講では，貨幣市場と自国債券市場の均衡から自国金利 i と為替レート S の関係（MM 曲線と DD 曲線）を導出します。

■ MM 曲線

図表 9-6 は MM 曲線を表しています。図表 9-6 は縦軸に為替レート S，横軸に自国金利 i をとっていますが，貨幣市場の均衡条件を満たす自国金利と，為替レート S の組み合わせの軌跡が MM 曲線であり，右上がりとなることが示されています。

なぜ MM 曲線は右上がりの軌跡となるのでしょうか。自国金利が当初の水準 i_1 から i_2 に上昇したとき，対応する貨幣配分比率は m_1 から m_2 に低下します。仮定より，貨幣供給量 M^s をはじめ各資産供給量は一定のため，貨幣市場の均衡条件 (9.10) 式を満たすためには，為替レートが当初の水準 S_1 から S_2 に減価（上昇）することによって，総資産額 W が増加する必要があります[12]。

図表 9-6　MM 曲線の導出

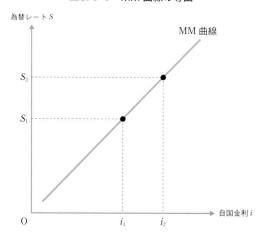

このようにして，貨幣市場の均衡条件を満たす自国金利 i と為替レート S の組み合わせの軌跡として，右上がりの MM 曲線が導出できます。つまり MM 曲線は，貨幣市場の均衡条件を満たすためには自国金利 i の上昇に対して為替レート S が減価する必要があることを示しています。

そのため，MM 曲線上以外の領域では貨幣市場の不均衡（需給の不一致）が生じていることもわかります。MM 曲線の右側では，貨幣の超過供給が生じる一方，左側の領域では貨幣の超過需要が生じています。

また，MM 曲線上では貨幣市場は均衡していますが，自国債券市場と外国債券市場の均衡は保証されないことにも注意してください。

■ DD 曲線

図表 9-7 は DD 曲線を導出した図です。図表 9-7 も図表 9-6 と同様，縦軸に為替レート S，横軸に自国金利 i をとっていますが，自国債券市場の均衡条件を満たす自国金利と，為替レート S の組み合わせの軌跡が DD 曲線

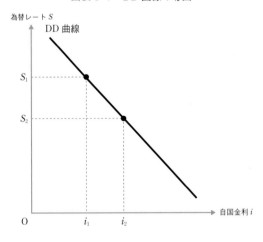

図表 9-7　DD 曲線の導出

12　（9.10）式より，為替レート S が減価すると，自国通貨建ての総資産額 W が増加することを確認してください。

であり，こちらは右下がりとなることが示されています。

DD曲線が右下がりになることも，MM曲線の場合と同じやり方で確かめることができます。図表9-7で当初の自国金利水準i_1からi_2に上昇したとき，対応する自国債券への配分比率もd_1からd_2に上昇します。自国債券供給量D^sを含め各資産供給量は一定のため，自国債券市場の均衡条件（9.8）式を満たすためには，為替レートが当初の水準S_1からS_2に増価（低下）することによって，総資産額Wが減少する必要があります

このような手続きによって得た，自国債券市場の均衡条件を満たす為替レートSと自国金利iの組み合わせの軌跡から，右下がりのDD曲線を描くことができます。DD曲線は，自国債券市場の均衡条件を満たすためには自国金利iの上昇に対して為替レートSが増価する必要があることを示しています。

MM曲線と同様に，DD曲線上以外の領域では自国債券市場の不均衡が生じます。DD曲線の場合，その右側では自国債券の超過需要が生じる一方，左側では自国債券の超過供給が生じます。そして，DD曲線上で自国債券市場は均衡していますが，貨幣市場と外国債券市場の均衡は保証されません。

このDD曲線を金利平価における垂直な円資産収益線（図表8-4）と比較してみましょう。同じように縦軸に為替レートS，横軸に自国金利iをとったグラフに描かれているのに，傾きが異なるのはなぜでしょうか。DD曲線が右下がりになるのは，為替レートが減価（増加）すると，総資産額Wの増加（減少）を通じて自国債券に対する需要も増加（減少）するためです。金利平価やアセット・モデルでは，このような経路が存在しないので円資産収益線が垂直になるのです。

■ 資産市場の均衡

MM曲線とDD曲線の交点では貨幣と自国債券の均衡条件が同時に満たされています。さらに，資産市場のワルラス法則を踏まえると，外国債券市場も含めた資産市場全体が均衡していることがわかります。つまり，図表9-8で描いたMM曲線とDD曲線の交点Eが自国の均衡金利i^*と均衡為替レートS^*の組み合わせになります[13]。

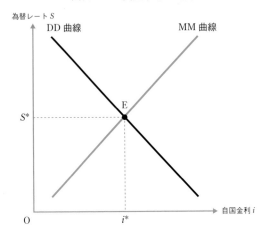

図表 9-8　資産市場の均衡

後ほど見ていくように貨幣の供給量 M^s や自国債券の供給量 D^s などが変化したとき，MM 曲線や DD 曲線がシフトして均衡が移動し，自国金利や為替レートが変化します。

■ ポートフォリオ・バランス・モデルとバランスシート

　ポートフォリオ・バランス・モデルでは，貨幣供給量の変化，あるいは金融政策は金利や為替レートにどのような影響を与えるでしょうか。この問題について考えるためには，まず中央銀行および民間の投資家のバランスシート（Balance Sheet：BS）を考察する必要があります。

　バランスシートとは財務諸表の一つで，経済主体のある時点における資産，負債，純資産の状態を表しますが，バランスシート上の負債（および純資産）

13　また，ポートフォリオ・バランス・モデルでは，投資家がリスク回避的で内外資産の不完全代替を仮定するので，カバーなし金利平価（UIP）ではなく，リスクプレミアムつき金利平価式が成立します。リスクプレミアムつき金利平価式では，予想為替レート変化率がゼロのとき自国金利 i と外国金利 i^f の関係は以下のようになります

$$i^f = i + RP$$

つまり，自国金利 i と外国金利 i^f の格差はリスクプレミアム（RP）に等しくなります。

図表9-9　中央銀行・民間のバランスシート

(a) 中央銀行のバランスシート

資　産		負　債	
外国債券	100	貨幣	200
自国債券	100		

(b) 民間のバランスシート

資　産		負　債	
貨幣	200		
外国債券	100		
自国債券	200	純資産	500

側と資産側の額は常に等しくなります。ここでは，中央銀行と民間経済主体のみが存在するモデルを想定し，中央銀行のバランスシートでは図表9-9の(a)のように負債側に貨幣，資産側に自国債券や外国債券が計上され，民間は(b)のように資産として貨幣，自国債券および外国債券を保有しているとします[14]。貨幣は，中央銀行が民間部門に負う債務として発行されているので，中央銀行の負債側の貨幣（供給量）と民間の資産側の貨幣（保有量）は常に一致します。

　図表9-9では，中央銀行のバランスシートの資産側に自国債券100単位と外国債券100単位，負債側に貨幣200単位が計上されています。また，民間のバランスシートには資産側に貨幣200単位，外国債券100単位，自国債券200単位が計上される一方，民間は中央銀行に対する負債を負っていないので，負債側には純資産500単位が計上されています。

　ポートフォリオ・バランス・モデルでは，貨幣供給量 M^s，自国債券の供給量 D^s，外国債券の供給量 $S \cdot F^s$ は民間投資家に保有されると仮定しているので，民間のバランスシートに計上されている貨幣，自国債券，外国債券の

14　実際は，中央銀行の負債側の貨幣供給はハイパワードマネー（マネタリーベース）であって貨幣量（マネーストック）ではありません。しかし，ここでは分析の単純化のため両者は一致すると仮定します（詳しくは**第4講**を参照してください）。また資産側の外国債券は，中央銀行の外貨準備を含みます。

項目とそれぞれ一致することに注意してください。

■ 金融政策（貨幣供給量のみ変化）の効果と為替レート

まず民間に供給されている自国債券 D^s や外国債券 F^s の量を変えずに，貨幣供給量 M^s を 50 単位だけ増加させるケースを分析してみましょう[15]。この場合，図表 9-8 では MM 曲線だけがシフトすることになります。

当初の中央銀行と民間のバランスシートの状況は図表 9-9 のとおりだったと仮定します。貨幣供給量の増加によって，図表 9-10 のように，中央銀行の負債側で貨幣が 50 単位，資産側で自国債券が 50 単位増加し，民間では資産側で貨幣が 50 単位，純資産が 50 単位増加します。ここでは，後で見る公開市場操作と異なり，中央銀行と民間双方のバランスシートの規模が拡大しています。

これを図表 9-11 によって説明しましょう。民間部門における貨幣供給量 M^s の増加が貨幣への配分比率 m を上昇させることは，貨幣市場の均衡条件

図表 9-10　**貨幣供給増加後の中央銀行・民間のバランスシート**

(a) 中央銀行のバランスシート

資　産		負　債	
外国債券	100	貨幣	250
自国債券	150		

(b) 民間のバランスシート

資　産		負　債	
貨幣	250		
外国債券	100		
自国債券	200	純資産	550

15　このような政策としては，政府が国債（自国債券）を中央銀行に直接売却し，その代金を国民に配布する政策（ヘリコプター・マネー）などが考えられます。日本では，国債（自国債券）を中央銀行（日本銀行）が直接購入することは，財政法によって現在は原則禁止されています。ただし次節で説明する公開市場操作の対象として，日本銀行が市中で発行された国債を購入することは可能なので，現在，日本銀行は多額の国債を資産として保有しています。

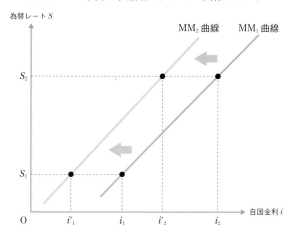

図表 9-11　貨幣の供給増による MM 曲線のシフト

から確かめられます。為替レート S_1 が一定であれば，総資産額 W も増加させます。しかし，総資産額に対する貨幣供給量の比率 $m = \dfrac{M^s}{W} = \dfrac{M^s}{D^s + S \cdot F^s + M^s}$ は，貨幣供給量 M^s の増加に伴って上昇するので，貨幣配分比率も上昇しなくてはならないことがわかります[16]。

　貨幣の供給増による MM 曲線のシフトを図示したのが図表 9-11 です。図表 9-11 で，貨幣供給量増加前の貨幣市場の均衡は MM_1 曲線で表されます。MM_1 曲線上で，任意の為替レート水準 S_1 と自国金利水準 i_1 の組み合わせを選び，貨幣供給量 M^s が増加したときの均衡の変化を考えます。為替レート水準が S_1 で一定ならば，上で示したように貨幣配分比率は上昇するので，自国金利水準は i_1 から i'_1 に低下する必要があります[17]。

　別の為替レート水準でも同様のプロットを行って，得られた新しい均衡の

16　この結果は以下のように，$\dfrac{M^s}{W}$ を M^s で微分することでも得られます（分数の微分の公式を使っています）。

$$\frac{d(M^s/W)}{dM^s} = \frac{(D^s + S \cdot F^s + M^s) - M^s}{(D^s + S \cdot F^s + M^s)^2} = \frac{D^s + S \cdot F^s}{(D^s + S \cdot F^s + M^s)^2} > 0$$

17　この結果は，（9.10）式で示したように，貨幣配分比率 m が自国金利 i と外国金利 i' の関数であり，かつ外国金利 i' は外生と仮定していることを反映しています。

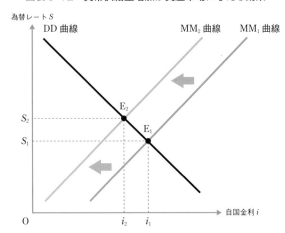

図表 9-12　貨幣供給量増加が資産市場に与える効果

軌跡を結ぶことにより，貨幣供給量増加後の新たな貨幣市場の均衡を表す
MM$_2$ 曲線を描くことができます。MM$_1$ 曲線と MM$_2$ 曲線を比較すると，貨
幣 M の供給を増やしたとき，MM 曲線が左にシフトすることがわかります。

　図表 9-12 は貨幣供給量 M^s の増加が資産市場に与える影響を表していま
す。MM 曲線の左シフトによって均衡が E$_1$ から E$_2$ に移動し，自国金利 i は
i_1 から i_2 に低下，為替レートは S$_1$ から S$_2$ に減価しています。

　これは 9.1 節におけるアセット・モデルの分析結果と同じです。ただし，
貨幣供給量 M^s の増加が為替レート S を減価させる経路は，ポートフォリ
オ・バランス・モデルとアセット・モデルでは異なります。アセット・モデ
ルでは，貨幣供給量 M^s の増加によって自国金利 i が低下すると，内外資産
の予想収益率を一致させるように為替レートが減価します。

　一方，ポートフォリオ・バランス・モデルでは，自国金利 i の低下による
外国債券への配分比率 f の上昇と，貨幣 M の増加に伴う総資産 W の増加に
よって，外国債券に対する需要は増加することが（9.9）式の右辺からわか
ります。外国債券の供給量 F^s は一定なので，外国債券市場が均衡するため
には，為替レート S が減価する（自国通貨安・外国通貨高になる）ことで自国

通貨建ての外国債券の供給額 $S \cdot F^s$ が増加する必要があります。

つまり，ここでは自国金利 i の低下に伴い，外国債券市場の均衡条件（9.9）式から，外国債券への配分比率 f が高まると共に，為替レート S が減価するというメカニズムが働いているのです。

■ 金融政策（公開市場操作）の効果と為替レート

第4講で，金融政策は通常，中央銀行の公開市場操作を通して資産（国債など）の売買を行うことによって，貨幣供給量を変化させると説明しました。公開市場操作の場合，以下で見るように，金融政策は民間のバランスシートの規模ではなく資産の構成に影響を与えます。

公開市場操作の場合は，中央銀行が買いオペで民間から自国債券を 50 単位購入するケースを分析してみましょう。この買いオペによって，民間に対する自国債券の供給量 D^s は 50 単位減少します。今回も，当初の中央銀行のバランスシートは図表 9-9 のとおりだったと仮定します。図表 9-13 は買いオペ後の中央銀行と投資家のバランスシートを示しています。

図表 9-13 では，中央銀行のバランスシートの資産側では，買いオペによって自国債券が 50 単位増えて 150 単位になっていますが，負債側の貨幣も 50 単位増加して 250 単位になっています。民間のバランスシートでは，

図表 9-13　**公開市場操作後の中央銀行・民間のバランスシート**

(a) 中央銀行のバランスシート

資　産		負　債	
外国債券	100	貨幣	250
自国債券	150		

(b) 民間のバランスシート

資　産		負　債	
貨幣	250		
外国債券	100		
自国債券	150	純資産	500

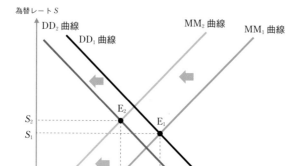

図表 9-14　自国債券の買いオペが資産市場に与える効果

資産側の自国債券が 50 単位減少して 150 単位になる一方，貨幣が 50 単位増加して 250 単位になっています。買いオペによって，中央銀行のバランスシート (a) は資産，負債の両側で拡大する（200 ⇒ 250）一方，民間のバランスシート (b) は資産構成が変化するものの規模は変わらない（500 ⇒ 500）ことがわかります。

　図表 9-10，図表 9-12 では，資産市場（民間のバランスシート）に影響を与えずに貨幣供給量 M^s を増やした場合の効果を分析しましたが，今度は図表 9-13 のような公開市場操作（自国債券の買いオペ）による貨幣供給量 M^s の増加が，自国金利 i と為替レート S に与える効果を分析しましょう。

　公開市場操作によって，貨幣の供給量が増加するので，先のケースと同様に MM 曲線は左にシフトします。また，図表 9-13 で示したように，買いオペで購入された分だけ民間に供給される自国債券は減少するので，DD 曲線も左にシフトします（このことは本講末の **Active Learning** の練習問題としますので確認してみてください）。

　自国債券の買いオペによる最終的な効果は図表 9-14 で示しています。図表 9-12 と比較すると，自国金利 i の低下がより大きくなることがわかりま

す。これは，自国債券の供給 D^s が減少することで発生した超過需要をなくすために，追加的に金利が低下しなければならないからです。

　一方で，為替レート S の減価幅はより小さくなっています。自国金利 i の追加的な低下に伴って，外国債券に対する配分比率 f はさらに上昇しますが，公開市場操作では投資家の総資産 W が増えないため，外国債券への需要額自体は MM 曲線だけシフトするケースほど増加しないためです。

　アセット・モデルによる金融政策の分析では，貨幣供給量 M^s の増減の大きさだけが問題になっていました。ポートフォリオ・バランス・モデルによる分析では，貨幣供給量を同じ量だけ変化させた場合でも，貨幣を供給する経路の違いによって自国金利 i や為替レート S への影響が異なることがわかります。

9.4　ま と め

　本講では，国際資産取引の需要・供給の均衡条件から為替相場を説明するアセット（資産）・アプローチと呼ばれる考え方の中から，アセット・モデル，マネタリー・モデル，ポートフォリオ・バランス・モデルという 3 種類の理論について説明しました。

　アセット・モデルは金利平価式に基づいていますが，ストック変数である貨幣量の需要・供給から為替レートを説明する理論である点が，投資家の裁定条件である金利平価式とは大きく異なります。

　マネタリー・モデルは購買力平価式に基づきつつ，アセット・モデルと同様に貨幣量の需要・供給から為替レートを説明する理論ですが，物価が伸縮的に変化する長期を前提にしていることが大きな違いです。

　さらにポートフォリオ・バランス・モデルでは複数資産の間の不完全代替を仮定し，ストックである資産の需要・供給から為替レートを説明します。

　これらの理論を十分理解するためには，どのような仮定の違いが分析結果の違いにつながっているのか把握することが大事です。以下の Active learning などに積極的に取り組んで理解を深めてください。

《理解度チェック》‥‥‥‥‥‥‥‥‥‥‥‥‥‥‥‥‥‥‥‥‥‥‥‥‥‥

　□1　アメリカの国民所得 Y^f の増加によって図表 9-2 のドル収益線はどのように シフトするのか，図表 9-1 をアメリカの貨幣市場に適用して確認しましょう。

　□2　資産市場の制約式（9.11）式と自国債券市場の均衡条件（9.8）式，貨幣市場の均衡条件（9.10）式を使って，外国債券市場の均衡条件（9.9）式を導出しましょう。

　□3　自国債券 D の供給減少によって，図表 9-7 の DD 曲線が左にシフトすることを，図表 9-10 のようなグラフによって確認しましょう。

《調べてみよう》‥‥‥‥‥‥‥‥‥‥‥‥‥‥‥‥‥‥‥‥‥‥‥‥‥‥‥

　[1]　日米のマネーストックの時系列データを使って，両国の貨幣供給量の推移と為替相場の関係がどうなっているのか調べてみましょう。

　[2]　財務省が発表している本邦対外資産負債残高のデータから，日本人による外国債券の保有残高の推移を調べ，為替レートとどのような関係があるか比較してみましょう。

《Discussion》‥‥‥‥‥‥‥‥‥‥‥‥‥‥‥‥‥‥‥‥‥‥‥‥‥‥‥‥

　日本は 1990 年代以降，長期的な経済停滞に対応して金利が継続的にゼロ近辺にとどまる状態が続いています。そのため，日本経済は「流動性の罠」に陥っているという意見も聞かれました。経済が「流動性の罠」に陥っているとしたら，アセット・モデルの結果はどのように変わるか考えてみましょう。

文 献 紹 介

- 佐々木百合（2017）『国際金融論入門』新世社
- 浜田宏一（1996）『国際金融』岩波書店
- 藤井英次（2013）『コア・テキスト国際金融論　第 2 版』新世社
- P. R. クルーグマン・M. オブズトフェルド・M. J. メリッツ（2017）『クルーグマン国際経済学——理論と政策［原著第 10 版］（上）（下）』山形浩生・守岡桜（訳），丸善出版

第10講
為替相場制度と為替介入

■前講まで外国為替市場で為替レートが決定されるメカニズムについて学んできました。しかし，実際に外国為替市場がどう機能するかについて理解するためには，各国で採用されている為替相場制度や，通貨当局による為替介入の役割についての知識が不可欠です。本講ではまず，様々な為替相場制度について説明します。為替相場制度の分類では，それぞれ制度がどの程度，為替レートの変動を抑えているかが主要な判断基準となります。次に通貨当局[1]による外国為替市場への介入について，固定為替相場制と変動為替相場制のケースに分けて説明します。そして為替介入が為替レートに影響を与える理論的なメカニズムを，非不胎化介入と不胎化介入の場合についてそれぞれ考察します。最後に固定相場制が抱える大きな問題である通貨危機について取り上げます。

10.1 　為替相場制度----------------------------

　ある国の為替相場制度とは，その国の（名目）為替レートについて適用される，公的な取り決めや政策のことを指します[2]。各国で採用されている為替相場制度としては，その国が公表している制度（De Jure）と現実の制度（De Facto）があります。この2つを分けて考えるのは，国が公表する制度と実際の制度の運営にずれがあるケースが見られるためです[3]。

1　通貨当局とは通貨の発行や外貨準備の維持，管理を行う（通常は政府の）組織です。日本の場合は日本銀行（中央銀行）と財務省を指します。
2　公的な制度でない例としては，公的な固定為替相場と非公式な実勢相場（闇レート）が併存する二重為替相場制や自国の通貨以外に外国通貨が国内で流通する事実上（De Facto）のドル化などが挙げられます。

現実の為替相場制度としては，国際通貨基金（IMF）による分類が一般に参照されています[4]。IMFによる分類は，その国がどの制度に属するかを為替レートの動きなどによって判断する現実（De Facto）ベースであり，図表10-1から，2018年現在10種類の制度に分かれていることがわかりますが，これらの制度は為替レートを固定する程度によって，大きく固定的相場制度（Hard Pegs），中間的相場制度（Soft Pegs），変動的相場制度（Floating Regimes）に分類されます[5]。

■ 様々な為替相場制度

　固定的相場制度とは，為替レートが非常に強い制度的裏付けを伴って固定されている制度を指します。最も厳格に通貨を固定する制度は図表10-1の①独自の法定通貨[6]が放棄された為替相場制です。これは公式のドル化（Formal Dollarization）とも呼ばれます[7]。また②カレンシー・ボード（Currency Board）は，通貨当局が保有する外貨建て資産に裏付けられて自国通貨が発行される制度ですが，為替レートの変動が非常に厳しく制約された制度と見なされています。

　中間的相場制度とは，固定的相場制度のような強力な制度的裏付けは持たないものの，何らかの形で為替レートの変動が一定の範囲内に抑えられている制度を指します。このグループには様々なタイプの制度があることが図表

3　公表ベースの制度（De Jure）は，その国の為替相場政策に関する事前的なアナウンスメントであるのに対し，現実ベースの制度は（De Facto）事後的な為替レートの動きなどから判断した分類です。そのときの経済，為替市場の状況によって，事前のアナウンスメントよりも強力な為替介入が必要となる，あるいは想定されていた以上に為替レートが変動する事などが，両者が事後的に一致しない要因として考えられます。

4　IMFの為替相場の分類は "Annual Report on Exchange Arrangements and Exchange Restrictions" で毎年公表されています。

5　「ペッグ」（Peg）とは「釘付け」という意味で，この場合は為替レートの固定を指します。"Hard Peg" では強く固定する，"Soft Peg" では緩やかに固定するという意味になります。フロート制（Floating Regime）は変動為替相場制と同じ意味です。

6　法定通貨（Legal Tender）とは法貨とも言い，法律によって強制的な通用力を与えられた通貨を指します。

7　他国と共通の通貨を導入する通貨同盟も強い固定的制度とみなされることがあります。しかしIMFは，通貨同盟は独自の法的貨幣を「共有」しており，ドル化のように「放棄」していないとして，公式のドル化と通貨同盟を区別しています。なお，図表10-1で代表的な共通通貨であるユーロ参加国は⑩自由変動相場制，に分類されています。この分類は域外通貨との為替相場決定に基づいています。

図表 10-1　IMF による為替相場制度の分類（2018 年）

	分類	採用国数	主な採用国	定義
固定	①独自の法定通貨が放棄された為替相場制 (No Separate Legal Tender)	13	エクアドル，コソボ，モンテネグロ，キリバスなど	他国の通貨を唯一の法定通貨として公的に流通させる
	②カレンシー・ボード制 (Currency Board)	11	ジブチ，香港，ドミニカ，ブルネイなど	特定の外国通貨と自国通貨を固定された相場で交換する明示的な法的コミットメントを行い，その法的義務を保証するために通貨発行主体を制約する
中間	③通常の固定相場制 (Conventional Peg)	43	バハマ，イラク，サウジアラビア，デンマーク，セネガル，ネパール	当局が公的に他の通貨，もしくは通貨バスケットと自国通貨を固定された相場に釘付け（ペッグ）し，為替相場の変動を中心相場から±1%以内，もしくは上下幅が2%の範囲内に維持されている
	④安定化制度 (Stabilized Arrangement)	27	クロアチア，シンガポール，ベトナム，インドネシア，エジプト	マーケットの直物為替相場を6カ月以上，2%の範囲内に維持し，変動させていない
	⑤クローリング・ペッグ制 (Clawling Peg)	3	ホンジュラス，ニカラグア，ボツワナ	通貨当局が，為替レートを事前にアナウンスされた一定の変化率，あるいは特定の量的指標に対応して調整する
	⑥クロール型制度 (Clawl-like Arrangement)	15	イラン，中国，コスタリカ，ドミニカ，スリランカ	為替レートが6カ月以上，統計的に特定化されたトレンドに対して2%の狭い範囲内で維持されている
	⑦バンドつきペッグ制 (Pegged Exchange Rate Within Horizontal Bands)	1	トンガ	当局が為替相場の変動を中心相場から±1%以上の範囲内，もしくは上下幅が2%を超える範囲内に維持されている
	⑧他の管理制度 (Other Managed Arrangement)	13	カンボジア，シリア，アルジェリア，シェラレオネなど	他のいかなるカテゴリーの基準にも該当しない制度
変動	⑨変動相場制 (Floating)	35	ブラジル，チェコ，インド，イスラエル，韓国，南アフリカなど	為替レートが確認・予測可能な相場の経路を持たず，ほぼ市場によって決定されている
	⑩自由変動相場制 (Free Floating)	31	アメリカ，日本，イギリス，ドイツ，フランス，オーストラリア，カナダなど	為替介入は例外的，かつ市場が混乱した状況に限って行われ，かつ当局が介入が例外的であることを示すデータを公表している

10-1 からわかります。通常の固定相場が為替レートの変動を非常に狭い範囲に抑えているのに対し，⑦バンド（Band）つきのペッグ制では変動幅がより広い範囲になります。また⑤クローリング（Crawling）・ペッグ制や⑥クロール型制度とは，為替レートが一定の変化率（減価率あるいは増価率）を維持するように調整される制度を指します。③通常の固定相場制には，単一の通貨に対する為替相場ではなく，通貨バスケット（Currency Basket）に対して，自国通貨との為替相場を一定範囲内に固定させるバスケットペッグという制度も含まれます。通貨バスケットとは，複数の通貨を貿易取引上の重要性などで加重した指標を指します。

変動的相場制度とは，基本的に為替レートの決定が外国為替市場における民間取引の需給に委ねられている制度です。ただし，通貨当局による為替介入をほとんど実施しないか，あるいは市場が混乱した特定の状況に限って例外的に行うかで，⑨変動相場制（Floating）と⑩自由変動相場制（Free Floating）に分類されます[8]。

図表 10-1 によると，世界各国が採用している為替相場制度は，固定的制度が 24 カ国，中間的制度が 102 カ国，変動的制度が 66 カ国であることがわかります。ただし，固定的制度を採用している国々は比較的経済規模の小さい国や地域であり，一方の変動的制度，特に自由為替相場制度の採用国は先進諸国に偏っています。

1976 年のキングストン合意（14.2 節参照）以降，為替相場制度の決定は各国に任されています。第 13 講などで見ていくように，どのような為替相場制度を採用するかは国内の経済政策運営にも大きな影響を与えます。

以上のように，実際の為替相場制度には多くのバリエーションがありますが，教科書の分析では多くの場合，為替レートが固定されているか否の 2 種類に分類して考えれば十分です。そのため本書では，特別な注意がない限り為替レートが固定されている制度を「固定為替相場制」，固定されていない制度を「変動為替相場制」と呼んでいきます。

10.2　為替介入----------------------------------

為替介入とは，通貨当局が外国為替市場に影響を与えるために通貨の売買を行うことを指します。通貨当局が為替介入を行う目的は，固定為替相場制のように為替レートの目標水準（ターゲット）がある場合，その水準に為替レートを誘導すること，また変動為替相場制の場合であっても，外国為替市場が何らかの原因で為替レートが，通貨当局の望まない水準へ急激に変化し

8　IMF の説明によれば，図表 10-1 の自由変動相場制（Free Floating）の定義にある「市場が混乱した状況」（Disorderly Condition）とは「為替市場の破壊的な短期的変化」（Disruptive Short-Time Movement）によって特徴付けられます。

ている場合，それを防ぐことです。

■ 固定為替相場制における為替介入

　固定相場制では，通貨当局が為替レートを特定の水準 S_{fix}（公定レート）に固定するとアナウンスするとともに，公定レートを維持するために外国為替市場に随時介入を行います。図表 10-2 は，横軸に外国為替市場における外貨取引量，縦軸に為替レートをとった外国為替市場を表しています。この図表では，外貨需要曲線 DD と外貨供給曲線 DS の交点で実勢レート（民間経済主体が外貨を取引するレート）が決まります。

　当初 A 点で，需給が一致する均衡の実勢レートと公定レート S_{fix} が一致していたとします。ところが何らかの理由で，一時的に外貨需要が増加し外貨需要曲線が DD_1 から DD_2 へ右にシフトすると，均衡は B 点，実勢レートは S^* となり，公定レート S_{fix} から乖離してしまいます。また公定レート S_{fix} の下では，外貨の超過需要が AC 分だけ発生してしまいます。このような状態のとき，通貨当局は実勢レートを公定レートに一致させるために，政府が保有する外貨を AC 分だけ外国為替市場で売る介入（外貨売り自国通貨買い）を

図表 10-2　固定相場制下の当局の介入

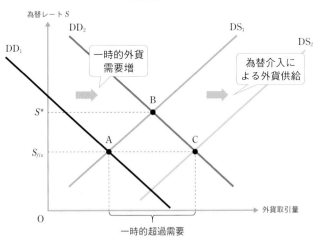

行います。

　この外貨売り介入は，外貨供給曲線を DS_1 から DS_2 へ右にシフトさせるので，均衡は C 点となって実勢レートと公定レートが等しくなり，固定相場を維持することが可能となります。逆に公定レートが均衡レートを上回っている場合は，通貨当局が超過供給分の外貨を購入します（外貨買い自国通貨売り介入）。

　通貨当局は，このように保有する外貨資金を使って日常的な外国為替市場における外貨の過不足を調整することによって，公定レートを維持します。

　通貨当局が，為替介入を実行する際に使用する政府保有の外貨資金は外貨準備と呼ばれますが，この外貨準備には限りがあります。したがって，外国為替市場において外貨の超過需要が長期間持続する場合，固定相場の維持はいずれ不可能となり，後述する通貨危機が発生する可能性が高まります。

■ 変動為替相場制における為替介入

　変動為替相場制を採用している国においても，為替介入が行われる場合があります。日本は変動為替相場制を採用していますが，当局はたびたび為替介入を実施してきました。変動相場制における介入は，基本的には為替相場の急激な変動を抑制することを目的としますが，実際には日本のほとんどの為替介入は過剰な円高の是正を目的として行われています。

　日本における為替介入は外国為替平衡操作と呼ばれ，財務大臣が所管しています。為替介入の外貨資金は，政府の外国為替資金特別会計（通称：外為特会）という国の特別会計で管理されていますが，実際の為替介入は日本銀行が財務大臣の代理人として実施しています。1990 年代以降の為替介入の推移を円ドル為替レートと共に示したのが図表 10-3 です。この図表を見ると，ほとんどの為替介入は，円高ドル安が進行した時期に行われているのがわかります。実際，日本の為替介入は介入額，頻度ともに圧倒的にドル相場への介入が多くなっています。

■ 為替介入の効果

　為替介入によって，通貨当局が目指す為替レートの水準に達成しているか

図表 10-3　日本の為替介入と円ドル相場の推移（四半期ベース）

円ドルレート

外国通貨買い　外国通貨売り

（注）　左縦軸は介入額（億円），右縦軸が円ドルレート
（データ出所）　財務省

を判断するには，為替介入を風に逆らう介入（Lean against the Wind），風に乗る介入（Lean in the Wind）に区別して考える必要があります。

　風に逆らう介入では，為替レートのそれまでのトレンドを反転させるか，あるいはトレンドの変動を小さくすることが目的となります。逆に風に乗る介入では，それまでのトレンドを持続，あるいはトレンドを助長させることが目的となります。

　図表 10-4 において円ドル為替レートを例に考えてみましょう。円高が進行し為替レートが 1 ドル 90 円となり，介入を行わなければ図表 10-4(1)の①のように 1 ドル 85 円まで円高が進むと仮定します。通貨当局が，1 ドル 90 円になった時点で円売りドル買いの風に逆らう介入を実施し，為替レートが 1 ドル 95 円に反転したとします。これは，図表 10-4(1)の③風に逆らう介入で変化を反転させた場合に対応し，為替介入に明確な効果があったケースと捉えることができます。同様に円売りドル買いの風に逆らう介入を行った後，介入を実施しなければ，為替レートが 1 ドル 85 円まで円高が進

図表 10-4　為替介入の効果

(1) 風に逆らう介入のケース

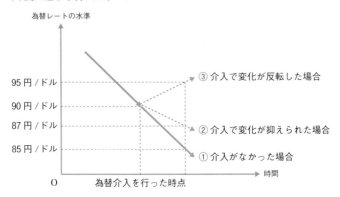

(2) 風に乗る介入のケース

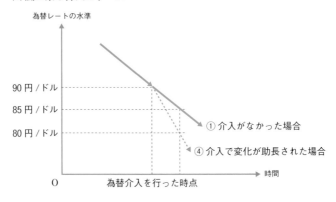

行していたものを 1 ドル 87 円に円高を抑えることができた場合が，図表
10-4 (1) の②に対応します。この場合の介入は明確ではないものの，多少の
効果があったケースと言えるでしょう。また図表 10-4 (1) の①は，風に逆ら
う介入の効果が全くなかったケースを表しています。

　一方，図表 10-4 (2) では風に乗る介入の例を挙げています。介入前に為替
レートが 1 ドル 90 円であり，介入が行われなければ図表 10-4 (2) の①のよ
うに 1 ドル 85 円までしか円高が進まないと予想されているとします。ここ

で当局が円買いドル売り介入を実施し，図表10-4(2)の④のように為替レートが1ドル80円となり，さらに円高が進むと，介入に意図する効果があったことになります。

実証研究では，日本の為替介入は多くの場合，介入から数日間の為替相場を意図する方向に動かしていることが確認されています[9]。

10.3 為替介入と貨幣市場----------------------

■ 為替介入が貨幣市場と外国為替市場に与える影響

為替介入では通貨当局が民間の市場参加者と外貨を売買しますが，その取引の結果として自国の貨幣供給量に影響を与える可能性があります[10]。

今度は為替介入が自国貨幣市場に与える影響を理解するために，外貨買い自国通貨売り介入を例に需要・供給曲線と通貨当局のバランスシートを使って説明してみましょう[11]。

図表10-5は図表10-2と同様に，横軸に外国為替市場における外貨取引量，縦軸に為替レートをとった外国為替市場を表しています。通貨当局が50単位の外貨買い自国通貨売り介入を行ったとすると，需要曲線がDD_1からDD_2へ介入額の50単位分だけ右にシフトし，為替レートはS_1からS_2に上昇（減価）します。

外貨買い自国通貨売りの介入の場合，通貨当局が外貨を民間市場参加者から購入し，その代金として自国通貨を渡すので貨幣供給量は増加します。

逆に外貨売り自国通貨買いの介入の場合，外貨を民間の市場参加者に売却し，代金として自国通貨を受け取ります。結果として代金分の自国通貨は貨

9　詳しくは伊藤（2003）などを参照してください。

10　実際には為替介入によって通貨当局が直接コントロールするのはマネタリーベース（ハイパワードマネーあるいはベースマネー）で，貨幣供給量（マネーストック）は間接的に影響を受けます。詳しくは**第4講**を参照してください。ここでは通貨当局が貨幣供給量を完全にコントロールできるものとし，マネタリーベースと貨幣供給量は等しいものと仮定しています。

11　バランスシートとは，経済主体のある時点における資産，負債，純資産の状態を表すもので，複式簿記の原則にしたがって資産と負債／純資産のそれぞれの総額はいつでも等しく，また資産から負債を引いた額が純資産となります。通貨当局と民間部門のバランスシートについては**第9講**の説明も参照してください。

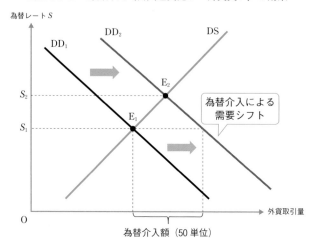

図表 10-5　為替介入（自国通貨売り・外貨買い）の効果

幣市場から引き上げられるので貨幣供給量は減少します。

　図表 10-6 は，図表 10-5 で示した外貨買い自国通貨売り介入前後の，通貨当局と民間経済主体のバランスシートの変化を示しています。通貨当局のバランスシート (a) には当初，資産として外貨準備 100 単位，自国資産 100 単位を，負債として貨幣供給量 200 単位が計上されています。為替介入により，通貨当局は 50 単位の外貨を民間市場参加者から購入することで，資産サイドの外貨準備が 50 単位増加する一方，代金として自国通貨を渡すので負債サイドの貨幣供給量も 50 単位増加します。結果として通貨当局のバランスシートの規模は，200 単位から 250 単位に 50 単位拡大します。

　民間経済主体のバランスシート (b) には当初，資産として貨幣供給量 200 単位，外国資産 100 単位，自国資産 200 単位が計上されています[12]。為替介入により 50 単位の外貨を通貨当局に売却した結果，資産サイドの貨幣供給量が 50 単位増加して 250 単位になる一方，外国資産は 50 単位減少します。民間経済主体のバランスシートの規模は 500 単位で不変です。

12　通貨当局が保有する外国資産は外貨準備と呼ばれますが，民間経済主体が保有する外国資産と内容は同じ（外国証券など）です。

図表 10-6　為替介入（自国通貨売り・外貨買い）による
通貨当局・民間のバランスシートの変化

(a) 通貨当局のバランスシート

為替介入前

資　産		負　債	
外貨準備	100	貨幣供給量	200
自国資産	100		

為替介入後

資　産		負　債	
外貨準備	150	貨幣供給量	250
自国資産	100		

(b) 民間のバランスシート

為替介入前

資　産		負　債	
貨幣供給量	200		
外国資産	100		
自国資産	200	純資産	500

為替介入後

資　産		負　債	
貨幣供給量	250		
外国資産	50		
自国資産	200	純資産	500

　ここまでの結果をまとめると，この外貨買い自国通貨売りの介入によって，まず外国為替市場における外貨需要が 50 単位増加し，外国為替市場の需要曲線をシフトさせます。これと同時に民間経済主体が保有する貨幣供給量も 50 単位増加します。第 9 講で学んだアセット・モデル（またはマネタリー・モデル）によれば，貨幣供給量の増加は自国通貨安・外国通貨高，その減少は自国通貨高・外国通貨安につながるため，このような貨幣供給量の変化は為替レートを変化させます（図表 9-3 参照）。また図表 10-5 で示したように，為替介入は外国為替市場の一時的な需給に影響を与えますが，それだけでなく貨幣供給量というファンダメンタルズの変化を通じても為替レートに影響を与える可能性があるのです。

■ 不胎化介入と非不胎化介入

　ここまでの説明から，通貨当局が固定相場制の下で公定レートを維持するために外国為替介入を行う際，外国為替市場の需給調整だけでなく，自国の貨幣市場の均衡にも注意を払う必要があることがわかります。具体的には，為替介入によって貨幣供給量が変化すると，長期的には国内物価水準にも影

図表 10-7　不胎化のための売りオペによる
通貨当局・民間のバランスシートの変化

(a) 通貨当局のバランスシート

売りオペ前

資　産		負　債	
外貨準備	150	貨幣供給量	250
自国資産	100		

売りオペ後

資　産		負　債	
外貨準備	150	貨幣供給量	200
自国資産	50		

(b) 民間のバランスシート

売りオペ前

資　産		負　債	
貨幣供給量	250		
外国資産	50		
自国資産	200	純資産	500

売りオペ後

資　産		負　債	
貨幣供給量	200		
外国資産	50		
自国資産	250	純資産	500

響を与える可能性があります[13]。つまり実勢レートを公定レートに誘導した
いけれども，物価水準の変化は望んでいない通貨当局にとっては，貨幣供給
量の変化を伴う為替介入は好ましくないということになります。

　こうした理由から，通貨当局は外国為替市場に介入する際，ほぼ同タイミ
ングで国内の貨幣市場でもオペレーション（買いオペあるいは売りオペ）を
行って，貨幣供給量の変化を相殺する場合があります。

　図表 10-7 では，増加した貨幣供給量を相殺するために通貨当局が売りオ
ペを行ったときの，通貨当局と民間経済主体のバランスシートの変化を表し
ています。したがって，図表 10-6 の右表と図表 10-7 の左表は (a)(b) とも
に同じです。

　図表 10-7 (a) では通貨当局が売りオペによって，自国資産 50 単位を民間
に売却すると，負債サイドの貨幣供給量が 50 単位減少する一方，資産サイ
ドでも自国資産が 50 単位に減少することを表しています。その結果，バラ
ンスシートの規模は 200 単位に縮小しています。

13　第 9 講 9.2 節の説明も参照してください。

一方，民間経済主体は通貨当局の売りオペに応じて，自国資産50単位を購入すると，資産サイドの自国資産が50単位増加する一方，保有する通貨供給量が50単位減少します（図表10-7(b)）。

　外貨売り自国通貨買い介入と売りオペを合わせた効果は，図表10-6の左表（為替介入前）と図表10-7の右表（売りオペ後）のバランスシートを比較することでわかります。通貨当局のバランスシートでは，負債サイドの貨幣供給量は200単位のままで不変ですが，資産サイドでは外貨準備が50単位増加する一方，自国資産が50単位減少しています。民間経済主体のバランスシートでは，保有する貨幣保有量はやはり200単位のままで不変になり，外貨資産は50単位減少する一方で，自国資産は50単位増加します。つまり，為替介入と同規模のオペレーションの組み合わせは，貨幣供給量を一定に維持しながら，通貨当局と民間経済主体の間で外貨準備（外国資産）と自国資産を交換していることになります。

　図表10-7のように，為替介入の直後にオペレーションを実施し，変化した貨幣供給量を元の水準に回復させる手法を不胎化介入（Sterilized Intervention）と呼びます。逆に図表10-6のような不胎化をせずに，貨幣供給量の変化を伴う為替介入を非不胎化介入（Non-Sterilized Intervention）という，いささかわかりにくい名称で呼んでいます。

　日本では，2003年から2004年にかけて実施された大規模な円売りドル買い介入が非不胎化政策であったことが，研究者によって指摘されています[14]。

10.4　不胎化介入の効果 -

　アセット・モデルに従えば，不胎化介入の場合，貨幣供給量に変化がなく内外資産市場の金利を通じた効果が働かないため，為替介入の効果は一時的な外貨需給不均衡の是正にとどまると考えられます。しかしながら歴史的な事例を見ると，不胎化介入であっても為替レートに長期的な影響を与える可

14　詳しくは渡辺・藪（2010）などを参照してください。

能性も否定できません。仮に不胎化介入が為替レートに持続的な効果を持つ場合，どのような経路が考えられるのでしょうか。この有力な候補と考えられてきたのが，為替介入のポートフォリオ・バランス効果とシグナリング効果です。

■ ポートフォリオ・バランス効果

ポートフォリオ・バランス効果は，**第 9 講**で説明したポートフォリオ・バランス・モデルを元に，為替介入が民間投資家の保有ポートフォリオ（資産）における資産構成を変える効果に着目します。アセット・モデルの場合は内外資産の完全代替を仮定するため，不胎化介入で生じるような民間経済主体の資産構成の変化が，為替レートに影響することはありません。しかし，ポートフォリオ・バランス・モデルでは内外資産の不完全代替を仮定しているため，民間経済主体の資産構成の変化は資産収益率と為替レートの双方を変化させます。

図表 10-8 では，ポートフォリオ・バランス効果のメカニズムを，図表 10-6，図表 10-7 の不胎化された外貨買い自国通貨売り介入を例に示しています。図表 10-8 は，図表 9-8 と同じように縦軸に為替レート S，横軸に金利 i をとり，自国証券市場の均衡を表す DD 曲線と貨幣市場の均衡を表す MM 曲線の交点で，均衡の為替レートと自国金利を決まることを示しています。

不胎化介入によって，貨幣供給量は不変に保たれつつ，民間の資産市場では自国資産（自国証券）が供給され，外国資産（外国証券）が減少するので，自国証券市場の均衡を表す DD 曲線が DD_1 から DD_2 へと右にシフトする一方，貨幣市場の均衡を表す MM 曲線は不変なので，為替レートが S_1^* から S_2^* へ円安（自国通貨安）方向に変化することがわかります[15]。つまり，貨幣供給量を一定に保ったままでも，為替介入によって為替レートを動かすことができます。

---

15 ポートフォリオ・バランス・モデルでは自国資産を自国証券，外国資産を外国証券と仮定します。実際にも，日本の公開市場操作で売買する資産は国債などの自国証券であり，外貨準備の多くはアメリカ国債などの外国証券で運用されており，これは現実的な仮定と考えられます。

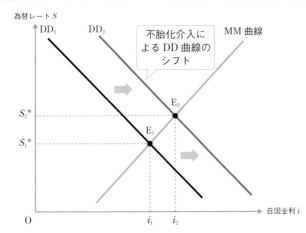

図表 10-8　ポートフォリオ・バランス効果による不胎化介入の効果

　しかし，通貨当局によって実際に行われる為替介入の規模によって，為替レートに影響を与えるほど，民間経済主体の資産構成を変化させられるか否かについては議論があります。

■ シグナリング効果

　ここまで説明したように，アセット・モデルに従えば，内外資産が完全代替である状況で，不胎化された為替介入を行っても貨幣供給量が不変なので，介入の効果は一時的なものになります。

　しかしながら，不胎化された為替介入が，将来の金融政策のシグナルであると市場参加者が解釈し予想が変化すれば，将来の為替レートだけでなく，現在の為替レートにも持続的な影響を及ぼす可能性があります。これを不胎化介入のシグナリング効果と呼びます。

　例えば，通貨当局が為替レートを自国通貨安に動かす（自国通貨高を修正する）ため，自国通貨売り外国通貨買いの不胎化介入を行ったとします。このとき内外資産が完全代替であれば，為替レートは一時的に減価しても，市場参加者の予想が変化しなければ，すぐに元の水準に戻るでしょう。

図表10-9　シグナリング効果による不胎化介入の効果

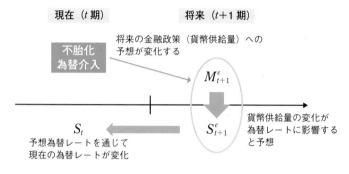

現在（*t* 期）　　　　　　　将来（*t*+1 期）

不胎化
為替介入

将来の金融政策（貨幣供給量）への
予想が変化する

M_{t+1}^e

S_t
予想為替レートを通じて
現在の為替レートが変化

S_{t+1}^e

貨幣供給量の変化が
為替レートに影響する
と予想

しかし市場参加者が，通貨当局の自国通貨売り不胎化介入を「為替レートを自国通貨安にするために近い将来追加的な政策が行われる」というシグナルとして受け止めるかもしれません[16]。

第8講で学んだ金利平価式，（8.4）式を変形すると以下の（10.1）式が得られます。

$$S_t = \frac{S_{t+1}^e}{1+i-i^f} \tag{10.1}$$

不胎化介入の場合，自国金利 i は変化しませんが，（10.1）式から将来の予想為替レート S_{t+1}^e が変化すれば，現在の為替レート S_t もその影響で変化することがわかります（図表10-9参照）[17]。

このように，不胎化介入が将来の金融政策に関する予想の変化を通じて，現在の為替レートに影響を与えることをシグナリング効果と呼びます。

16　例えば，通貨当局が自国通貨売り外国通貨買いの為替介入を不胎化したとしても，市場参加者が「通貨当局は持続的な自国通貨安を目指しているはずので，為替介入の効果が一時的なものであれば，いずれ再度の自国通貨安を狙った為替介入を行うか，アセット・モデルに従って緩和的な金融政策を採用するだろう」と予想する場合などが想定されます。

17　上述のとおり，ポートフォリオ・バランス効果が働く場合は自国金利も変化しますが，ここでは内外資産の完全代替を仮定します。

10.5 通貨危機------------------------------

■ 通貨危機のメカニズム

　固定相場制の大きな問題の一つが固定相場採用国における通貨危機の頻繁な発生です。特に 1990 年代にはメキシコ通貨危機，欧州通貨危機，アジア通貨危機など大規模な通貨危機が相次いで発生し，世界経済に大きな影響を与えました。この節では通貨危機が発生するメカニズムについて説明します。

　通貨危機とは，固定相場制を採用する国の通貨が，世界の投機家達による突然の投機攻撃（急激で大量の自国通貨売り外国通貨買い）に襲われ，通貨当局が公定レート維持のため為替介入を行っても，最終的には外貨準備が底をつき固定相場制を放棄し，変動相場制への移行を余儀なくされる現象を指します。

　図表 10-10 は上段で外国為替市場における外貨の需要と供給，下段で投機攻撃に為替介入で対抗した場合の外貨準備の時間的変化を表しています。投機家達が外国為替市場で自国通貨売り外貨買いを行うと，図表 10-10 では DD_1 から DD_2 へと外貨の需要曲線が右シフトします。これに対し通貨当局が公定レート S_{fix} を維持するために，自国通貨買い外貨売り介入を行うと，DS_1 から DS_2 へ外貨の供給曲線が右シフトし，図表 10-10 下段で示されているように，通貨当局が保有する外貨準備が $X_2 - X_1$ 分だけ減少します。さらに投機家達が自国通貨売り外貨買いを続け，DD_2 から DD_3 へ外貨の需要曲線が右シフトすると，通貨当局が公定レート維持に必要な介入量は $X_3 - X_2$ 分になりますが，外貨準備量の減少が外貨準備の下限 R_{min} を超えてしまい，T 時点で固定相場制の維持を放棄せざるを得なくなります。最終的な均衡は，通貨当局の保有する外貨準備の下限に対応する DS_2 と DD_3 の交点 E_3 となり，公定レート S_{fix} から S_{flex} への為替レートの変化（自国通貨の減価）を引き起こします。投機家にとっては，購入した外貨の価値が上昇するので $S_{flex} - S_{fix}$ の分だけ利益を獲得します。

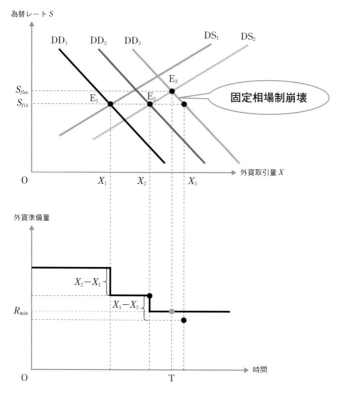

図表10-10　固定相場制の崩壊と外国為替市場

■ 通貨危機の原因

　通貨危機は，固定相場制度を採用する国において，ある時点で大規模な投機攻撃が発生することによって生じますが，それではなぜ大規模な投機攻撃が発生するのでしょうか。第一の可能性としては，その国のファンダメンタルズと公定レートが両立しないような水準にあり，外貨準備が継続して減少し続けている場合です。

　具体例としては，継続的な財政赤字を支えるために大量の公債を発行し続け，結果として累積債務が膨らんだ1990年代前半のラテンアメリカが挙げられます。大量の公債発行は公債価格を急低下させますが，それを防ぐため

に通貨当局が公債を購入すると，貨幣供給量が増加します[18]。貨幣供給量の増加は，長期的には物価の上昇が予想され，購買力平価説から実勢レートには減価圧力がかかります。このとき，通貨当局は公定レートと実勢レートを一致させるために外国為替市場で自国通貨買い外貨売り介入を持続的に行うと，通貨当局が保有する外貨準備は減少し続けてしまいます。外国為替市場の参加者は将来確実にこの国の外貨準備が枯渇し，公定レートの維持が不可能になることを予想します。そのため，ある時点で確実に投機攻撃が起こると考えられます[19]。

　第二の可能性は自己実現的な通貨危機です。ファンダメンタルズ以外の要因であっても，近い将来に公定レートが切り下げられるなら，市場参加者は現在時点で自国通貨売り外貨買いをすることで利益を得られます[20]。多数の市場参加者がこうした切下げ予想を持った場合，比較的豊富な外貨準備量を保有している国であっても，市場参加者が通貨の売買益を目的に一斉に集団的な投機攻撃を行うと，投資家の切下げ予想が自己実現し，最終的に固定相場が崩壊してしまう場合があります[21]。自己実現的な通貨危機の例としては，1990年代前半の欧州通貨危機が挙げられます。

18　**第4講**で説明したように，債券の供給量の増加は債券価格を低下させます。

19　このように，ファンダメンタルズの悪化によって通貨危機が発生するメカニズムは，通貨危機の「第一世代モデル」と呼ばれます。

20　例えば，現在の政府の経済政策が固定相場の維持と整合的なものであっても，自国の景気を著しく悪化させるような場合，近い将来の政策変更と為替レート減価が予想されることが考えられます。

21　このようにファンダメンタルズの悪化によらず，投資家の自己実現的な予想によって発生する通貨危機は「第二世代モデル」と呼ばれます。通貨危機の理論モデルについては，藤井（2013）10章や小川・岡野（2016）11章などを参照してください。

コラム　アジア通貨危機

　1980年代から高い成長を実現し，新興経済として注目されていた東アジア諸国を襲ったのが1997年のアジア通貨危機です。当時，東アジアでは為替相場制度として固定相場制を採用するのが一般的でした。しかし，1997年に突如として始まった投機攻撃を受けたタイは，7月には最終的に自国通貨バーツとUSドルの固定相場を放棄せざるを得なくなり変動相場制への移行を余儀なくされました。これをきっかけに周辺諸国にも次々と投機攻撃が伝播し，複数のアジア諸国が固定相場崩壊に追い込まれ，特にタイ，インドネシア，韓国などは深刻な経済危機へと発展してしまいました。

　1992年に発生した欧州通貨危機で，固定相場制を離脱したイギリスは，危機後に景気が急回復するなど，経済への影響はそれほど大きくなかったとされています。それではなぜアジア通貨危機によって，アジア諸国は深刻な経済危機に遭遇したのでしょうか。

　その大きな理由の一つは，通貨危機と同時に各国で発生した金融危機にあります。タイの場合，通貨危機に先立つ1993年にバンコクにオフショア市場（BIBF）が開設されました[22]。好景気で資金需要が旺盛だったタイでは，金融機関（特にノンバンク）が，オフショア市場からドル建ての短期資金を多額に借り入れ，バーツ建てで民間企業に長期で貸出を行う動きが広がっていました。

　このような通貨と満期がマッチしない金融取引は，後述するように，為替レートが変化したときに極めてリスクが高いものとなりますが，当時のタイ政府が固定相場制を採用していたため，企業や金融機関のリスク感覚を麻痺させていたと指摘されています。

　いったん通貨危機が発生し固定相場制が崩壊すると，ドルに対してバーツが急激に減価します。バーツの減価は，タイの金融機関の債務価値（ドル建て）を上昇させ，債権価値（バーツ建て）を低下させます。これにより債務超過に陥った多くの金融機関が破綻する金融危機を引き起こしました。この金融危機は，海外投資家のタイ経済に対する見通しを一層悪化させることになり，海外からタイのオフショア市場に流れこんでいた短期資金が急激に引き上げられました。その結果，オフショア市場で短期資金を借り入れて，国内に長期貸出を行っていたタイの金融機関は，短期資金の借り換えが不可能となったため，流動性不足に陥り破綻に追い込まれ，それがさらにバーツの減価を促進するという悪循環に陥りました。

　このように通貨危機と金融危機が相互に作用する危機を「双子の危機」（Twin Crisis）と呼びます。他にアジア通貨危機で深刻なダメージを受けたインドネシアや韓国でも細部は異なりますが，同様のメカニズムが働きました。

22　オフショア市場とは非居住者が自由に資金調達，運用を行うことができ，金融，税制面で規制が撤廃，ないし緩和された市場のことです。

10.6　ま と め--

　本講では各国が採用している様々な為替相場制度や，通貨当局が為替介入によって為替レートに影響を与えるメカニズムについて説明しました。そこで明らかになったのは為替介入が貨幣市場，ひいては金融政策と深い関わりがあるということです。このことは，**第13講**で説明する国際金融のトリレンマの議論で見るように，各国がどの為替相場制度を採用するか選択する際にも大きな影響を与えます。

　また，固定相場制に内在する問題として通貨危機についても説明しました。通貨危機を避ける上で重要なのは，通貨当局によって公定レートが維持可能であるという市場参加者の信頼を得ることと，固定相場制と整合的な経済政策を実行することです。しかし，こうした政策が国内の経済目標（雇用や経済成長）と一致しない場合は，やはり長期的な固定相場制度の維持は困難であると言えるでしょう。

■ **Active Learning**

《理解度チェック》・・
　□1　様々な為替相場制度を分類する一般的な基準は何でしょうか？
　□2　為替介入が貨幣市場に与える影響について説明してください。
　□3　不胎化介入が民間投資家のポートフォリオ・バランスに与える影響について説明してください。
　□4　通貨危機とはどのような現象か説明してください。

《調べてみよう》・・
　[1]　日本の為替介入の実務責任者（財務官）の中には回顧録などで自らの介入のあり方について振り返っている人がいます。これらを使って過去の介入の現場について調べてみましょう。
　[2]　過去の様々な通貨危機について調べ，それぞれの危機がどのような要因で発生したのか比較してみましょう。

《Discussion》 ···

　アメリカは各国の為替介入に対し，為替操作によって自国の輸出を有利しアメリカ経済に損害を与えている，と主張することがあります。この主張はどの程度妥当でしょうか？

文献紹介

- 伊藤隆敏（2003）「日本の為替介入の分析」『経済研究』，54 巻 2 号，97-113.
- 小川英治・岡野衛士（2016）『国際金融』東洋経済新報社
- 永易淳・江阪太郎・吉田裕司（2015）『はじめて学ぶ国際金融』有斐閣
- 藤井英次（2013）『コア・テキスト国際金融論　第 2 版』新世社
- 渡辺努・藪友良（2010）「量的緩和期の外為介入」『フィナンシャルレビュー』，財務省財務総合政策研究所，第 99 号，97-114.

第 III 部
開放マクロ経済政策

第11講
閉鎖経済下のマクロ経済政策
：IS–LM モデル

■第3講では，貨幣が存在しないマクロ経済モデルの下で，閉鎖経済と開放経済の両方における国民所得と経常収支の決定や財政政策の効果を分析しました。また第4講では貨幣とは何かについて考え，貨幣市場について学びました。

　本講では，貨幣が存在する経済モデルを想定し，閉鎖経済の下での財政政策や金融政策を説明します。これはマクロ経済学では IS–LM モデルとしてよく知られた分析です。なお本講を通して，物価を一定とした短期を想定しています。

11.1 　財市場の均衡：IS 曲線の導出 --------------

　貨幣が存在する経済モデルでは，第3講で学んだ財市場の均衡はどのように変更されるのでしょうか。ここでは第3講と同様に，国内に家計，企業，政府の3種類の経済主体が存在し，外国部門は存在しない閉鎖経済を仮定します。このような仮定の下で，一国の総需要 Y^d は，

$$Y^d = C + I + G \tag{11.1}$$

となります。(11.1) 式は第3講の (3.1) 式と同じで，一国の総需要は，民間消費 C，民間投資 I，政府支出 G で構成されていることを示しています。

　貨幣の存在を仮定すると，金利がモデルに導入され，(11.1) 式の右辺の3つの構成要素のうち民間投資 I にだけ影響を与えます。一般に企業が投資を行うとき，投資に必要な資金を銀行から借り入れる（あるいは債券や株式を

発行する）ことによって調達します。そのため金利が上昇すると，借入の利払い（資金調達コスト）が増加するので，企業は投資を控えるようになります。逆に金利が下がると，資金調達コストが低下するため企業が活発に投資を行うと考えられます。したがって，**第３講**では外生的に（独立投資として）扱われてきた民間投資は，ここでは次のように変更されます。

$$I=I(i) \qquad \frac{\Delta I}{\Delta i}<0 \qquad (11.2)$$

（11.2）式の $I=I(i)$ は，民間投資 I が金利 i の関数であることを表し，また $\frac{\Delta I}{\Delta i}<0$ は，民間投資 I を金利 i で微分すると負になることを表しています。したがって（11.2）式は全体で，民間投資 I は金利 i の減少関数である，つまり金利が上がると民間投資は減少し，逆に金利が下がると民間投資は増加することを意味します[1]。

その他のモデル設定は，**第３講**と同じ枠組みとします。すなわち民間消費は（3.5）式のケインズ型消費関数，政府支出は外生的に与えられるものとし，また総供給 Y^s は，国民所得 Y と等しくなります。すなわち，

$$Y^s=Y \qquad (11.3)$$

です。一国の総需要と総供給が等しいとする均衡条件は，

$$Y^d=Y^s \qquad (11.4)$$

なので，貨幣が存在することを前提とした財市場の均衡は，(11.1) 式，(11.2) 式，(11.3) および (11.4) 式から，次のようになります。

$$Y=C+I(i)+G \qquad \frac{\Delta I}{\Delta i}<0 \qquad (11.5)$$

（11.5）式は，国民所得 Y が民間消費 C，民間投資 I，政府支出 G の和で構成され，また国民所得と金利 i の間には負の関係があることを表しています（本講末の**補論**参照）。つまり財市場の均衡では，金利が上昇すると国民所得が減少し，金利が下落すると国民所得が増加することを示しています。

---

1 本講では物価一定を仮定しているので，金利は名目も実質も一致していますが，正確には投資は実質利子率の減少関数となります。

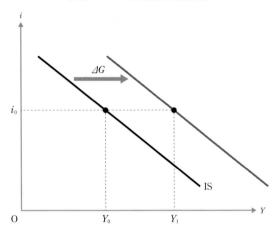

図表 11-1　IS 曲線と財政政策

　この（11.5）式を，縦軸に金利，横軸に国民所得をとったグラフに描くと，図表 11-1 のような右下がりの曲線が描けます。これは IS 曲線と呼ばれ，「財市場を均衡させる金利と国民所得の組み合わせの軌跡」と定義されます。したがって IS 曲線上のどの点をとっても財市場が均衡しています。しかしながら，IS 曲線上以外の領域では財市場は不均衡の状態にあります。例えば IS 曲線の右側の領域では，総供給が総需要を上回っている超過供給状態にあります。なぜなら，IS 曲線の右側の領域に一致する国民所得は，所与の金利の下で均衡する国民所得（つまり IS 曲線上の国民所得）よりも高い状態にあるので，$Y > C + I(i) + G$ となるからです[2]。同様に IS 曲線の左側の領域では，財市場は超過需要状態にあることがわかります。

　ここで政府が拡張的財政政策，つまり政府支出 G を増加させる政策を実行した場合，IS 曲線はどうなるか考えてみましょう。金利の水準など他の条件を一定とすると，政府が G を増加させると総需要が増加し，それに見

2　（11.5）式の左辺は総供給，右辺は総需要を示しています。またこの領域では所与の国民所得の下で均衡する金利よりも高い金利にあるため投資が小さく，したがって $Y > C + I(i) + G$ となっているとも考えることができます。

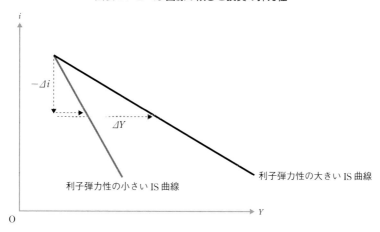

図表 11-2　IS 曲線の傾きと投資の弾力性

合うように産出量と国民所得が増加します。つまり同じ金利水準であっても国民所得は増加するので，IS 曲線は右方向（あるいは上方）にシフトします。同様に考えると，政府が緊縮的財政政策，つまり政府支出 G を減少させる政策を実行すると，IS 曲線は左方向（あるいは下方）にシフトすることがわかります。

　今度は IS 曲線の傾きについて考えてみましょう。IS 曲線の傾きは，金利が 1 単位下落したときに Y が何単位増加するかで決まります。(11.5) 式を見ると，金利が影響するのは右辺の中で投資関数 I だけであるのがわかるでしょう。つまり金利が下がると投資が増加して，国民所得が増加します。金利が下がったときに投資がどのくらい増加するのかを投資の利子（金利）弾力性と呼びますが，IS 曲線の傾きの大きさはこの投資の利子弾力性に依存します[3]。例えば，投資の利子弾力性が大きいとき，金利の 1 単位の下落に対して投資が大きく増加するので，(11.5) 式を通じて国民所得も大きく増加します。したがって IS 曲線の傾きは（絶対値で）小さくなり水平に近くなります（図表 11-2 参照）。他方，投資の利子弾力性が小さいときは，IS 曲線の

3　正確には，投資の利子弾力性とは，金利が 1%変化したときに投資が何%変化するかで定義されます。

傾きは（絶対値で）大きくなり垂直に近くなります（図表11-2参照）。

11.2　貨幣市場の均衡：LM曲線の導出----------

第4講で学んだように，貨幣市場の均衡条件は次の式で表されます。

$$\frac{\overline{M}}{P} = L(Y, i) \qquad \frac{\Delta L}{\Delta Y} > 0, \frac{\Delta L}{\Delta i} < 0 \qquad (11.6)$$

（11.6）式の左辺は実質貨幣供給（あるいは実質貨幣残高），右辺は貨幣需要（関数）でした。この式をIS曲線と同様に，縦軸に金利 i，横軸に国民所得 Y を測って描くと，図表11-3のように右上がりの曲線となります。（11.6）式は，左辺が実質貨幣供給一定を意味するので，貨幣市場の均衡を保つためには右辺の貨幣需要も一定に保つ必要があります[4]。ここで右辺を考えると，国民所得が増加すると貨幣保有の取引動機により貨幣需要が増加するので，貨幣需要を一定に保つためには，今度は貨幣保有の資産動機によって金利が上がって貨幣需要が低下するはずです。したがって，国民所得と金利は正の相関関係になるので，右上がりの曲線になるというわけです。図表11-3に描かれた曲線はLM曲線と呼ばれ，「貨幣市場を均衡させる国民所得と金利の組み合わせの軌跡」と定義されます。したがって，LM曲線上の点はどの点をとっても貨幣市場が均衡しています。

それではLM曲線上の点以外の領域ではどうなっているか考えてみましょう。もちろんそれは，貨幣市場の需給不一致つまり不均衡が生じていることになります。例えばLM曲線の右側の領域では，貨幣市場が均衡するより国民所得が高い水準にあります。つまり $\frac{M}{P} < L(Y, i)$ となっていて，貨幣需要が所与の貨幣供給を上回っているので，貨幣市場の超過需要状態にあります。LM曲線の左側の領域ではその逆の状態，$\frac{M}{P} > L(Y, i)$ すなわち貨幣市場の超過供給状態が生じています。

ここで通貨当局が拡張的金融政策つまり貨幣供給量 M を増加させる政策

4　ここでは短期を仮定しているので，物価 P も一定であることに注意してください。

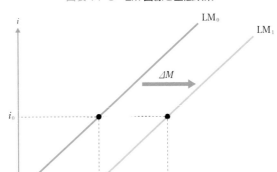

図表 11-3　LM 曲線と金融政策

を実行したとしましょう。物価 P が一定の短期においては，通貨当局が貨幣供給量を増加させると，それに応じて貨幣需要が国民所得の増加あるいは金利の低下によって増加することで貨幣市場の均衡が保たれます。つまり通貨当局による拡張的金融政策は，所与の金利の下では国民所得が上昇，あるいは所与の国民所得の下では金利が低下するので，LM 曲線は下（右）方にシフトすることになります。逆に通貨当局が貨幣供給量を縮小させた場合，LM 曲線は上（左）方にシフトします。

　LM 曲線の傾きは右上がりですが，その傾きの大きさは貨幣市場の均衡を示す（11.6）式の右辺つまり貨幣需要関数に関係しています。つまり，国民所得が 1％増加したとき，貨幣需要が何％増加するかを貨幣需要の所得弾力性，利子率が 1％増加したとき，貨幣需要が何％減少するのかを貨幣需要の利子（金利）弾力性と呼びますが，この 2 つに弾力性に依存して LM 曲線の傾きの大きさが決まります。LM 曲線を表す（11.6）式によると，貨幣供給量は一定なので，例えば，金利が 1％上昇すると貨幣需要が 10％減少すると仮定すると，その貨幣需要量の減少分 10％を相殺するように国民所得が増加するはずです。貨幣需要の所得弾力性が大きいとき，国民所得の相対的に少ない

⑴ 貨幣需要の所得弾力性とLM曲線

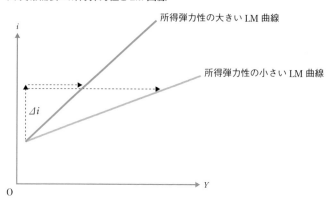

⑵ 貨幣需要の利子弾力性とLM曲線の傾き

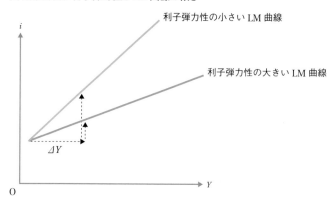

増加によって貨幣需要を 10％増加させることができます。すなわち貨幣需要の所得弾力性が大きいとき，LM 曲線の傾きは大きくなります。逆に貨幣需要の所得弾力性が小さいときは，LM 曲線の傾きは小さくなります。同じような考え方で，国民所得が 1％上昇すると貨幣需要が 10％増加するとします。この貨幣需要の増加分 10％を相殺するためには，金利は上昇しなければなりません。貨幣需要の利子弾力性が大きい場合，金利が相対的に少し上昇しただけで大きく貨幣需要が減少するので，LM 曲線の傾きは小さくなり

ます。他方，貨幣需要の利子弾力性が小さい場合は，LM 曲線の傾きは大きくなります（図表 11-4 参照）。

11.3　IS–LM モデルによる財政政策の効果……

　本節では，財市場と貨幣市場が同時に均衡する国民所得と金利はどのような水準になるのかを IS-LM モデルを用いて考えてみましょう。またこの IS-LM モデルを用いて財政政策の効果を分析してみます。

　図表 11-5 では，前節までと同様に，縦軸に金利，横軸に国民所得を測って，IS 曲線と LM 曲線を描いています。IS 曲線と LM 曲線の交点 A は，貨幣市場と財市場が同時に均衡する点を意味し，この均衡点に対応する国民所得 Y^* を均衡国民所得，利子率 i^* を均衡金利と呼びます。

　ここで，政府が拡張的財政政策すなわち政府支出の増加を行ったとします。これは図表 11-6 で示されていますが，前節で説明したように，政府支出の増加 ΔG は IS 曲線を右（あるいは上）へシフトさせるので，新しい均衡点は

図表 11-5　IS 曲線と LM 曲線の同時均衡

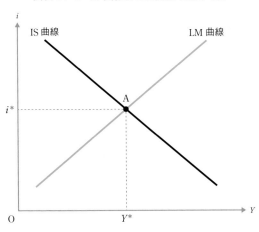

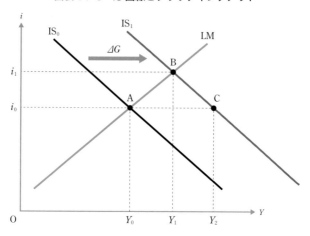

図表11-6　IS曲線とクラウディングアウト

Bとなります。このB点では，均衡国民所得がY_0からY_1へ増加し，均衡金利もi_0からi_1へと上昇しています。この均衡金利の上昇は何を意味しているのでしょうか。もしも均衡金利が上昇しなければ，政府支出の増加ΔGはIS曲線の右シフトによって，C点で財市場だけ均衡します。しかしC点は，貨幣市場では超過需要状態となっていて貨幣市場では均衡していません。財市場と貨幣市場が同時に均衡を達成するためには，金利の上昇によってB点まで貨幣需要が減少する必要があります。すなわち，政府支出の増加の純粋な国民所得の増加分はY_2-Y_0ですが，金利の上昇によって民間投資が減少し，国民所得はY_2-Y_1まで減少してしまいます[5]。これは政府支出のクラウディングアウト（押しのけ）効果と呼ばれます。政府支出が民間投資をどのくらいクラウディングアウトするのかは，LM曲線の傾きに依存します。もしも貨幣需要の利子弾力性がとても大きくLM曲線の傾きが水平に近いようなら，クラウディングアウト効果はとても小さいので，拡張的財政政策は

5　政府支出の増加が，均衡では金利の上昇を招く理由についてもう少し説明しましょう。政府が政府支出を増加させるために，その財源として国債（国の借金）を大量に発行するとします。国債市場では国債の供給量が増加するため，債券価格は下落します。債券価格の下落は金利を上昇させます。債券価格と金利の関係は，**第4講**を参照してください。

非常に有効になると考えられます。

　均衡国民所得は，必ずしも完全雇用国民所得と一致しているとは限りません。完全雇用国民所得とは，遊休設備や失業が存在しない国民所得水準を意味するので，たとえ財市場と貨幣市場が同時に均衡していても，均衡国民所得が完全雇用国民所得を下回る場合は失業が存在しています。このような場合，政府は拡張的財政政策によって，均衡国民所得を完全雇用国民所得に近づけようとします。完全雇用国民所得を達成するための拡張的財政政策については，講末の **Active Learning** を参照してください。

11.4 IS–LM モデルによる金融緩和政策------の効果

　次に，通貨当局が金融緩和政策を発動した場合について IS-LM 分析を用いて考えてみましょう。図表 11-7 において，当初経済が均衡点 A にあり，完全雇用国民所得は Y^F の水準であったとしましょう。このとき通貨当局は，失業を解消し完全雇用を達成するために貨幣供給量を増加させたとします。

図表 11-7　**LM 曲線と拡張的金融政策**

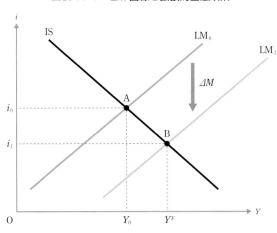

これによって LM 曲線は下方（あるいは右）にシフトし，新しい均衡は IS 曲線と LM_1 曲線の交点である B 点となり，完全雇用国民所得が達成されます。このとき，均衡金利は i_0 から i_1 まで下落しますが，金利が下がることによって民間投資が増加するので，結果として国民所得が増加します。

　同じ規模の金融緩和政策であっても，国民所得がどの程度増加するのかは IS 曲線の傾きにも依存します。投資の利子弾力性が大きい場合，IS 曲線の傾きも（絶対値で）小さくより水平になるので，金融緩和政策の効果も大きくなります。

11.5　ま と め

　本講では，外国の存在を考慮しない閉鎖経済の下で，物価が硬直的な短期を仮定して財市場と貨幣市場の均衡を考えました。**第 3 講**との違いは，貨幣の存在を考慮することで金利が登場し，より現実に近い分析を行うことが可能になったところです。IS-LM 分析は，マクロ経済学の中で最も有用な分析ツールの一つなので，しっかり理解して次の講に進みましょう。

補論　閉鎖経済下の IS 曲線の傾き

　ここでは，閉鎖経済下の IS 曲線の傾きを求めます。(11.5) 式は

$$Y = C(Y) + I(i) + G \qquad 0 < \frac{\Delta C}{\Delta Y} < 1,\ \frac{\Delta I}{\Delta i} < 0 \qquad (11.\text{A})$$

であり，消費関数 $C(Y)$ と投資関数 $I(i)$ が一般型となっています。関数が一般型のままだと，全微分の知識がなければ国民所得 Y と金利 i の関係を明示するのが困難なので，これらの関数を特定化し，**第 3 講**で使用したケインズ型消費関数 (3.5) 式と投資関数 $I = -ai$（$a > 0$）とします。このように特定化した消費関数と投資関数を (11.A) 式に代入すると

$$Y = c_0 + c_1 Y - ai + G$$

となり，整理すると，

$$Y = \frac{-a}{1-c_1}i + \frac{1}{1-c_1}(c_0+G)$$

となります。つまり縦軸を i，横軸を Y としたとき，上式の傾き $\frac{-a}{1-c_1}$ が負であることがわかり，閉鎖経済下の IS 曲線が右下がりになることがわかります。

　関数が一般型のままでも全微分の知識があれば，IS 曲線の傾きを求めることができます。(11.A) 式を全微分すると，

$$\Delta Y = \frac{\partial C}{\partial Y}\Delta Y + \frac{\partial I}{\partial i}\Delta i + \Delta G$$

　今，Y と i の関係だけを見たいので，$\Delta G=0$ とおいて整理すると，

$$\left(1 - \frac{\partial C}{\partial Y}\right)\Delta Y = \frac{\partial I}{\partial i}\Delta i$$

$$\frac{\Delta Y}{\Delta i} = \frac{\dfrac{\partial I}{\partial i}}{1 - \dfrac{\partial C}{\partial Y}}$$

なので，仮定 $0 < \frac{\partial C}{\partial Y} < 1$ より右辺分母は正，分子は $\frac{\partial I}{\partial i} < 0$ なので，閉鎖経済下の IS 曲線の傾きは，

$$\frac{\Delta Y}{\Delta i} < 0$$

となり，関数を特定化したときと同様に負となります。

■ Active Learning

《理解度チェック》··

□ 1　閉鎖経済の下で，ある国の経済が $Y=C+I$，消費関数が $C=20+0.8Y$，投資関数 $I=100-10i$ で表されるとき，IS 曲線を導出しましょう。

□ 2　閉鎖経済の下で，貨幣供給関数 $M^s=30$，貨幣需要関数 $L=0.1Y-10i$ のとき，LM 曲線を導出しましょう。

□ 3　1 と 2 のとき，均衡国民所得水準と均衡金利を求めましょう。

□ 4　あるマクロ経済における IS-LM 曲線が次のように示されます。

　　　IS：　$Y=100-10i$
　　　LM：$Y=50+10i$

今，政府支出が 20 増加した場合，貨幣供給量が一定ならば均衡金利はどのようになるでしょうか。ただし物価は一定であるとします。

□ 5 　ある国の経済の財市場の均衡が $Y=C+I+G$，また消費関数が $C=40+0.8Y$，投資 $I=120-20i$，貨幣需要関数 $L=0.2Y-20i+90$，貨幣供給関数 $M^s=100$ で表されるとします。ここで政府支出を 10 単位増加させたとき，民間投資は，どれくらいクラウディングアウトされるでしょうか。

《調べてみよう》‥‥‥‥‥‥‥‥‥‥‥‥‥‥‥‥‥‥‥‥‥‥‥‥‥‥‥‥‥‥‥‥‥

[1]　拡張的財政政策の効果を 45 度線分析と IS-LM 分析で比較してみよう。

[2]　IS-LM 分析によって，投資の利子弾力性がゼロの場合と無限大の場合の金融緩和政策の効果を比べてみよう。

[3]　IS-LM 分析によって，貨幣需要の利子弾力性がゼロの場合と無限大の場合の拡張的財政政策の効果を比べてみよう。

《Discussion》‥‥‥‥‥‥‥‥‥‥‥‥‥‥‥‥‥‥‥‥‥‥‥‥‥‥‥‥‥‥‥‥‥‥

拡張的財政政策と金融緩和政策を同時に発動するポリシーミックスは，それぞれの政策を単独で発動する場合と比較して，国民所得や金利はどう変化するでしょうか。IS-LM 分析を用いて考えてみましょう。（ヒント：クラウディングアウト効果）

文献紹介

● 会田卓司・榊原可人（2017）『日本経済の新しい見方』きんざい
● 秋葉弘哉編著（2010）『国際経済学』ミネルヴァ書房
● 飯田泰之（2017）『経済学講義』筑摩書房

第12講
開放経済下のマクロ経済均衡
：マンデル=フレミングモデル

■開放経済下では，経済主体として，家計，企業，政府に加え外国部門が存在することになります。外国といっても，アメリカや中国やイギリスなど沢山あるだろうと思われるかもしれませんが，経済の基本モデルを考えるとき，外国一国一国を考えると複雑になりすぎるので，簡単化のために全ての外国をひとまとめにして「外国部門」として捉えます。

本講では，開放経済の下での財市場と貨幣市場，そして外国部門と自国の間の財・サービスおよび資本移動に相当する国際収支が同時に均衡する場合を考えてみましょう。この場合，IS-LM モデルを開放経済バージョンに拡張したマンデル=フレミングモデル（IS-LM–BP モデル）を用いて分析することは大変有用です[1]。本講では，このマンデル=フレミングモデルを解説します。

本講を通して，第11講と同様に物価が一定の短期，および小国開放経済（Small Open Economy）を仮定します。小国の仮定とは，自国の経済規模が世界全体と比較してとても小さく，したがって自国が外国の財・サービス市場や資産市場で売買を行っても，外国の物価や金利などに全く影響を与えないというものです[2]。

---

[1] マンデル=フレミングモデルとは，Mundell（1963）と Fleming（1962）によって提案されました。
[2] その逆は，大国の仮定と呼ばれます。小国の仮定を置くことは，外国金利を外生変数として取り扱うことができるので，一種の簡単化の仮定でもあります。

■ 開放経済下の財市場均衡

開放経済下の財市場の均衡を考えるとき，自国と外国との間の財の移動つまり外国貿易を考慮する必要が出てきます。**第3講**でも外国貿易が存在する開放経済の下での財市場の均衡について説明を行いましたが，本節でも，開放経済下の財市場の均衡は同じ式で表されます。

$$Y = C + I + G + EX - IM \tag{12.1}$$

(12.1) 式の Y は国民所得，C は家計消費，I は民間投資，G は政府支出，EX は輸出，IM は輸入です。

さて本講では，開放経済下でかつ貨幣の存在も考慮します。貨幣が存在する場合，**第11講**で説明したとおり，財市場でも金利の影響を考慮する必要があります。すなわち本節の投資関数は，(11.2) 式と同じで次のようになります。

$$I = I(i) \qquad \frac{\Delta I}{\Delta i} < 0 \tag{12.2}$$

繰り返しになりますが，I は民間投資，i は利子率で，(12.2) 式の $\frac{\Delta I}{\Delta i} < 0$ は，金利が上がると民間投資が減少することを意味しています。

さらに開放経済下で貨幣の存在を考慮すると，自国の貨幣と同様に外国の貨幣も考慮する必要が出てきます。自国の財市場では，自国の貨幣と外国の貨幣の交換比率である為替レートが，輸出と輸入に影響を与えます。ここでは輸出関数と輸入関数を，それぞれ

$$EX = EX(Y^f, S) \qquad \frac{\Delta EX}{\Delta Y^f} > 0, \frac{\Delta EX}{\Delta S} > 0 \tag{12.3}$$

$$IM = IM(Y, S) \qquad \frac{\Delta IM}{\Delta Y} > 0, \frac{\Delta IM}{\Delta S} < 0 \tag{12.4}$$

と仮定しましょう。輸出関数 (12.3) 式の Y^f は外国の国民所得，S は為替レートです。また $\frac{\Delta EX}{\Delta Y^f} > 0$ は，外国の国民所得が増加すると輸出が増加す

ることを意味しています。もう少し詳しく説明すると，これは外国の国民所得が増加すると自国の財に対する需要も増加するので，輸出（自国財の外国の需要）が増加するからです。$\frac{\Delta EX}{\Delta S}>0$ は，**第1講**でも説明したように，為替レートが上昇（減価）すると，輸出が増加することを意味しています。

輸入関数（12.4）式の Y は自国の国民所得です。$\frac{\Delta IM}{\Delta Y}>0$ は，**第3講3.2節**でも登場した限界輸入性向であり，自国の国民所得が増加すると輸入が増加することを，$\frac{\Delta IM}{\Delta S}<0$ は，為替レートが上昇（減価）すると輸入が減少することを意味します。（12.3）式と（12.4）式を，**第3講**で学んだ貨幣の存在を考慮しない財市場の輸出関数（3.15）式や輸入関数（3.16）式と比較してみましょう。

ここで経常収支を CA とおくと，（12.3）式と（12.4）式から

$$\begin{aligned} CA &= EX(Y^f, S) - IM(Y, S) \\ &= CA(Y^f, Y, S) \end{aligned} \tag{12.5}$$

となり，（12.5）式の符号条件は次のようになります。

$$\frac{\Delta CA}{\Delta Y^f}>0, \ \frac{\Delta CA}{\Delta Y}<0, \ \frac{\Delta CA}{\Delta S}>0$$

つまり上式は，外国の所得が増加すると経常収支は増加し，自国の所得が増加すると経常収支は減少し，マーシャル＝ラーナー条件が成立しているとすれば，為替レートが上昇（減価）すると経常収支は増加することを示しています[3]。

以上をまとめると，貨幣の存在を考慮した開放経済下での財市場均衡は次のようになります。

$$Y = C(Y) + I(i) + G + CA(Y^f, Y, S)$$
$$0<\frac{\Delta C}{\Delta Y}<1, \ \frac{\Delta I}{\Delta i}<0, \ \frac{\Delta CA}{\Delta Y^f}>0, \ \frac{\Delta CA}{\Delta Y}<0, \ \frac{\Delta CA}{\Delta S}>0 \tag{12.6}$$

ここで（12.6）式を，縦軸に自国の利子率 i，横軸に自国の国民所得 Y をとると，**図表12-1** のように右下がりの曲線 IS が描けます。開放経済に拡

---

3 マーシャル＝ラーナー条件については，**第5講**を参照してください。

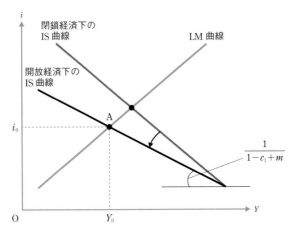

図表 12-1　IS 曲線と LM 曲線

張し輸出関数や輸入関数を導入しても，IS 曲線の傾きは閉鎖経済と同様に右下がりとなりますが，その傾きは閉鎖経済下の IS 曲線の傾きより限界輸入性向の分だけ小さくなるのが特徴です（本講末の**補論**参照）。

　IS 曲線は，為替レートが上昇（減価）した場合どうなるでしょうか。マーシャル=ラーナー条件を仮定すると，為替レートの上昇（減価）は経常収支 CA を改善させ，所与の自国利子率の下で国民所得は増加するので，IS 曲線は右にシフトすることになります。同様に為替レートが下落（増価）した場合は，左にシフトします。

■ 開放経済下の貨幣市場均衡

　次に開放経済下での貨幣市場の均衡について説明します。開放経済の場合でも，自国の貨幣市場の均衡は，**第 11 講**と同じで次の式で表せます。

$$\frac{\overline{M}}{P} = L(Y, i) \qquad \frac{\Delta L}{\Delta Y} > 0, \frac{\Delta L}{\Delta i} < 0 \qquad (12.7)$$

　この式を縦軸に利子率 i，横軸に自国の国民所得 Y をとると，図表 12-1 のように右上がりの LM 曲線が描けます[4]。

開放経済の場合，自国の投資家は外国の貨幣市場にもアクセスすることができます。これは次節で考えましょう。

12.2 国際収支と BP 曲線----------------------

■ 国際収支と資本移動

外国の存在を考慮にいれた開放経済モデルでは，自国の財・貨幣市場に加え，自国と外国との間の財・サービスの移動や資金の移動を考慮しなければなりません。これは**第2講**で学んだ国際収支 BP について考えることに他なりません。国際収支 BP は，

$$BP=CA-FA=0$$

であり，経常収支 CA と金融収支 FA の差として定義されます[5]。さらに，マーシャル=ラーナー条件が成立していることを仮定すると，

$$BP=CA(Y^f, Y, S)-FA=0 \quad \frac{\Delta CA}{\Delta Y^f}>0, \frac{\Delta CA}{\Delta Y}<0, \frac{\Delta CA}{\Delta S}>0 \quad (12.8)$$

となり，国際収支 BP が均衡状態にあるとき，（12.8）式は常に成立すると考えられます。

ここで金融収支 FA について再度考えてみましょう。金融収支 FA は金融資産の国際間移動の状況を示したものですが，ここでは，海外から日本へ資金が流入すると（自国資産が流出）マイナス，日本から海外へ資金が流出すると（外国資産が流入）プラスになると考えましょう[6]。このような資金の流出入は，どのような経済変数によって生じるのかを次節で考えてみましょう。

■ BP 曲線（国際収支曲線）

第8講で詳しく説明したように，国境を超えて資金が移動するとき，投資

4　ここでは短期を仮定しているので，物価 P も一定であることに注意してください。
5　ここでは資本移転等収支はゼロと仮定します。
6　ここでの金融収支の定義は，**第2講**の国際収支統計上の定義より狭いものとなっています。

家は自国で資産運用した場合の収益率（自国金利）i と，外国で運用した場合の（予想）収益率 R_f,

$$R_f = i^f + \frac{S_{t+1}^e - S_t}{S_t}$$

を比較し，収益の高い方に投資します。ここでの i^f は外国金利，S_{t+1}^e は将来の予想直物為替レート，S_t は現在の直物為替レート，$\frac{S_{t+1}^e - S_t}{S_t}$ は予想為替レート変化率を示しています。

　もしも自国金利が外国の予想収益率よりも高いとき，すなわち $i > R_f$ の場合は，外国よりも自国で資産を運用した方が儲かると予想されるので，世界の資金が自国に流入（自国資産が流出）するので金融収支 FA は減少します。同様に自国金利が外国金利よりも低くなった場合，すなわち $i < R_f$ のとき，自国の資金は外国へ流出（外国資産が流入）するので FA は増加します。つまり，外国の予想収益率 R_f を固定して考えると，金融収支 FA は自国金利 i に依存して決まり，i が上昇すると FA も減少し，i が低下すると FA も増加すると考えられます。このことを式で表すと，

$$FA = FA(i - \overline{R}_f) \qquad \frac{\Delta FA}{\Delta i} < 0 \qquad\qquad (12.9)$$

となります。したがって国際収支を表す（12.8）式は，（12.9）式を考慮すると

$$BP = CA(Y^f, Y, S) - FA(i - \overline{R}_f) = 0$$
$$\frac{\Delta CA}{\Delta Y^f} > 0, \ \frac{\Delta CA}{\Delta Y} < 0, \ \frac{\Delta CA}{\Delta S} > 0, \ \frac{\Delta FA}{\Delta i} < 0 \qquad (12.10)$$

であることがわかります。ここで（12.10）式が常に成立する自国金利 i と自国の国民所得 Y について考えてみましょう。

　（12.10）式において，外国の国民所得 Y^f，為替レート S，外国の予想収益率 R_f を所与とした場合，自国金利 i が上昇すると FA が減少しますが，（12.10）式を満たすためには，自国の国民所得 Y が減少して経常収支 CA が減少する必要があります。すなわち，自国金利 i と国民所得 Y の間には正の相関が存在することがわかります。つまり（12.10）式は，国際収支 BP が均衡状態にあるときの自国金利 i と国民所得 Y の組み合わせを示しています。

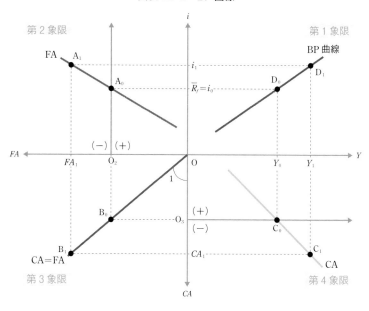

図表 12-2　BP 曲線

　上記は，図表を使っても説明できます。図表 12-2 の第 2 象限には，縦軸に自国金利 i，横軸に金融収支 FA をとり，(12.9) 式を FA 曲線として表しています。ここでは横軸（FA 軸）上に金融収支が 0 となるような原点 O_2 をとると，FA 曲線が，原点 O_2 で外国の予想収益率 $\overline{R}_f$ と交差します。なぜなら，自国金利が $\overline{R}_f$ に等しいとき，資本流入と資本流出も等しくなるので，金融収支は 0 となるからです。また第 3 象限には，(12.10) 式から経常収支 CA が金融収支 FA に等しいことを示した傾き 1 の直線，第 4 象限には (12.10) 式から経常収支 CA が自国の所得 Y の減少関数であることを示しています。

　ここで例えば，自国金利 i_0 が外国の予想収益率 $\overline{R}_f$ に等しいときの金融収支の水準は，図表 12-2 の第 2 象限で i_0（$=\overline{R}_f$）と FA 曲線が一致する交点 A_0 で決まりゼロとなります。この金融収支の水準がゼロとなるときの経常収支の水準は，第 3 象限で $CA=FA$ 上にある B_0 点で表すことができゼロと

なります。経常収支がゼロとなる自国の国民所得は，第4象限の CA 曲線上の C_0 点に対応して Y_0 で決まり，この Y_0 と i_0 の組み合わせは，第1象限の D_0 点となります。

　同様に自国金利が i_1（外国の予想収益率 $\overline{R_f}$ より高い）のときは，第2象限の FA 曲線上の A_1 点がそれに対応し，金融収支 FA_1（<0）となることがわかります。第3象限では $CA = FA$ 上の B_1 点で FA_1 に等しい経常収支が CA_1（<0）になることがわかり，この CA_1 に対応する自国国民所得は，第4象限で Y_1 となり，この Y_1 と i_1 の組み合わせは，第1象限の D_1 点で表すことができます。

　最後に第1象限で D_0 点と D_1 点をつなぐと，右上がりの曲線が描けますが，この右上がり曲線は BP（Balance of Payment：国際収支）曲線と呼ばれ，国際収支が均衡状態にあるとき，自国金利と自国の国民所得の間に正の相関があることを表しています。

■ 完全資金移動と BP 曲線

　前節では資本移動について特別な仮定を設けていませんでしたが，本節では海外との資本取引に規制や制約が全く存在せず，資本が自由に国境を越えて移動する完全資金（資本）移動を仮定してみましょう[7]。完全資金移動の場合，BP 曲線はどのようになるでしょうか。

　資金移動が完全な場合，自国金利が外国の予想収益率より少しでも高くなると（$i > R_f$ のとき），世界中のお金は一方的に自国に大量流入し，逆に自国金利が外国の予想収益率より少しでも低くなると（$i < R_f$ のとき），自国の資金は外国に一斉に流出します。このように資金移動が完全な場合，内外収益率格差 $i - R_f$ に敏感に反応し，最終的には $i = R_f$，すなわち**第8講**で説明されたカバーなし金利裁定式（UIP），

$$i - i^f = \frac{S_{t+1}^e - S_t}{S_t} \tag{12.11}$$

7　国際間の資本移動の規制とは，ある国の投資家が他国の資本（株式や債券など）の取引を行う際に政府の許可や政府への届出が必要となったり，あるいは取引額に一定の上限がかかることを言います。完全資本移動については，**第8講8.2節**も参照してください。

図表 12-3　完全資金移動の場合の BP 曲線

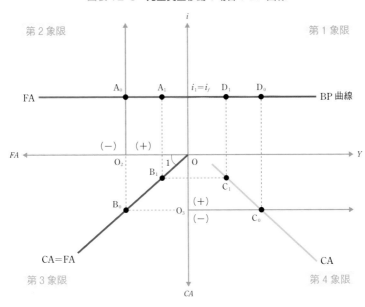

が成立します[8]。

　ここでは簡単化のために，将来の為替レートに対して静学的期待を仮定しましょう。静学的期待とは，将来の為替レート S_{t+1}^e は現在の為替レート S_t と等しい，すなわち投資家が $S_{t+1}^e = S_t$ と予想することを言います。この静学的期待を仮定すると，（12.11）式は，

$$i = i^f \tag{12.12}$$

となります。

　以上をまとめると，小国開放経済の下で，完全資金移動かつ将来の為替レートに静学的期待を仮定すると，自国の金利は外国の金利と等しくなります[9]。よって（12.10）式は，

8　カバーなしの金利裁定式が成立するとき，内外資産の完全代替が仮定されています。また内外収益率格差に反応して資本が移動する程度を資本移動の感応度といいます。

$$BP = CA(Y^f, Y, S) - FA(i^f) = 0$$

$$\frac{\Delta CA}{\Delta Y^f} > 0, \ \frac{\Delta CA}{\Delta Y} < 0, \ \frac{\Delta CA}{\Delta S} > 0, \ \frac{\Delta FA}{\Delta i^f} < 0 \tag{12.13}$$

となり，BP曲線は，図表12-3の第1象限（i-Y平面）のように，外国金利 i^f で横軸に水平の直線となります[10]。

12.3 マンデル＝フレミングモデル--------------
：財・貨幣市場，国際収支の同時均衡

　前節までで，小国開放マクロ経済下の財市場の均衡，貨幣市場の均衡，国際収支を別々に説明しました。本節では，これら3つの市場が同時に均衡するマンデル＝フレミング（IS-LM-BP）モデルを紹介します。

$$Y = C(Y) + I(i) + G + CA(Y^f, Y, S) \tag{12.6}$$

$$\frac{\overline{M}}{P} = L(Y, i) \tag{12.7}$$

$$i = i^f \tag{12.12}$$

　（12.6）は財市場の均衡，（12.7）式は貨幣市場の均衡，（12.12）式は完全資本移動および静学的期待を仮定した場合の国際収支の均衡を表しています。小国開放マクロ経済が均衡する自国の金利，国民所得および為替レートの組み合わせは，上記3つの式を連立方程式で求めることで得られます。

　図表12-4には，縦軸 i，横軸に国民所得をとり，IS曲線を表す（12.6）式，LM曲線を表す（12.7）式，およびBP曲線を表す（12.12）式を表しています。この3つの曲線の交点Aが小国開放マクロ経済の同時均衡点であり，A点に対応する i_0 が均衡利子率，Y_0 が均衡国民所得になります[11]。閉鎖経済下のIS-LM分析とは異なり，小国開放経済下では自国金利はいつでも外国金利

9　このとき自国の金利は外生的になります。
10　前節のような右上がりのBP曲線は，資本移動が不完全なケースと言えます。資本移動が不完全な場合のBP曲線についてもっと詳しく知りたい人は，秋葉（2010）第5章を参照してください。

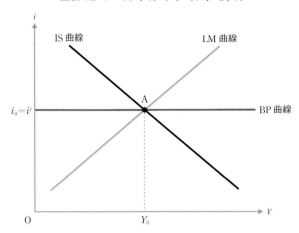

図表 12-4　マンデル=フレミングモデル

i^f によって決定されます。

12.4　ま と め

　本節では，物価が一定の短期的視野を仮定した小国開放経済下における財市場，貨幣市場および国際収支の同時均衡を考えるためにマンデル=フレミング（IS-LM-BP）モデルを解説しました。**第11講**で解説した閉鎖経済下の財市場と貨幣市場の同時均衡を分析する IS-LM モデルとの違いは，経常収支の存在によって IS 曲線の傾きが異なること，国際収支を表す BP 曲線が導入されたことです。しかしながら，この小国開放経済モデルを前提とすると，財政政策や金融政策の効果は，為替相場制度に依存した異なる結果を導き出します。

11　(12.6)，(12.7)，(12.11) 式からなる 3 本の連立方程式の解は i_0，Y_0 と S_0 ですが，図表 12-4 は i-Y 平面で表しているので，交点 A は 3 つの解のうち i_0 と Y_0 しか表すことができません。したがって交点 A に対応するもう一つの解 S_0 は，この図表の背後で決まっていると考えてください。i_0，Y_0 と S_0 の全ての解を図表で表したものに小川・岡野（2016）などがあります。

次の講では，このマンデル＝フレミングモデルを用いて小国開放経済下の財政政策や金融政策の効果を考察します。

補論　開放経済下の IS 曲線の傾き----------------

ここでは，開放経済下の IS 曲線の傾きを求めます。(12.6) 式は

$$Y = C(Y) + I(i) + G + CA(Y^f, Y, S),$$

$$0 < \frac{\Delta C}{\Delta Y} < 1, \frac{\Delta I}{\Delta i} < 0, \frac{\Delta CA}{\Delta Y^f} > 0, \frac{\Delta CA}{\Delta Y} < 0, \frac{\Delta CA}{\Delta S} > 0 \qquad (12.A)$$

ですが，消費関数 $C(Y)$，投資関数 $I(i)$，経常収支関数 $CA(Y^f, Y, S)$ が一般型となっています。関数が一般型のままだと，全微分の知識がなければ国民所得 Y と金利 i の関係を明示するのが困難なので，これらの関数を特定化します。

まず，消費関数は以下のように**第3講**で使用したケインズ型消費関数 (3.5) 式とします。

$$C(Y) = c_0 + c_1 Y \qquad c_0 > 0, 0 < c_1 < 1$$

また投資関数と経常収支関数は次のように仮定します。

$$I(i) = -ai \qquad a > 0$$

$$CA(Y^f, Y, S) = x_f Y^f - mY + x_s S \qquad x_f, m, x_s > 0$$

とします。また経常収支関数は，以下のように特定します。この m は限界輸入性向です。

このように特定化した消費関数，投資関数，経常収支関数を (12.A) 式に代入し，整理すると，

$$Y = c_0 + c_1 Y - ai + x_f Y^f - mY + x_s S$$

$$Y = -\frac{a}{1 - c_1 + m} i + \frac{1}{1 - c_1 + m} (x_f Y^f + x_s S) \qquad (12.B)$$

となり，(12.A) 式は，縦軸を i，横軸を Y とする平面では，傾き $-\dfrac{a}{1 - c_1 + m} < 0$ の直線となることがわかります。つまり開放経済下の IS 曲線が右下がりとなります。また (12.B) 式から，為替レート S が減価（上昇）したとき，国民所得が増加することもわかります。

このことは，関数が一般型のままの（12.A）式を全微分することによっても同様の結論が得られます。

$$\Delta Y = \frac{\partial C}{\partial Y}\Delta Y + \frac{\partial I}{\partial i}\Delta i + \Delta G + \frac{\partial CA}{\partial Y^f}\Delta Y^f + \frac{\partial CA}{\partial Y}\Delta Y + \frac{\partial CA}{\partial S}\Delta S$$

今，Y と i の関係を見たいので，$\Delta G = \Delta Y^f = \Delta S = 0$ とおいて整理すると，

$$\left(1 - \frac{\partial C}{\partial Y} - \frac{\partial CA}{\partial Y}\right)\Delta Y = \frac{\partial I}{\partial i}\Delta i$$

$$\frac{\Delta Y}{\Delta i} = \frac{\dfrac{\partial I}{\partial i}}{\left(1 - \dfrac{\partial C}{\partial Y} - \dfrac{\partial CA}{\partial Y}\right)}$$

なので，仮定より，

$$\frac{\Delta Y}{\Delta i} < 0$$

となります。またの傾きになります。為替レート S が減価（上昇）したとき，国民所得がどのように変化するかを確認したいときは，$\Delta G = \Delta Y^f = \Delta i = 0$ とおいて，

$$\Delta Y = \frac{\partial C}{\partial Y}\Delta Y + \frac{\partial CA}{\partial Y}\Delta Y + \frac{\partial CA}{\partial S}\Delta S$$

$$\frac{\Delta Y}{\Delta S} = \frac{\left(1 - \dfrac{\partial C}{\partial Y} - \dfrac{\partial CA}{\partial Y}\right)}{\dfrac{\partial CA}{\partial S}}$$

となり，仮定から，

$$\frac{\Delta Y}{\Delta S} > 0$$

となるので，為替レート S が減価（上昇）したとき，（所与の金利のもとで）国民所得が増加することがわかります。

■ Active Learning

《理解度チェック》‥‥‥‥‥‥‥‥‥‥‥‥‥‥‥‥‥‥‥‥‥‥‥‥‥‥‥‥‥‥‥‥

□ 1　ある小国開放マクロ経済において，次のようにモデルが示されるとき，均衡利子率と均衡国民所得を求めなさい。ただし，国際間の資本移動は完全に自由，将来の為替レートは静学的予想を仮定します。

$Y=C+I+G+CA$, $C=0.9Y+10$, $I=30-100i$, $G=30$, $CA=50-0.1Y+S$,
$M^s=150$, $L=60+0.1Y-100i$, $i^f=0.1$

ただし，Y：国民所得，C：消費，I：投資，G：政府支出，CA：経常収支，i：自国利子率，i^f：外国利子率，S：為替レート（自国通貨建て），M^s：貨幣ストック，L：貨幣需要量

□2　ある国の経済モデルが，1のように与えられているとします。このときの均衡為替レートを求めてください。

《調べてみよう》・・・

[1]　国際収支統計から，現在の日本の資本移動は1年間でどのくらいあるのか調べてみましょう。

[2]　世界金利（アメリカの金利として）と日本の金利の相関について調べてみましょう。

《Discussion》・・

[1]　世界金利（アメリカの金利として）が上昇した場合，BP曲線はどうなるか考えてみましょう。

[2]　資本移動が不完全な場合とは，どのような場合でしょうか。またそのような場合，具体的な国の制度を挙げて考えてみましょう。

文献紹介

● 秋葉弘哉編著（2010）『国際経済学』ミネルヴァ書房
● 小川英治・岡野衛士（2016）『国際金融』東洋経済新報社
● 藤井英次（2013）『コア・テキスト国際金融論　第2版』新世社
● Fleming, J. M. (1962) "Domestic Financial Policies under Fixed and under Floating Exchange Rates", *IMF Staff Papers*, Vol. 9(3), pp.369-380.
● Mundell, R. A. (1963) "Capital Mobility and Stabilization Policy under Fixed and Flexible Exchange Rates", *The Canadian Journal of Economics and Political Science*, Vol. 29 (4), pp.475-485.

第13講
マンデル=フレミングモデル
による財政金融政策

■本講では，マンデル=フレミングモデルを使って，小国開放経済の下での財政政策と金融政策の効果について説明を行います。ここでは為替相場制度として変動為替相場制と固定為替相場制をそれぞれ採用したケースに分けて説明を行います。

　変動相場制と固定相場制では，それぞれの政策の効果が異なることに注意しましょう。またこの講においても，第12講と同様に，物価一定および不完全雇用の仮定を課しています。さらに経済学の重要命題の一つである国際金融のトリレンマについても説明します。

13.1　変動為替相場制の下での・・・・・・・・・・・・・・・・・マンデル=フレミングモデル

■ 拡張的財政政策

　本節では，変動為替相場制を採用している国が拡張的財政政策を行った場合の政策効果を，マンデル=フレミングモデルを使用して分析してみましょう。

　図表13-1は，縦軸に自国利子率，横軸に自国の国民所得をとり，**第12講**で説明した小国開放経済下のIS曲線（12.6）式，LM曲線（12.7）式，為替レートの静学期待と完全資本移動が仮定された水平のBP曲線（12.12）式を描いています。当初均衡がIS曲線，LM曲線，BP曲線の交点であるA点にあったとします。拡張的財政政策によって，IS曲線はIS_0からIS_1へと右（あるいは上方）にシフトします。このとき経済は，IS_1とLM曲線との交点であるB点にいったん到達します。しかし，この状態では自国の財市

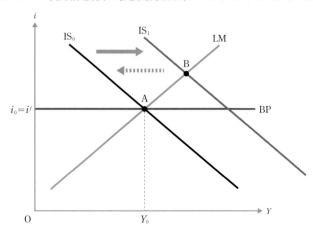

図表 13-1　変動相場制下の拡張的財政政策：マンデル=フレミングモデル

場と貨幣市場は均衡していますが，国際収支は均衡していません[1]。

　それでは，国際収支も含めて財市場と貨幣市場が同時に均衡する点はどこでしょうか。B点では，自国金利が外国の金利よりも高い状態にあります[2]。この点では，外国で資産を運用するよりも自国で資産を運用する方がより高い収益が得られるので，完全資本移動の下では，世界中の資本が自国資産を目指して一斉に流入すると考えられます。自国の資産を買うためには，自国の通貨が必要になります。したがって外国為替市場では，一斉に外国通貨売り自国通貨買いが生じ，変動為替相場制の下では自国通貨が増価します。

　自国通貨が増価すると，今度は財市場に影響が出てしまいます。（12.6）式が示すように，自国通貨の増価（S の下落）は経常収支 CA を減少させます[3]。経常収支の減少は IS 曲線を左（あるいは下方）にシフトさせ，図表 13-1 の

<hr />

1　B点はマンデル=フレミングモデルの説明を容易にするための概念上の点であって，経済がB点に移動することを意味しません。なぜなら，完全資本移動の仮定の下では，為替レートも国際間の資本移動も瞬時に調整され，自国金利と外国金利は常に一致するからです。これは以下の分析についても同様です。
2　脚注1を参照してください。
3　マーシャル=ラーナー条件が成立していれば，自国通貨の増価は自国の輸出減少と輸入増加をもたらし，貿易収支を悪化させます。ここでは貿易収支と経常収支は等しいものと考えています。

ように，IS 曲線は再び IS_0 の位置まで戻ってしまいます。したがって経済は，A 点で財市場，貨幣市場および国際収支の同時均衡に到達します。つまり変動為替相場制の下で拡張的財政政策が行われても，最終的には均衡は A 点のままであり，均衡国民所得も均衡金利も全く変化しません[4]。それどころか，せっかく政府支出を増加させたのにもかかわらず，経常収支が完全にクラウドアウトされ（押しのけられ），減少してしまいます。

■ 金融緩和政策

次に変動相場制の下で，拡張的金融政策が行われた場合を考えてみましょう。図表 13-2 にあるように，当初均衡が IS 曲線，LM 曲線，BP 曲線が同時に交わる A 点にあったとしましょう。

金融緩和政策による貨幣供給量の増加は，LM 曲線を LM_0 から LM_1 へ右（あるいは下方）にシフトさせます。IS_0 と LM_1 との交点 B では，自国金利が外国金利よりも低く，国際収支が不均衡の状態にあります。このような状態では，完全資本移動の場合，自国から世界へ資金が一斉に逃げてしまうでしょう。つまり自国資産を売って外国資産を買うために，外国為替市場では，自国通貨売り外国通貨買いが生じ，自国通貨は減価します。自国通貨の減価（S の上昇）は，(12.6) 式からもわかるように経常収支を増加させ，その結果 IS 曲線は IS_0 から IS_1 の位置まで右（あるいは上方）シフトさせます。したがって新しい均衡は C 点となり，均衡国民所得は増加します。

変動為替相場制の下で金融緩和政策が行われると，LM 曲線だけでなく IS 曲線も右にシフトするので，他の条件が一定ならば，閉鎖経済下の金融緩和政策よりも均衡国民所得は大きく増加します。ここで興味深い点は，小国開放経済の下での金融緩和政策の効果は，前節の拡張的財政政策の効果とは対称的な効果を持つということです[5]。

4　均衡為替レートは増価しています。
5　若干上級者向けの説明としては，小国開放経済下の変動為替相場制では，為替レートが内生変数となります。

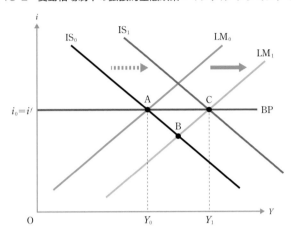

図表13-2　変動相場制下の拡張的金融政策：マンデル=フレミングモデル

13.2　固定為替相場制の下での--------------------マンデル=フレミングモデル

■ 拡張的財政政策

　次に，固定相場制度を採用している国で，マンデル=フレミングモデルを使用して，拡張的財政政策が実施された場合の政策効果を考えてみましょう。

　図表13-3のように，当初 IS 曲線，LM 曲線，BP 曲線が同時に交わる A点で均衡していたとしましょう。均衡金利（外国金利の水準）i_0，均衡国民所得は Y_0 です。ここで自国の政府が，政府支出を ΔG だけ増加させると，IS曲線は，IS_0 から IS_1 へ右（あるいは上方）にシフトします。IS_1 と LM_0 との交点 B では，外国金利よりも自国金利が高い状態にあるので国際収支は均衡していません[6]。このような状態では，完全資本移動の場合，世界中から一斉に自国へと資金が流入すると考えられるので，自国通貨買い外国通貨売りの圧力がかかります。

6　脚注1を参照してください。

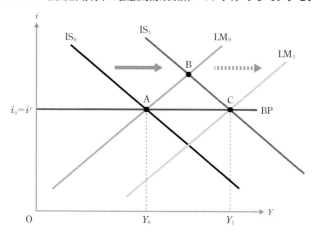

図表13-3　固定相場制下の拡張的財政政策：マンデル=フレミングモデル

　固定為替相場制の場合は，変動為替相場制とは異なり，当該国の通貨当局は為替レートを一定に保つ必要があります[7]。そのため，外国為替市場での自国通貨買い外国通貨売りの圧力を相殺するために，通貨当局は自国通貨売り外国通貨買いの為替介入を行います。為替介入が非不胎化介入の場合，政府が自国通貨を売ると自国市場の貨幣量が増加するので，LM 曲線は LM_0 から LM_1 と右（あるいは下方）にシフトし，新しい同時均衡点は C となります[8]。図表13-3 を見ると，C 点では均衡国民所得が増加していることがわかるでしょう。

　固定相場制の下での拡張的財政政策は，IS 曲線だけでなく，為替介入によって LM 曲線も右シフトするので，他の条件を一定とすれば，閉鎖経済下の拡張的財政政策よりも均衡国民所得を大きく増加させます。またこの結果は，変動相場制度の下での拡張的財政政策とは対称的な結果となることに

7　通貨当局とは，日本の場合，財務省と日本銀行（中央銀行）を指しています。
8　このとき自国の保有する外貨準備量は増加しています。また通貨当局の為替介入による自国通貨買いは，正確には，ハイパワードマネー（マネタリーベースあるいはベースマネー）が増加しますが，ここではハイパワードマネーの増加は貨幣供給量の増加と等しいと仮定しています。非不胎化為替介入については，**第10講**で詳しく説明しています。

注意が必要です。

■ 金融緩和政策

　最後に，固定相場制の下での金融緩和政策を考えます。金融緩和政策では，通貨当局が貨幣量を増加させるので，LM 曲線が LM_0 から LM_1 へシフトします。そうすると，図表 13-4 のように，LM_1 曲線と IS 曲線の交点は B 点となり，BP 曲線の下方，つまり自国金利が外国金利よりも低くなります。このような状態では，資本移動が完全に自由な場合，自国から資金が一斉に流出するので，外国為替市場に自国通貨安外国通貨高の圧力がかかります。通貨当局は，固定相場を維持するために自国通貨買い外国通貨売りの（非不胎化）為替介入を行います。この為替介入は，自国市場の貨幣量を減少させるので，LM 曲線は LM_1 から LM_0 へと元に戻ってしまいます。したがって最終的な均衡は，図表 13-4 の A 点となり，均衡国民所得は変化しません[9]。つまり固定相場制の下での金融緩和政策は無効となります[10]。

図表 13-4　固定相場制下の金融緩和政策：マンデル=フレミングモデル

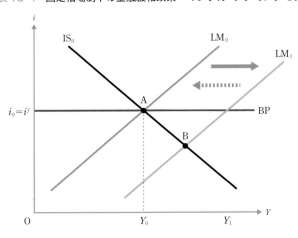

9　このとき，この国の外貨準備は減少しています。**第 10 講**の非不胎化介入についての解説を参照してください。

図表 13-5　小国開放経済下の財政・金融政策の効果

	拡張的財政政策	金融緩和政策
変動相場制	無　効	有　効
固定相場制	有　効	無　効

　図表 13-5 に，小国開放経済下の財政政策と金融政策の効果を為替相場制別にまとめました。

13.3　国際金融のトリレンマ--------------------

　前節までで，資本移動が完全に自由な場合，為替レートの自由変動を許す変動相場制の下では金融政策は有効となる一方，為替レートの変動を許さない固定相場制度の下では金融政策が無効になることを学びました。このことは，言い換えれば，小国開放経済下の金融政策の効果は，為替レートの変動の程度と資本移動の自由度に依存して決まるということです。

　ここで再び，金融政策，資本移動の自由度，および為替レート変動を許容する程度（すなわち為替相場制度）についてもう少し考えてみましょう。

　金融政策については，国内の失業率が悪化したり，あるいはインフレ率や景気などが好ましくない状態にあるとき，通貨当局が機動的かつ自律的に発動できることが望ましいと言えるでしょう。他方，資金や財・サービスを国際間で取引を行う業者にとっては，為替レートの変動はできるだけ小さく安定している方，つまり変動為替相場制度よりも固定為替相場制度の方が望ましいでしょう。

　資本移動についても，完全に自由である方が望ましいと考えられます。な

10　若干上級者向けの説明としては，小国開放経済下の固定為替相場制では，為替レートはもちろん，自国金利も外国金利に固定されるので，国内の貨幣供給量（正確には外貨準備を含むマネタリーベース）が内生変数となります。

ぜなら，資本流出（自国から外国への資金移動）も資本流入（外国から自国への資金移動）も，制約や制限なく自由に移動できる場合，国内で資本が不足している発展途上国は，先進国から資金を調達し，その資金を用いてインフラ投資などを行うことによって，経済発展を遂げることが可能となるかもしれません。実際，東アジアの国々は，1980年から90年代にかけて資本の自由化を進め，先進国から多額の資金を借り入れ，その結果「東アジアの奇跡」と称されるほどの高い経済成長を遂げました[11]。先進国にとっても，発展途上国への投資は，リスクは伴うものの国内投資よりも相対的に大きな収益を得られる可能性があります。

　以上をまとめると，①金融政策は（他国の金融政策に左右されることなく）独立して実行できること，②為替レートは安定していること（固定為替相場制），③国際資本移動は完全に自由であること，が望ましいというわけです。

　しかしながら，前節までで学んだように，マンデル=フレミングモデルでは，ある小国が固定為替相場制を採用し，かつ資本移動が完全な場合，自国の金融政策は無効となります[12]。このことは，上述の「東アジアの奇跡」と称された東アジアの国々が，1990年代後半に入って突如として発生した投機攻撃に見舞われ，固定為替相場制から変動為替相場制へと移行を余儀なくされたアジア通貨危機によって現実的にも裏付けられていると考えられます[13]。

　つまり，上記①から③の政策目標を同時に達成することは不可能であり，仮に同時に達成できるとしても2つの目標までで，残る1つの目標は放棄するしかないのです。この命題は「国際金融のトリレンマ」と呼ばれ広く知られています[14]。

　図表13-6は，国際金融のトリレンマを表す図表です。これは，ある国の

11　1993年に世界銀行は，1960年代後半から1990年代後半までの東アジア諸国の目覚ましい経済成長について，"EAST ASIA MIRACLE：Economic Growth and Public Policy（東アジアの奇跡：経済成長と公共政策）"というタイトルで報告書を発表しました。

12　さらに小国のマンデル=フレミングモデルでは，外国の金融政策によって外国金利が上昇すると，(12.11) 式により自国金利も上昇してしまいます。つまり自国の金融政策は，外国の金融政策に依存しているため独立ではありません。

13　アジア通貨危機については，**第10講のコラム**で取り上げています。

14　ディレンマ（Di-lemma）やトリレンマ（Tri-lemma）のDiやTriはギリシャ語の接頭辞でそれぞれ2つ，3つを意味しています。したがって，ディレンマやトリレンマは2つあるいは3つの選択肢の中からどれを選択するかが難しいときに使われる言葉です。

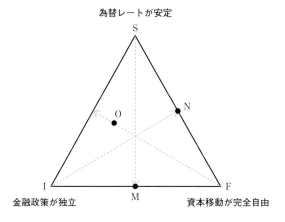

図表 13-6　国際金融のトリレンマ

為替レートが安定

S

N

O

I　　　　　　M　　　　　F

金融政策が独立　　　　　資本移動が完全自由

為替レートが安定していれば S に近く，資本移動が自由であれば F に近く，金融政策の独立性が高ければ I の近くに位置します。

　例えば，日本やアメリカは，資本移動の規制もほとんどなく他国とは独立して金融政策を行っていますが，変動相場制度を採用しているという点で為替レートの安定性は放棄しています。よって日本やアメリカは，図表 13-6 の M 点に位置すると考えらます。

　世界の金融センターの一角をなす香港では，ほとんど完全な資本移動が制度上保証されています。また**第 10 講**で説明したように，香港はカレンシーボード制度という為替相場制度を採用していますが，カレンシーボード制度の下では，事実上香港ドルは US ドルに固定されており，香港の金融政策はアメリカの金融政策に大きく影響を受けており，金融政策は独立して行えないので N 点に位置すると考えられます。

　最後に中国は，**第 10 講**にあるように，為替レート制度としては中間的な相場制であるクロール型制度を採用していますが，国際間の資本移動には様々な規制が存在しています。ただし金融政策に関しては，中国は他国と独立して行っているので図表 13-6 の O 点に位置していると言えるでしょう。

13.4 まとめ----------------------------------

　本講では，マンデル＝フレミングモデル（IS-LM-BP）を用いて小国開放経済下での財政政策および金融政策の効果を解説しました。マンデル＝フレミングモデルの場合，為替相場制度によって政策効果が異なるというのが大きなポイントです。ただし，このモデルの前提となる仮定に関しては十分に吟味する必要があると思われます。例えば，現在の日本は大国である可能性があるため，小国を前提とするマンデル＝フレミングモデルを使って経済政策を分析するには不十分であるという指摘もあります。

　さらに本講では，国際金融のトリレンマという命題を紹介し，為替レートの安定性，資本の完全移動，および金融政策の独立性の3つの政策課題を同時に満たすことはできないことを説明しました。この命題は，現実の国際金融を巡る様々な諸問題を考える上で，とても重要な意味を持っています。しっかり確認しておきましょう。

■ Active Learning

《理解度チェック》・・・

□ 1　ある小国開放マクロ経済において，次のようにモデルが示されるとき，均衡為替レートと均衡国民所得を求めなさい。ただし，国際間の資本移動は完全に自由，将来の為替レートは静学的予想，自国物価水準は1を仮定する。

$Y=C+I+G+CA,\ C=0.9(Y-T)+10,\ I=100-50i,\ G=100,\ T=180,$
$CA=100-0.1(Y-T)+S,$
$M^s=500,\ L=260+0.1Y-200i,\ i^f=0.02$

　　　ただし，Y：国民所得，C：消費，I：投資，G：政府支出，T：税金，CA：経常収支，i：自国金利，i^f：外国金利，S：為替レート（自国通貨建て），M^s：貨幣供給量，L：貨幣需要量。

□ 2　ある国の経済モデルが，1のように与えられているとする。変動相場制下で，貨幣ストックを100増加させる金融緩和政策が行われた場合の均衡為替

レートと均衡国民所得を求めなさい。

□ 3 　ある国の経済モデルが，1のように与えられているとする。固定為替相場
制下でかつ為替介入は非不胎化であるとき，政府支出を 40 増加させる財政拡
張政策が行われた。この場合の均衡国民所得と増加した貨幣量を求めなさい。

《調べてみよう》・・・

[1] 　戦後日本の資本移動における規制は，どのように変更されてきたか調べて
みましょう。

[2] 　世界の国々が，図表 13-6 のどこに位置するか調べてみましょう。

《Discussion》・・・

[1] 　固定相場制の下で財政拡張政策と同時に不胎化介入を行った場合，どうな
るかマンデル=フレミングモデルを使って考えてみましょう。

[2] 　自国が大国の場合の財政政策と金融政策の効果を考えよう。

文 献 紹 介

● 秋葉弘哉編著 （2010）『国際経済学』ミネルヴァ書房
● 飯島寛之・五百旗頭真吾・佐藤秀樹・菅原歩 （2017）『身近に感じる国際金融』
有斐閣
● 小川英治・岡野衛士 （2016）『国際金融』東洋経済新報社
● P. R. クルーグマン・M. オブズトフェルド・M. J. メリッツ （2017）『クルーグマ
ン国際経済学——理論と政策 ［原書第 10 版］（下）』山形浩生・守岡桜（訳），
丸善出版

第 IV 部

為替相場制度の歴史と
新たな展開

第14講
為替相場制度の歴史

■本講では為替相場制度の歴史について概観します。為替相場制度とは第10講で説明したように，その国の（名目）為替レートを決める仕組みのことを指します。個人や企業や政府が国際金融活動を行う際に利用する制度，市場，および慣行を指す国際金融アーキテクチャーという為替相場制度より少し広い概念もありますが，本講では，こうした国際金融アーキテクチャーの歴史的な変化についても学んでいきます[1]。

　私達はなぜこのような歴史について学ぶ必要があるのでしょうか。この問いには，2通りの答え方があります。第一の答えは，経済の歴史的な展開を理解するためには，為替相場制度の歴史を理解することが必要であるというものです。なぜなら，世界，そして日本の経済は国際金融市場の動きから大きな影響を受けてきたからです。

　例えば，高校の政治・経済の教科書による戦後日本経済の説明には，「ニクソン・ショック」，「変動為替相場への移行」，「プラザ合意」といったキーワードが出てきます。これらの出来事はいずれも為替相場制度，国際金融アーキテクチャーの動向と直接係っています。他国の場合でも，例えば韓国について学ぶのであれば，「アジア通貨危機」が韓国経済に与えた甚大な影響を理解することが必要になるでしょう。

　第二の答えは，マンデル＝フレミングモデルのような理論的分析と並んで，歴史的な経験を考察することが，経済政策を巡る議論では重要であるというものです。よく指摘されることですが，経済政策や制度変更の結果を予測するとき，自然科学のように実験を行うことは容易ではありません[2]。そのた

1　国際金融アーキテクチャーについては小川・岡野（2016）を参照してください。
2　近年では「実験経済学」という分野が急速に発展しています。これは，実際の人間行動が経済理論の予測に従うかを実験によって検証する分野です。これは非常に重要な進展ですが，一国のマクロ経済のような大規模で複雑なシステムの動きを直接的に実験することは現在でも困難です。

め，過去の類似した状況や制度の経験について注意深く考察することがどうしても重要になります。

　それでは，日本の明治時代にあたる 19 世紀後半から現在までの歴史を振り返ってみましょう。

14.1　金 本 位 制--------------------------------

■ 金本位制のメカニズム

　19 世紀後半から 20 世紀前半にかけて主要国で採用されていた通貨制度が金本位制です。金本位制度（Gold Standard）とは，金貨をその国の正貨（本位貨幣）とし，中央銀行が紙幣（銀行券）と一定量の金の交換（兌換）を約束する制度を指します[3]。この制度の下では通貨の発行額はその国が保有している金によって制約されます。また，金本位制を採用する国は通常，外国との金の自由な輸出入を認めていました[4]。

　金本位制は後述するように，国の通貨と金の交換比率（平価）が決まると，自動的に通貨同士の為替レートが定まります。つまり，金本位制のポイントは，各国の通貨価値が金で裏付けされていることです。この為替レート水準を金平価と呼びます。そのため，金本位制度は為替相場制度の観点からは固定相場制度の一種と見なすことができます。

　通貨と金の交換比率が金平価をどのように定めるのか，数値例を使って考えましょう。図表 14-1 の仮想例では日本では 1 円が金 1 オンス，アメリカでは 1 ドルが金 2 オンスと交換されるとします[5]。このとき金平価は 1 ドル 2 円となります。

　為替レートが 1 ドル 2 円から乖離した場合，裁定機会が生まれます。例えば，為替レートが 1 ドル 3 円の場合を考えましょう。このとき 1 ドルを 3 円

3　正貨は金貨には限られません。銀貨を正貨とする制度を銀本位制度と呼びます。また，金貨と銀貨の両方を正貨とする制度を金銀複本位制度と呼びます。
4　金本位制についてより詳しく知りたい場合は上川・矢後（2007）などを参照してください。
5　金は一般的に（トロイ）オンスという単位で計量されます。1（トロイ）オンスは約 31.1 グラムです。

図表 14-1　金本位制度における金平価の数値例

| 運賃と金の交換比率 | 円：1円 ⇔ 1オンス，ドル：1ドル ⇔ 2オンス |

金平価　1ドル2円

に交換し，さらに金3オンスと交換し，ドルに再度交換すると 1.5 ドルが手に入り，0.5 ドルの儲けとなります。もちろん，このような場合はドルから円への交換が急増するので，1ドル2円になるまで円が増価するでしょう。

つまり金本位制は，金と通貨の交換が保証されていれば，為替レートは介入なしに金平価に基づくレートと一致するので，為替レートを自動的に固定する制度になります。

■ 正貨流出入のメカニズム

金本位制のもう一つの特徴は，理論上は貿易収支を自動的に安定化させるメカニズムがあるということです。これは 18 世紀のヒューム（D. Hume）にまで遡る考え方で，正貨流出入メカニズムと呼びます。

金本位制の下では，図表 14-2 のように A 国で貿易収支が黒字になり B 国で赤字になった場合，その差額は金（正貨）で決済されます。支払い側（B国）は，差額の金を B 国の中央銀行で B 国通貨と交換し，受け取り側（A国）に送ります。受け取り側はその金を A 国の中央銀行で A 国通貨と交換します。これにより，貿易収支が赤字の B 国では中央銀行が金と引き換えに通貨を回収するので，中央銀行が保有する金と通貨供給の双方が減少します。一方，貿易収支が黒字の A 国では中央銀行が金と引き換えに通貨を供給するので，双方が増加します。つまり，金本位制では国内の金が増減した場合，通貨量がそれに応じて増減することがわかります。

一方，流通する貨幣の増加（減少）はその国の物価を引き上げる（引き下げる）効果を持ちます。すると，為替レートが金平価に固定されていたとしても，両国の物価の変化によって両国の財・サービスの相対価格（実質為替

図表 14-2　正貨流出入のメカニズム

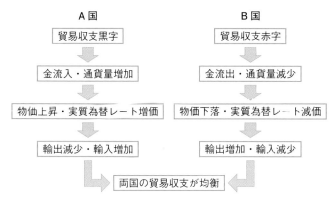

相場）は変化します。図表 14-2 のケースでは A 国の財・サービス価格は B 国に比べて相対的に高くなります。これにより A 国（B 国）では輸出が減少（増加）し，輸入が増加（減少）するでしょう。結局，A 国の貿易黒字と B 国の貿易赤字は共に減少して，両国の貿易収支は均衡に近づくと考えられます。

■ 金本位制の歴史

　1816 年，イギリスは貨幣法を実施し，世界で初めて金本位制を採用しました[6]。その後，フランス，ドイツ，アメリカなどの主要国が追随したことで，世界との貿易を促進するために日本も 1897 年に金本位制を採用します。このように 19 世紀後半から第一次世界大戦まで世界の国々がそろって金本位制を採用した国際金本位制は，ロンドンを中心とした国際金融市場が発展し，グローバル化が進んだ時代でした。

　しかし，この時期の金本位制に問題がなかったわけではありません。19 世紀後半にイギリスやアメリカはデフレ（物価の持続的な下落）を経験しま

6　イギリスでは 17 世紀，金細工職人（金匠：Goldsmith）が金貨や地金の預託業務を行い，預託者に預り証（金匠手形：Goldsmith Note）を発行しましたが，この金匠手形が現金（正貨）の代わりとして流通するようになりました。この金匠手形がイギリスにおける兌換紙幣の起源と言われています。

すが，これは金本位制によって貨幣発行が制約されていたことが一因と考えられています[7]。幸いにも南アフリカやアラスカなどで新しく金鉱脈が発見されたり，新しい精錬方法が導入されることによって金の供給が増加しデフレは解消されますが，通貨供給量が金鉱脈や精錬技術に制約されることは金本位制の大きな欠点です[8]。

第一次世界大戦の勃発と共に，戦費調達のために多額の貨幣発行が必要となった主要国は金本位制から離脱します[9]。第一次世界大戦の終結と共に，主要国は金本位制に徐々に復帰し，再建金本位制が成立しました。しかし，金本位制への復帰にあたっては，平価の水準をどのように設定するかについて各国で激しい論争が起こりました。

例えば，イギリスでは，イングランド銀行や大蔵省のエコノミストが戦前と同じ平価（旧平価）での復帰を主張したのに対し，経済学者のケインズ（J. M. Keynes）は，旧平価は貿易の価格競争力からみて高すぎると主張しました。結局，イギリスは旧平価で金本位制に復帰しましたが，その後輸出の不振に苦しむことになりました。

一方で，貿易収支をバランスさせるはずの正貨流出入メカニズムは想定どおり機能しませんでした。貿易収支黒字によって金が流入した国々（アメリカやフランス）ではインフレが促進されるはずですが，中央銀行がインフレを防ぐために不胎化操作を行ったためです[10]。この不胎化操作によって，金保有と貨幣供給の関係が遮断されてしまうので，黒字国通貨の実質的増価が進まず，貿易収支の調整が進まなかったのです。

日本でも昭和初期（1920年代）に金本位制への復帰は大きな論争となりま

---

7 クルーグマンほか（2017）の第19章では，19世紀後半のアメリカのデフレが同国の経済と政治に与えた影響について解説しています。

8 金本位制採用国の中央銀行は金を固定価格（平価）で通貨（紙幣）と交換すること（兌換）を約束しているので，産出された金の多くは通貨と交換されて貨幣供給量を増加させることになります。例えばイギリスの植民地であった南アフリカで産出された金は大半が本国イギリスに輸出され，兌換されました。

9 各国政府は戦費調達のために直接，中央銀行に多額の国債を購入させました。これによって大量の通貨が国債代金として供給されましたが，これらの通貨は金の裏付けがないため，金との兌換が不可能になったのです。

10 アメリカの場合，金融市場から短期国債で資金を調達して金を購入し，財務省の不活動勘定という項目に収めました。この方法では民間から吸収した資金で金を購入するので，貨幣量が増加することはありません。

した。金本位制への復帰は金輸出の解禁を意味するので金輸出解禁（または金解禁）論争と呼ばれています。1920年代後半，金本位制に復帰していない主要国は日本だけであり，そのせいで為替レートの変動を防ぐことができず，金融，貿易取引が阻害されていました。そのような中，当時の濱口内閣は戦前と同じ平価（旧平価）への復帰を主張し，その平価を維持するために必要な物価の下落と貿易収支赤字の減少を緊縮的な経済政策によって実現しようとしました[11]。一方で，石橋湛山（第二次世界大戦後に首相）ら一部の経済ジャーナリストや財界人はより円安の新平価の採用を主張しました。

　最終的に1930年1月に日本は旧平価で金本位制に復帰しましたが，前年（1929年）10月のニューヨーク株式市場での暴落をきっかけに世界経済は世界恐慌（大恐慌）に突入していました。日本経済も深刻な景気後退にみまわれ，1931年12月には金本位制から再離脱してしまいます。

　先行研究によれば，この時期に早い段階で金本位制から離脱した国（イギリスや日本）ほど，早く景気が回復したとされています。これは，金本位制からの離脱によって通貨量を増やし，為替相場を減価させることによって輸出の回復や物価の上昇（デフレからの回復）が引き起こされるからだと考えられています[12]。

14.2　ブレトンウッズ体制------------------------

■ ブレトンウッズ体制の確立

　1930年代に再建金本位制が崩壊した後，主要国は周辺諸国や植民地と通貨ブロックを形成し，実質的にブロック外の製品を締め出したため，国際貿易は大幅に縮小しました[13]。

11　物価の下落は図表14-2で説明したとおり，実質為替レートを減価させ自国製品の価格競争力を高め，貿易収支の赤字を削減します。貿易収支赤字の減少は，金本位制復帰後に金の国内からの流出を防ぐために必要でした。

12　テミン（1994）などを参照してください。

13　通貨ブロックとは多くの場合，ブロック中心国の通貨で決済をおこなう閉鎖的なグループを指します。イギリスを中心とするスターリング・ブロックやドイツを中心とするマルク・ブロックが典型例です。日本も1930年代以降，アジア地域に円ブロックを形成しようとしました。

第二次世界大戦の末期，1944 年に連合国の代表はアメリカのニューハンプシャー州ブレトンウッズに集まって，戦後の国際経済体制について議論しました。このブレトンウッズ会議（連合国通貨金融会議）で合意された戦後の国際経済体制をブレトンウッズ体制と呼びます。

　ブレトンウッズ体制の下では，US ドルを基軸通貨（Key Currency）とする固定相場制度を各国が採用することになりました。この制度の特徴は US ドルと他の通貨の地位が非対称になることです。アメリカは，US ドルと金の一定の交換比率（金 1 オンス = 35 ドルの公定価格）を約束する一方，他の国々はドルとの固定相場を維持し，ドル準備を保有することを求められました。これは第二次世界大戦後のアメリカの圧倒的な経済力と多額の金保有量によって可能になる制度であり，このような制度は金ドル本位制と呼ばれています。

■ ブレトンウッズ体制下の為替相場制度と IMF

　金本位制は国際収支の不均衡に対する調整に失敗したので，ブレトンウッズ体制では長期，短期の不均衡に対する調整メカニズムが準備されました。

　短期的な不均衡への対応が IMF（国際通貨基金）からの借入れです。1946 年，ブレトンウッズ体制の中心となる国際機関として国際通貨基金（International Monetary Fund：IMF）が設立されました。IMF は加盟国が出資金を払い込む基金ですが，加盟国は非常時にはここからドル資金を借り入れることが可能になりました。

　長期的な国際収支の不均衡に対しては，各国が為替相場を 10%以内で変更することが認められました。こうした仕組みを調整可能な固定制度（アジャスタブル・ペッグ）と呼びます。

　日本は 1952 年，IMF に加盟しましたが，1 ドル 360 円の固定相場を 1970 年代初めまで維持しました。

■ ブレトンウッズ体制の問題点

　ブレトンウッズ体制の下で世界経済は，戦争からの復興と持続的な経済成長を実現しました。しかし，ブレトンウッズ体制の仕組みについては早い段

階から問題が指摘されていました。

　ブレトンウッズ体制の下で基軸通貨となった US ドルは，国際取引における決済通貨になりましたが，こうした通貨を国際流動性と呼びます。国際流動性は，世界経済の成長に伴って，供給量を増やして世界に流通させる必要があります。しかしながらアメリカ以外の国々が US ドルを入手するためには，基本的にアメリカとの貿易収支で黒字（アメリカ側の貿易収支赤字）を出すしかありませんでした。

　しかしアメリカが大幅な貿易赤字を続けることは，金で裏付けられた US ドルの価値への信頼を低下させます。国際流動性が拡大しても，アメリカの金準備が増加することはないため，いずれ現行の公定価格での金ドル交換が不可能になるからです[14]。

　いずれアメリカの金準備の不足により，金の US ドル建て公定価格が上昇する（金で裏付けられたドルの価値が低下する）と予想されれば，各国は早めにドルを金に交換しようとするはずです。これは金取り付けと呼ばれます[15]。

　こうした問題を踏まえて，ドル以外の新たな国際流動性として 1969 年，IMF によって創設されたのが SDR（Special Drawing Rights：特別引き出し権）です。SDR は IMF によって創造された人工的な資産であり，IMF 加盟国の出資額に応じて配分され，加盟国は自国が保有する SDR と引き換えに国際的に利用される通貨（自由利用可能通貨）を入手することができます[16]。SDR は加盟国の外貨準備の一部として扱われますが，IMF の加盟国相互の取引など限られた用途でしか利用できないため，現在に至るまで US ドルを補完する国際流動性になったとは言い難い状態です。

■ ブレトンウッズ体制の終焉

　1960 年代にはブレトンウッズ体制の問題点が顕在化します。この時期アメリカは，ベトナム戦争を遂行する一方で社会保障プログラム（「偉大な社

14　この問題は，トリフィン（R. Triffin）によって最初に指摘されましたが「流動性のジレンマ」と呼ばれます。

15　こうしたメカニズムは第 10 講で説明した，通貨危機のメカニズムと類似していることがわかります。

16　SDR の価値は当初，金と US ドルに連動して定められていましたが，現在では自由利用可能通貨（US ドル，ユーロ，ポンド，円，人民元）の加重平均で決まっています。

会」）や月探査計画（アポロ計画）などを推進し，政府支出が増大していきます。そのため，アメリカは経常収支赤字を継続的に計上していました。ドルの信認はこれに伴って低下し，ドルから金への交換が続き，アメリカの金準備が減少していきました。

1971 年 8 月，持続的な経常収支赤字とインフレ，為替市場でのドル売りといった問題に対処するため，アメリカのニクソン大統領は金・ドル交換の停止を含む一連の経済政策を発表しました。これは後にニクソン・ショックと呼ばれるようになりました。

1971 年，ワシントンのスミソニアン博物館で開かれた 10 カ国財務相会議（G10）で，各国はドルの金価格と各国の対ドル固定為替相場を（ドル安に）改訂することで合意しました（スミソニアン合意)[17]。この合意によって各国は固定為替相場制度の維持を図ったのです。しかし，各国の為替市場におけるドル売り投機は収まらず，1973 年までに全ての先進国がドルとの固定相場を放棄して変動相場に移行することになりました（日本は 1973 年 2 月）。

その後も各国は IMF の 20 カ国委員会（C20），暫定委員会[18] などの舞台で固定相場への復帰を含む，長期的な国際通貨制度の検討を続けます。しかし，1973 年の第一次石油ショック後の経済変動によって先進国全体の固定相場への復帰は非現実的なものになっていました。最終的に 1976 年，ジャマイカのキングストンで開催された暫定委員会で金を廃貨すること[19]，各国による自由な為替相場制度の選択を認めることなどで合意しました（キングストン合意）。

17　日本は 1 ドル 360 円から 1 ドル 308 円に切り上げました。

18　20 カ国委員会（C20）は 1972 年，国際通貨制度について検討するための委員会として IMF 内部に設立されました。1974 年，C20 を引き継いで設立されたのが暫定委員会です。暫定委員会は 1999 年，常設の国際通貨金融委員会（IMFC）に改組されました。

19　具体的には金の公定価格，出資金の金での払い込みの廃止などです。

■ スタグフレーションと経済政策の協調

1970年代前半に主要国の対ドル固定相場制度が崩壊し，変動為替相場制度に移行しました。しかし，変動為替相場制度の下では為替相場は予想以上に激しく変動し，ファンダメンタルを反映した為替相場（購買力平価など）からかけ離れた動き（ミスアラインメント：Misalignment）を示しました[20]。これに対し，日本をはじめ各国はしばしば為替市場への介入を実施すると共に，後述するように協調して為替相場の安定化することを試みました。

1973年の第一次石油ショック以降，先進国経済はインフレの激化と経済成長の停滞の共存，いわゆるスタグフレーションに直面しました。このため先進各国は，IMFからサミット（主要国首脳会議），G7（主要7カ国財務相・中央銀行総裁会議）[21]といった舞台で経済政策の協調を模索し，この中で外国為替市場への介入についても議論されることになります。

■ ドル高とプラザ合意

変動為替相場制への移行後，アメリカは為替レートの変動を市場の動きに任せる態度を取りました。しかし，1970年代後半には急激なドル安が進行し（ドル危機），輸入物価上昇によるインフレ懸念が浮上したため1978年11月にはカーター大統領が為替市場での協調介入，金利の引き上げなどドル安を阻止するドル防衛策を発表し，市場に大きな影響を与えました（カーター・ショック）。

1980年代になると，一転してアメリカの高金利政策の下で主要通貨に対してドル高が持続するようになります。また，ドル高の持続と並行して主要国，特に日本に対するアメリカの貿易収支赤字が拡大しました。

アメリカのドル高と貿易収支赤字は各国にとっても大きなリスクとなりま

20　クルーグマン（1990）などを参照。
21　1985年まではアメリカ，日本，イギリス，（西）ドイツ，フランスの5カ国によるG5でしたが，1986年からカナダとイタリアが加わってG7となりました。

した。まずアメリカの貿易赤字はアメリカの議会などで政治問題化し，その矛先が日本に向かい，両国の貿易摩擦を激化させることになりました。これによって日本以外の各国にとっても，アメリカが貿易政策で保護主義的な姿勢を強めるリスクが高まりました。第二に，アメリカの経常収支赤字が持続不可能になり，ある時点でドルの価値が暴落するハードランディングによって，国際経済が混乱することが警戒されるようになりました。これはサステナビリティ・リスク（Sustainability Risk：持続性リスク）と呼ばれます。

　これらを背景として 1985 年 9 月，ニューヨークのプラザホテルで開催された G5（5 カ国財務相・中央銀行総裁会議）で，先進国による為替相場への協調介入を含むドル高是正策が合意されました。これはプラザ合意と呼ばれ，この合意によって各国は，政策協調を通してドル高の是正，貿易収支不均衡の解消を目指していたと言われています。プラザ合意後，主要通貨，特に円の対ドル為替レートは急激に下落し，日本の輸出に深刻な影響が生じました（円高不況）。

　しかし，プラザ合意後のドル相場の下落は予想を上回るペースで進んだため，今度はドル暴落のリスクが懸念されるようになりました。そこで 1987 年，先進各国は G7 でドル相場の現状維持とそのための協調介入に合意しました（ルーブル合意）[22]。さらにルーブル合意で各国は非公式に主要通貨のリファレンス・レンジ（Reference Range：参照相場圏）の設定で合意しました[23]。しかし，各国の足並みの乱れからルーブル合意の枠組みは 2 年ほどで終焉を迎えることになります。

　以上のように，1970 年代から活発化した主要国間の政策協調は，1980 年代後半にはドル高やアメリカの貿易収支赤字という課題への対応を模索しました。しかし，こうした政策協調の成果を評価するためには 1980 年代のアメリカの貿易収支赤字（日本の貿易黒字）の要因を検討する必要があります。

　第 5 講で説明した弾力性アプローチを応用すれば，アメリカの貿易収支赤字（日本の貿易黒字）は円安ドル高に対する反応として説明できます。一方，

22　G7 の会合は当時，一部がフランス大蔵省の庁舎として使われていたルーブル宮で開催されました。

23　これは先進国通貨の為替相場について目標となる中心レートの上下 2.5％をリファレンス・レンジとし，為替相場がその水準から乖離した場合に各国が協調的に介入を行うというものです。

第3講で説明した IS バランス・アプローチ（アブソープション・アプローチ）によれば，アメリカの財政赤字（T-G）拡大や日本の内需不足が貿易収支不均衡の要因と見なすことができます[24]。

また 1970 年代以降，日本が資本移動の自由化を進めたことも重要です。1980 年代は資本移動の自由化とアメリカの高金利に伴い，日本の対米証券投資拡大によって金融収支がこれまでと比べて大幅な黒字となりました[25]。第2講で説明したとおり，経常収支の黒字に対しては，金融収支のほぼ同額の黒字が対応します。つまり，金融収支の不均衡拡大が経常収支，または貿易収支の大幅な不均衡をもたらしたとも言えるのです。

プラザ合意では協調介入によるドル高是正と共に，アメリカの財政赤字の削減，日本や西ドイツ（当時）の内需拡大努力も決められました。ドル高是正は弾力性アプローチに基づいた政策，アメリカの財政赤字削減や日独の内需拡大は IS バランス・アプローチに基づいた政策と言えるでしょう。

一方，日本では 1980 年代後半に国際的な政策協調を優先するため政策金利の引き上げが遅れたことが，資産市場のバブルを引き起こす要因になったと指摘され，政策協調の弊害として厳しい評価をされることもあります。

14.4 相次ぐ通貨危機

■ 資本移動の自由化と通貨危機

主要国間の為替レートは 1970 年代から変動相場制に移行しましたが，それ以降も欧州域内[26]や発展途上国，新興市場国では固定相場制が維持され，多くの発展途上国，新興市場国の通貨が US ドルに対してペッグされていました。その一方で，1990 年代になると，資本移動の自由化を背景に国際間の資金移動が急増するようになります。これは各国の経済成長に貢献したも

24　弾力性アプローチを支持する立場としてはクルーグマン（1998），IS バランス・アプローチを支持する立場としては小宮（1994）などを参照してください。

25　また，これは為替レートの円安ドル高を引き起こし，日本の対米輸出を増加させる要因となりました。

26　第15講で詳しく見るように EMU のような欧州の固定相場制は欧州域内の為替レートを安定させることを目的としていました。

のの，固定相場と自由な資本移動の共存は1990年代，世界各地で相次いだ通貨危機の原因となりました[27]。

　1992年，欧州域内の固定相場システム（ERM）に対して大規模な投機が発生し，イギリスなどが固定相場を放棄します[28]。これは欧州通貨危機と呼ばれ，その遠因は，1990年の東西ドイツ統一後に行われた大規模な公共投資によってドイツの金利が上昇したことにあると考えられています[29]。第13講のマンデル=フレミングモデルでも説明したように，資本移動が自由な場合，自国と世界の金利を一致させる必要があります。ERM加盟国の場合は，ERMの事実上の基軸通貨国であったドイツの金利上昇に追随することを余技なくされ，国内の景気が悪化しました。それによって，現行の固定相場が維持不可能という予想が金融市場で生まれ，大規模な投機が発生したのです。一方で，欧州通貨危機ではヘッジファンドの行動が大きな役割を果たし，注目を集めました[30]。

　1993年には，NAFTA（北米自由貿易協定）の締結を背景に，メキシコに大規模な資金流入が起こりました。しかし，その後のアメリカの金利上昇やメキシコの政情不安を背景にこれらの資金が急激に流出し，1994年には大規模な資本流出によってメキシコの固定相場が変動相場に移行し，その後でペソ相場の暴落が発生しました（テキーラ危機）。また，この危機は他のラテンアメリカ諸国や東南アジア諸国などに波及し，各国で通貨や株式が大量に売られました。ここから通貨危機が他国に伝播する現象をテキーラ効果と呼ぶようになりました。

　1998年にはアジア通貨危機が発生しました。アジア通貨危機については第10講のコラムで詳しく説明しましたが，大規模な金融機関の破綻を伴う

27　通貨危機については第10講も参照してください。また，固定相場と自由な資本移動を共存させた場合の問題については，第13講の「国際金融のトリレンマ」の説明も参照してください。

28　イギリス以外にイタリアも一時的に固定相場から離脱しています。

29　公共投資への支出拡大が金利を上昇させるメカニズムについては，第11講のIS-LMモデルの説明を参照してください。

30　ヘッジファンドとは私募で非登録の投資プールを運営する投資会社・パートナーシップの総称です。ほぼオフショア市場で登録され，監督や規制を受けず，多様な投資テクニックを利用できるのが特徴です。欧州通貨危機ではクォンタム・ファンドというヘッジファンドを経営していた投資家，ジョージ・ソロスが大きな役割を果たしたとされ，「イングランド銀行に勝った男」として有名になりました。

金融危機と通貨危機の「双子の危機」が生じ，関連諸国では大幅なマイナス成長となりました。

■ IMF による通貨危機対応の失敗

欧州通貨危機を除き，国際社会の通貨危機への対応では IMF（国際通貨基金）が中心的な役割を果たしました。しかし，特にアジア通貨危機では IMFによる支援は逆に支援受入国の危機を深刻化させたという批判を浴びることになりました。これはなぜでしょうか。

1970 年代以降，IMF は新興市場国や発展途上国の通貨危機への支援を主要業務にするようになっています。IMF は支援受入国に，国際収支を改善するための融資を実施しますが，これらの融資プログラムには借入国が従うべきコンディショナリティ（融資条件：Conditionality）が設定されています。

コンディショナリティには，融資の目的を実現するために求められるマクロ経済政策や構造改革が規定されています。具体的には，多くのコンディショナリティが金融の引き締め，財政支出の削減や国営企業の民営化・貿易自由化といった一連の政策を含んでいました。これらの政策のうち金融引き締めや財政支出の削減は支援受入国の総需要を抑え，輸入を減らすことで経常収支を改善し，インフレを抑制することを意図しています。また，国営企業の民営化・貿易自由化は中長期的な経済成長率を高め，融資の返済を可能にすることを目的とします。しかし，金融引き締めや財政支出の削減といった政策は，かえって支援受入国の経済状況を悪化させ，アジアなどでは危機を一層深刻化させたという批判があります[31]。

■ アジア域内の通貨協力

相次ぐ通貨危機は，その後の東アジアの地域協力や経済運営に影響を与えました。まずアジア通貨危機の後，東アジア域内での通貨・金融協力が進展しました。アジア地域の通貨協力の中心は 2000 年に ASEAN プラス 3（日本・中国・韓国）で合意されたチェンマイ・イニシアティブ（Chiang Mai

---

31　具体的には，スティグリッツ（2002）などを参照してください。また，IMF 自身もコンディショナリティの適用などについて見直しをおこなっています。

Initiative：CMI）です[32]。CMI の主な枠組みは通貨スワップ協定と域内経済サーベイランスから成っています。

　通貨スワップ協定は，危機の際に各国が保有する外貨準備を互いに融通する取り決めです。これによって各国は通貨危機に対処する能力を高めることになります。また，域内経済サーベイランスとは専門家による域内の経済状況についての監視・評価です。これによって互いの経済運営を監視・評価しあうことで危機を予防することを目指しています[33]。

■ 東アジア諸国の政策転換

　通貨危機後，多くの東アジア諸国は為替相場制度をより変動的な制度に移行し通貨危機の再発を防ぐ一方，経常収支の黒字を保ち，外貨準備を積み増す政策を採用しました。対外借入れを減らし，外貨準備を増加させる政策は，アジア通貨危機の際に深刻な問題になった急激な資本流出の影響を緩和できると期待されます[34]。実際，2008 年の世界金融危機では東アジア諸国の影響は比較的軽微でした。しかし，東アジア諸国の経常収支黒字増加は次節で説明する経常収支のグローバル・インバランスに影響を与えた可能性があります。

14.5　グローバル・インバランスから世界金融危機へ

■ 長期的好況とグローバル・インバランス

　2002 年，ヨーロッパの共通通貨ユーロが流通し始めしました。世界第 2 位の経済規模を有するユーロ圏での共通通貨の出現は世界経済に大きなインパクトを与えました。一方で，1990 年代後半から 2000 年代前半にかけてアメリカ経済は長期的な好況を実現し，このアメリカとヨーロッパを中心に世

32　2000 年 5 月にタイのチェンマイで開催された第 2 回 ASEAN＋3 財務大臣会議で合意されたので，このように呼ばれます。

33　2011 年には常設のサーベイランス組織として ASEAN＋3 Macroeconomic Research Office （AMRO）がシンガポールに設置されました。

34　**第 10 講のコラム**を参照。

界的な資金の移動が急速に拡大しました。この時期の米欧間の資金移動の特徴は，米から欧州への投資，欧州から米への投資が双方向で拡大したことです。特に，欧州の金融機関がアメリカでドル資金を調達し，それをアメリカの金融商品に再投資する取引が大規模に行われていました[35]。

また同じ時期，アメリカと一部の欧州諸国は民間需要の拡大を背景に経常収支赤字を拡大させ，その貿易相手国である東アジア諸国や産油諸国は経常収支黒字を拡大しました。この国際的な経常収支の不均衡をグローバル・インバランス（Global Imbalance）と呼びます。前節でも触れたとおり，東アジア諸国が経常収支黒字を維持し，外貨準備（その多くはアメリカ国債）を積み増す政策をとったことは，グローバル・インバランスを拡大する一因になったと考えられます。

■ リーマン・ショックと通貨スワップ協定

2000年代に急拡大した国際資金移動は，2008年のリーマン・ショックをきっかけとする世界的な金融危機によって急激に縮小します。世界金融危機によってアメリカの金融市場が麻痺したため，各国の金融機関はドル資金の調達が困難になりました。特に大規模にドル資金を調達してアメリカの金融商品に投資をしていたヨーロッパの金融機関は深刻なドルの流動性不足に直面しました。

これに対して，アメリカの中央銀行にあたるFRB（連邦準備制度理事会）は各国の中央銀行と通貨スワップ協定を結び，各国に短期的なドル流動性を供給することで，国際金融市場の危機の拡大を防ぎました。世界金融危機ではIMFも新興国や途上国に支援を行いましたが，危機時の流動性供給の手段としてはFRBを中心とする中央銀行間の通貨スワップでの対処が一般的になりつつあります。

---

[35] 欧州の金融機関が投資した金融商品の多くはMBS（Mortgage Backed Securities：モーゲージ担保証券）やABS（Asset Backed Securities：資産担保証券）のような証券化金融商品であったと考えられています。証券化金融商品とは，金融機関や企業が保有する資産をオフバランス（帳簿外）化して切り離し，その資産が将来生み出すキャッシュフローを元にした金融商品です。

14.6 まとめ----------------------------------

　本講では為替相場制度の歴史を振り返ってきました。歴史からは為替相場制度が世界経済の動向に影響を与え，また影響を受けてきたことが読み取れたのではないでしょうか。また，本講の最初で為替相場制度より広い国際金融アーキテクチャーという概念を紹介しました。本講の説明を通じて，国際金融アーキテクチャーの重要な要素には為替相場制度だけでなく，危機時に流動性を供給する IMF などの国際機関や，G7 のような各国が政策を協議する制度も含まれることがわかったのではないかと思います。

■ Active Learning

《理解度チェック》···
- □ 1　金本位制の利点を 2 つ挙げて説明してください。
- □ 2　再建金本位制が挫折した理由を説明してください。
- □ 3　ブレトンウッズ体制における US ドルの役割を説明してください。
- □ 4　1985 年，プラザ合意で各国が合意に至った背景を説明してください。
- □ 5　アジア通貨危機における IMF 支援の問題点について説明してください。
- □ 6　世界金融危機で国際流動性の供給に大きな役割を果たした機関はどこでしょうか。

《調べてみよう》···
- [1]　1980 年代の政策協調では各国がどのような利害関係で動いていたのか，分析してみましょう。
- [2]　IMF（国際通貨基金）のガバナンス構造やその問題点について調べてみましょう。

《Discussion》···
　本講では，IMF が独占的に果たしていた「最後の貸し手」機能が FRB や地域金融協力などに代替されつつあることを示しましたが，この動きのメリットとデメ

リットについて考えてみましょう。

文献紹介

- 上川孝夫・矢後和彦編（2007）『国際金融史』有斐閣
  上級のテキストですが **14.1〜14.3 節**の内容について深く学びたい人は取り組んでみましょう。
- 大田英明（2009）『IMF（国際通貨基金）——使命と誤算』中央公論新社
- 小川英治・岡野衛士（2016）『国際金融』東洋経済新報社
- 小宮隆太郎（1994）『貿易黒字・赤字の経済学——日米摩擦の愚かさ』東洋経済新報社
- 船橋洋一（1992）『通貨烈烈』朝日新聞出版
- ポール・クルーグマン（1990）『為替レートの謎を解く』伊藤隆敏（訳），東洋経済新報社
- ポール・クルーグマン（1998）『通貨政策の経済学——マサチューセッツ・アベニュー・モデル』林康史・河野龍太郎（訳），東洋経済新報社
- P. R. クルーグマン・M. オブズトフェルド・M. J. メリッツ（2017）『クルーグマン国際経済学——理論と政策［原書第 10 版］（下）』山形浩生・守岡桜（訳），丸善出版
- ジョセフ・E・スティグリッツ（2002）『世界を不幸にしたグローバリズムの正体』鈴木主税（訳），徳間書店
- ピーター・テミン（1994）『大恐慌の教訓』猪木武徳・山本貴之・鳩澤歩（訳），東洋経済新報社

第15講
通貨統合とユーロ

■ 1999 年に EU（European Union：欧州連合）11 カ国が，共通通貨ユーロを導入したことは世界経済に大きなインパクトを与えました。ユーロを通貨として採用した EU 諸国は 2019 年現在で 19 カ国にまで拡大しました[1]。一方で 2010 年頃から深刻化した欧州債務危機では，一時期ギリシャのユーロからの離脱が取りざたされるなどユーロ圏の安定性に疑問が投げかけられました。

　本講では，まずユーロに代表される通貨統合について最適通貨圏の理論という枠組みを使って理論的に考察します。後半ではユーロの誕生までの経緯，その仕組み，そして近年の欧州債務危機で表面化した問題点について解説します。

15.1　通貨統合----------------------------------

■ 通貨統合とは

　通貨統合（Monetary Unification）とは，異なる国家が共通の通貨を使用することを指します。通貨を統合すると，参加国同士の為替レートが消滅し，その変動が不可能になるため，理論上は固定為替相場の一種で，参加国間の為替レートの変動が最も厳しく制約される制度と考えることができます。

　通貨統合の形式は大きく通貨同盟（Monetary Union）とドル化（Dollarization）に分かれます。

1　アイルランド，イタリア，エストニア，オーストリア，オランダ，キプロス，ギリシャ，スペイン，スロバキア，スロベニア，ドイツ，フィンランド，フランス，ベルギー，ポルトガル，マルタ，ラトビア，リトアニア，ルクセンブルク。

通貨同盟とは，加盟国が独自通貨を保有せず共通通貨を流通させる形式です。通貨同盟の事例としては共通通貨ユーロを流通させている欧州の経済通貨同盟（Economic and Monetary Union：EMU）が最も有名ですが，その他にも 2019 年現在では，共通通貨 CFA フランを流通させている西アフリカ経済通貨同盟（Union Économique et Monétaire de l'Aflique de l'Ouest：UÉMOA）や中部アフリカ経済通貨共同体（Communauté Économique et Monétaire de l'Aflique Centrale：CEMAC）などが複数国による通貨同盟を形成しています。

これに対して，ドル化とは国家が外国通貨を法定通貨として流通させる形式です[2]。現在，ドル化を採用している国は 13 カ国ありますが（**第 10 講**，図表 10-1 参照），具体的には米ドルを法定通貨として採用している中南米のパナマやエルサルバドル，ユーロを法定通貨として採用しているアンドラ，コソボ，モンテネグロなどが挙げられます。

■ 通貨統合による利益

ある国が自国通貨を放棄して共通通貨を採用した場合，それによる利益（Gain）と損失（Loss）が存在すると考えられます。本節ではまず，通貨統合によって得られる利益について考察します。

通貨統合による利益として第一に挙げられるのが，両替に代表される取引費用の低下です。共通通貨の導入によって域内では通貨を両替する必要がなくなります。1990 年の研究によれば，当時の EC（European Community：欧州共同体）では取引費用の額は域内 GDP の 0.25～0.5％程度であったと見積もられています。

第二に，経済取引における為替リスクの低下（**第 13 講**の説明を参照）が挙げられます。これらは，固定相場制度一般に見られる特徴ですが，通貨統合は固定相場制度の一種なので通貨統合による利益と見なすことができます。

第三に，固定相場制度のデメリットであった通貨危機のリスクは通貨統合では消失すると考えられます。通常の固定相場制度の場合，為替相場変更の

---

2 これに対し，国家が法制通貨として認めていない外国通貨が国内で広範に流通している状況を「事実上（De Facto）のドル化」と呼びます。事実上のドル化は発展途上国で広く見られる現象です。

可能性が存在するため投機攻撃を誘発します。為替相場変更が制度的に不可能な共通通貨ではこのようなリスクがなくなるのです。

第四に，ユーロのような大規模な経済圏における通貨統合の場合，共通通貨が国際的に使用される可能性が高まります。

一般に，米ドルを代表とする国際的な取引で広範に使用される通貨は国際通貨と呼ばれます。ある通貨が国際通貨として使用されるとき，その発行国は各種の利益を得られます。まず，国際金融市場では国際通貨建て資産の流動性が高まるので，他の条件（収益性やリスクなど）が等しければ，投資家はこれらの資産を好んで保有します。さらに域外の取引や他国の外貨準備のために国際通貨が受容されるため，発行国は追加的な通貨発行益（シニョレッジ）を獲得することができます[3]。ユーロも国際通貨化によって，米ドルと同様のメリットを享受できる可能性があるでしょう。

また図表 15-1 で示しているように，その国と通貨圏の間の経済統合度が高まるほど，通貨統合の利益は一般的に増加すると考えられます（右上がりの GG 曲線によって表されています）。経済統合度とはその国と通貨圏の間の財市場，労働市場，資本市場が統合されている程度を指します。

具体的には，域内で関税や非関税障壁，資本・労働の移動に対する規制が撤廃され，同時に輸送・通信などの費用が低下することで，域内の経済主体が全ての国の市場で自国同様に経済活動をできることを意味します。例えば，欧州共同市場[4]では人，物，サービス，資本の移動の自由を目標として掲げ，関税の撤廃だけでなく，域内の人，物の移動に関する国境検査の撤廃[5]，（加盟国）労働者の自由な移動（就労）の保障，金融機関の営業免許の単一化（単一パスポート制度)[6]などが実現しています。

上で説明した取引費用や為替リスクの低下による利益などは，経済統合度が高まるほど大きくなることは明らかなので，図表 15-1 のような関係は直

3 　詳しくはアイケングリーン（2012）も参照してください。通貨発行益（シニョレッジ）については福田（2013）の第 13 章などを参照してください。

4 　詳しくは **15.4 節**を参照。

5 　正確には，シェンゲン協定に参加している欧州諸国の間では，域内の人の移動に対して国境検査を廃止しています。

6 　欧州共同市場（単一市場）では，域内のいずれかの国で免許を取得した金融機関は域内の他国でも同じ免許で営業できるという制度です。

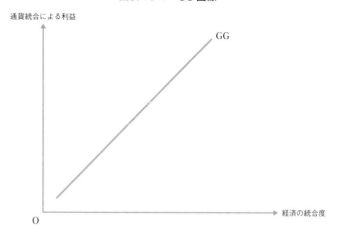

図表 15-1　GG 曲線

観的に理解しやすいでしょう。

■ 通貨統合による損失

　通貨統合によって，参加国が被る損失としてはどのようなことが考えられるでしょうか。**第 13 講**のマンデル＝フレミングモデルの分析によって，固定相場制度の下では金融政策が無効になることがわかりました。通貨統合も固定相場制度の一種なので，共通通貨を導入した場合，参加国が独自に金融政策を行うことはできなくなります。

　共通通貨圏内の金融政策を考える場合，域内で発生する経済的なショックの性質が重要になります。ここで言うショックとは景気変動や消費者の好みの変化などによって財需要が増加・減少する需要ショックや，エネルギー価格の変動などによって財の生産費用が上昇・低下する供給ショックなどを指しています。

　共通通貨圏内のショックは対称なショックと非対称なショックに区別することができます。例えば，需要ショックの場合では，同一のショックがドイツの財に対する需要は増加させるが，フランスの財に対する需要は減少させるといった各国の財への需要に異なった影響を与えるとき，これを非対称な

ショックと呼びます。これに対して，同一のショックが，各国の財への需要に同じような影響を与える場合，これを対称なショックと呼びます。供給ショックの場合も同じように考えることができます。

さて，域内で対称的なショックが発生したとき，**第 11 講**や**第 13 講**で説明したとおり，通貨圏の統一中央銀行が金融政策を発動することで対応することができます[7]。また，共通通貨と域外通貨の為替レートが変動している場合，為替レートの変化によって需要などが調整される可能性があります。

しかし，非対称なショックが発生したときはどちらの手段も利用することが難しくなります。例えば，通貨圏で非対称な需要ショックが発生し，域内の A 国では自国財の需要が増加する（ことによって景気が過熱する）一方，B 国では自国財の需要が減少する（ことによって景気が悪化する）とします。

このような場合，統一中央銀行が金融緩和政策で対応すると B 国の景気は回復する一方で，A 国の景気はさらに過熱してしまう（行き過ぎたインフレを起こす）可能性があります。域外通貨との為替レートも自国通貨安に動く可能性があるので，同様に A 国の景気を過熱させるかもしれません。もちろん，金融引き締め政策で対応した場合は，B 国の景気をさらに悪化させてしまいます。

このように，通貨が統合されている地域は非対称なショックに対して金融政策や為替レートの変動によって調整することが困難になり，これを通貨統合による経済的安定性の損失と見なすことができます。通貨統合による損失の大きさは，金融政策や為替レート以外の経路を通じて，どれくらい非対称なショックが調整されるかによって決まります。そして，次の節で詳しく説明しますが，ある国が通貨統合によって受ける損失は，通貨圏との経済統合度が高いほど小さくなると考えられます。

つまり，通貨統合による損失と経済統合度の関係は**図表 15-2** のように右下がりの関係（LL 曲線）になると考えられます。

---

7 後でユーロ圏の欧州中央銀行（ECB）について説明するとおり，通貨同盟の中央銀行は実質的に単一になります。ドル化の場合も採用通貨発行国の中央銀行の政策に従うことになるので，中央銀行は共通になります。

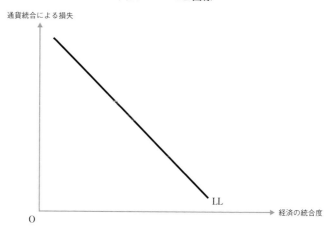

図表 15-2　LL 曲線

通貨統合による損失

LL

O　　　　　　　　　　　　　　　　　　経済の統合度

15.2　最適通貨圏（OCA）

■ GG-LL アプローチ

前節では，ある国が共通通貨に参加することによって受ける利益と損失について簡単に考察してきました。そこでの分析で得られた GG 曲線と LL 曲線を利用することで，共通通貨導入の経済的な帰結（利益と損失のどちらが大きいか）を分析するフレームワーク，GG-LL アプローチを提示することができます[8]。

図表 15-3 は図表 15-1 と図表 15-2 を重ねて描いています。図表 15-3 から通貨統合による利益を示す GG 曲線と通貨統合による損失を示す LL 曲線の交点 A で利益と損失の水準が一致することがわかります。つまり GG 曲線と LL 曲線の縦軸方向の格差が純利益（または純損失）の大きさを表していて，交点 A に対応する経済統合度 α_1 の右側では通貨統合による利益が損

8　GG-LL アプローチはクルーグマン（P. Krugman）が初めて導入しました。詳しくは彼らの教
　科書（クルーグマンほか（2017））も参照してください。

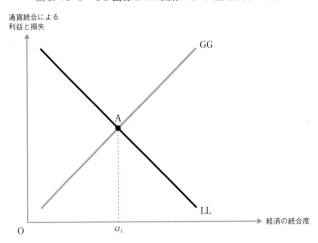

図表15-3　GG 曲線と LL 曲線による通貨統合の分析

失を上回り，その国は共通通貨の導入に適していると判断できます。

　つまり GG-LL アプローチによれば，通貨圏全体との経済統合度の高さが，ある国にとっての共通通貨の導入の適否を左右することになります。また，統合度が高い地域（国）ほど，より通貨統合によって大きな純利益（利益－損失）を得ることがわかります。

■ 最適通貨圏（OCA）とは

　前節のような分析によって，互いに共通通貨を使用することが経済的に有利な地理的範囲を確定させることが理論的には可能です。このような条件を満たす地域を最適通貨圏（Optimal Currency Area：OCA）と呼びます。

　1960 年代以降，ロバート・マンデル（R. A. Mundell）やロバート・マッキノン（R. J. Mckinnon），ピーター・ケネン（P. B. Kenen）といった研究者達がOCA に関する研究を進めました[9]。マンデルは，アメリカとカナダの一部地

9　上記の研究者のうち，マンデルは 1999 年のノーベル経済学賞を受賞しました。彼の受賞理由はこの OCA 理論や**第 12 講**，**第 13 講**で学んだマンデル＝フレミングモデル等による経済学への貢献でした。

域の間で共通通貨を採用する可能性について考察し，最適通貨圏（OCA）は各国の国境線と必ずしも一致しないと指摘しました（マンデル（2000））。その他にも，OCAという考え方によって通貨に関する様々な可能性を考えることができます。例えば，現在のユーロ圏は実際にOCAになっているのか，あるいは東アジアのような地域がOCAになりうるのかについて分析した研究は数多く行われています。また，これとは逆の発想もできます。もしも日本全体がOCAになっていなければ，北海道円や関東円など，地域によって異なる通貨を流通させた方が経済的に有利かもしれません。

　上記の研究者達は，次節で紹介するように，経済統合度，経済構造の多様化，財政の統合といった諸要因が，共通通貨導入による損失の程度を決めることを明らかにしています。ある地域は，通貨統合によって得る利益を一定とすると，損失が小さいほど純利益が大きくなるので，最適通貨圏に含まれる可能性が高まります（図表15-3で交点Aの右側に位置する可能性が高まります）。そのため，これらの諸要因は最適通貨（OCA）基準とも呼ばれ，その役割は，GG-LLアプローチによってよりよく理解することができます。これらの理論的枠組みは最適通貨圏理論と呼ばれています。

15.3　OCA 基準

　本節では，個々のOCA基準についてGG-LLアプローチと関連させながら，見ていきましょう。

■ 財市場の統合度

　財市場の統合度とは，域内輸出および輸入の対GDP比などで測った貿易上の緊密性と定義できます。財市場の統合度が高い場合，各地域への非対称なショックは輸出と輸入の変化によって相殺されるので，各国の景気の間の不均衡が縮小し平準化が進みます。

　具体的にA国とB国の2国のケースで説明してみましょう。**第3講**で説明した輸入関数にしたがって，各国の輸入はその所得に比例する一方，輸出

図表15-4　財市場を通じた非対称ショックの調整

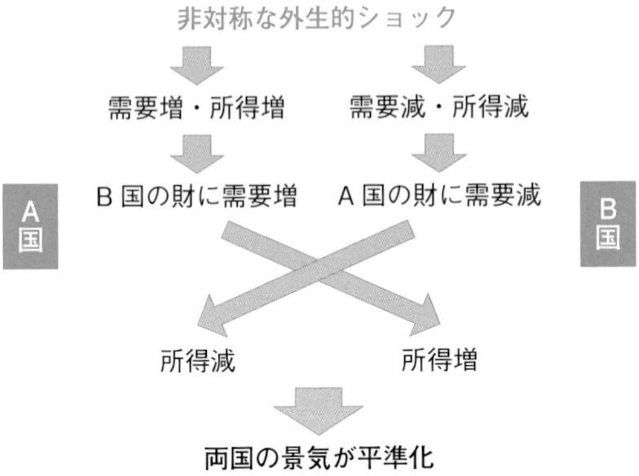

はその国の有効需要の一部となります。そのため，A国で自国財の需要増（正のショック），B国で自国財の需要減（負のショック）となるような非対称なショックが発生した場合，図表15-4のような調整メカニズムが働きます。

　正のショックを受けたA国では所得が増加し，その一部がB国からの財の輸入に使われることで，B国の輸出を増加させます。一方で，B国の所得減少によって，A国からの財の輸入が減少し，A国の有効需要を減らします。こうして，A国では最初のショックで生じた所得増が縮小する一方，B国では最初の所得減から回復するため，上記の調整メカニズムは両国の景気を平準化させることがわかります。

■ 労働市場の統合度

　労働市場の統合度は通貨圏内の経済統合度の重要な要素の一つです。共通通貨圏内の労働者が域内で自由に移動できる場合，域内の労働市場は統合されているといえます。

　なぜ労働の移動可能性が通貨統合による損失の大きさを決める要因となるのでしょうか。それは，通貨圏域内の労働の移動が非対称なショックを調整するメカニズムとして働きうるためです。

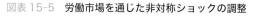

図表15-5　労働市場を通じた非対称ショックの調整

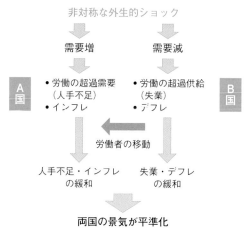

　前のケースと同様に通貨圏内のA国で需要増，B国で需要減となるような非対称なショックを考えましょう。図表15-5のようにA国では需要増による人手不足，B国では需要減による失業が発生します。また，これは物価面でもA国ではインフレ的，B国ではデフレ的なショックとして働きます。

　すでに述べたようにこのようなショックに対して通貨圏全体の金融政策や為替相場ではうまく調整することができません。

　しかし，域内で労働力の移動が自由な場合，B国からA国に労働が移動することで域内での人手不足，失業の発生や物価の変動を防ぐことができます。

　図表15-2で提示した右下がりのLL曲線はGG-LLアプローチで不可欠な役割を果たします。15.1節で述べたように，右下がりのLL曲線は通貨統合による安定性の損失は経済統合度が高いほど低くなるという想定から導かれています。財市場，労働市場の統合度という基準は，この想定を理論的に支えていることがわかります。

■ 経済構造の類似性

15.1 節でも説明したように，通貨統合が参加国経済の安定性にとって損失となるのは，非対称なショックが発生する場合です。つまり，通貨圏域内で発生するショックが対称であるほど損失は減少します。

通貨圏域内で発生するショックがどれだけ対称的になるかは，域内各国の経済構造の類似の程度に影響されると考えられます。さらに，経済構造の類似度を高めるのが経済構造の多様化です。経済構造の多様化とは各国が産出量，雇用の面で特定の産業に特化せずに，複数の部門に分散していることを指します。そのため，多様化が進んだ地域では各国が同じ産業部門を有する傾向が強くなります。

消費者の好みの変化のような外生的なショックは，特定の産業部門に強く影響することが多いため，部門間で非対称なショックとなる傾向があります[10]。しかし，経済構造が同じであれば各国間では対称なショックとなります。一方，多様化の度合いが低い各国が特定部門に特化した地域では，各国間の産業構造の類似性が低く，域内で非対称なショックが発生する可能性が高まります。

図表 15-6 のように A 国，B 国の 2 国からなる通貨圏に，自動車，農産物という 2 財の生産部門が存在するケースを考えます。この場合，部門間で需要に非対称なショック，例えば自動車に正の需要ショック（プラス 10％），農産物に負の需要ショック（マイナス 10％）が発生したらどうなるでしょうか。両国がそれぞれ自動車と農産物の生産に特化していた場合，これは両国間で非対称なショックとなります。図表 15-6 から自動車に特化した A 国は産出額がショック前から 10％増加する（200 ⇒ 220）一方，農産物に特化した B 国は産出額が 10％減少します（200 ⇒ 180）。しかし，両国が自動車，農産物の両部門を同じ規模で抱えている場合は両国間で対称なショックとなり，この場合はショック後も両国の産出額合計は変化しません（200 ⇒ 200）。

すでに説明したとおり，対称なショックについては通貨圏全体の金融政策

10　例えば，1930 年代に人工繊維のナイロンが開発され，女性のストッキングなどの需要は絹製から安くて丈夫なナイロン製に移りました。これは化学産業に正の需要ショックとなりましたが，かつて日本の重要産業だった絹産業では深刻な負の需要ショックとなりました。

A国が自動車，B国が農作物に特化したケース

		ショック前	ショック後
A国	自動車部門産出額	200	220
	産出額合計	200	220
B国	農産物部門産出額	200	180
	産出額合計	200	180

A国，B国とも自動車，農作物を生産するケース

		ショック前	ショック後
A国・B国とも	自動車部門産出額	100	110
	農作物部門産出額	100	90
	産出額合計	200	200

や為替相場によって調整されますが，経済構造が多様化していれば国内で農産物部門から自動車部門へ生産要素（労働者など）が移動することによって調整される可能性もあります。このような点から経済構造が類似している（かつ域内各国の経済構造が多様化している）地域では，経済統合度が同水準でも通貨統合の損失は低くなると考えられます。

■ 財 政 統 合

　非対称なショックが起こった場合に調整される経路は，必ずしも金融政策や為替レートだけではありません。日本国内で非対称なショックが起こった場合，負のショックが起きた都道府県（以下県）では税収などが減る一方で，その県に対する失業給付金などの支払いは増加します。逆に正のショックが起きた県では税収が増える一方で，県への支払いは減る傾向にあるでしょう。

　このような国内のある地域からの税収などを他の地域で支出することによって，地域間で所得を移転することは地域間の財政移転（Fiscal Transfer）と呼ばれ，財政・社会保障のビルトイン・スタビライザー（Built-in Stabilizer）機能や裁量的財政政策を通じて実現します[1]。つまり，国内では中央政府が

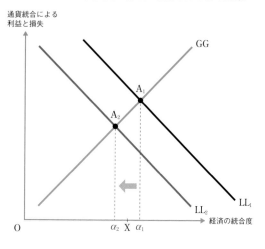

図表15-7　通貨圏内で財政が統合したときの効果

財政移転によって，正のショックが起きた地域から負のショックが起きた地域へ移転を行い，非対称なショックを平準化する役割を果たすことができます。

　通貨同盟の場合も，参加国間の財政移転が自由に行われれば，非対称なショックを調整する有力な手段になります。そのためには域内で財政政策も統合されていなければなりません。このような国家間の財政政策の統合を財政同盟と呼びます。

　財政統合の役割も図表15-7のように，GG-LLアプローチによって分析することができます。例えば，ある国が図表15-7の α_1 と α_2 の間のXに位置しているとします。ここで財政統合の進展によって財政移転の可能性が高まった場合，他の面で経済統合度が一定でも，通貨統合のコストはLL線のLL$_1$からLL$_2$へ下方にシフトします。この場合，交点がA$_1$からA$_2$へ移動し，通貨統合による利益が損失を超える範囲が拡大するので，この国で通貨統合が経済的に有利になる可能性が高まります[12]。

11　ビルトイン・スタビライザーとは財政制度自体に備わった，自動的な景気安定化機能を指します。本文で説明したように，税制や失業給付のような制度を通じて働きます。

15.4 欧州通貨統合

■ 欧州通貨統合の歩み

　共通通貨ユーロを誕生させた欧州通貨統合とは，長い年月をかけて実現されたプロジェクトです。本節では共通通貨ユーロが導入されるまでの欧州通貨統合の歩みを振り返ります。

　第二次世界大戦後，欧州は様々な経済統合の試みを進めてきました。その第一歩が 1952 年に設立された欧州石炭鉄鋼共同体（European Coal and Steel Community：ECSC）です。ECSC は戦略物資であった石炭と鉄鋼の共同管理を通じて欧州の平和を維持することを主要な目的として設立されました。加盟国（西ドイツ，フランス，イタリア，オランダ，ベルギー，ルクセンブルグの 6 カ国）によって石炭，鉄鋼の共同市場が創設され，1958 年にはこの 6 カ国が全面的な共同市場を目指す，欧州経済共同体（European Economic Community：EEC）を設立します。これらの共同体が現在の EU の母体となっています。

　欧州諸国が通貨統合へと踏み出したのは 1970 年代です。ブレトンウッズ体制末期の 1971 年，スミソニアン合意（**第 14 講**参照）によって固定為替相場の変動幅は上下 2.25％に拡大しました。この変動幅では欧州通貨間の為替相場は最大で 9％変動する可能性がありました[13]。これに対し，1971 年に欧州各国は欧州為替相場同盟（通称スネーク）を結成し，互いの為替レートの変動を上下 1.125％に抑えることで合意しました。つまり，スネークでは欧州域内の為替相場の変動幅を最大 2.25％に抑えることになりました[14]。これは欧州域内の通貨制度協調に対する初めての試みでしたが，為替相場の安定化は西ドイツを中心とする一部のグループでしか成功しませんでした。

12　先述した経済構造の類似度の上昇も同様の効果を持ちます。

13　この制度の下で各通貨は米ドルとの相場が固定されているので，為替レートは対ドルで最大 4.5％変動します。そのため米ドル以外の通貨間では，変動の上限はそれぞれの対ドルレートの変動上限の合計である 9％となります。

14　スミソニアン体制で拡大した固定為替相場の変動幅が拡大したことを指して，「トンネル」と呼んだため，欧州の試みは「トンネルの中の蛇（スネーク）」と称されました。

1979 年，欧州に本格的な通貨圏を創出する試みとして欧州共同体（EC）[15]
の 8 カ国により欧州通貨制度（European Monetary System：EMS）が結成され
ました。この EMS がその後の欧州通貨統合の基盤となります。

EMS では欧州通貨単位（European Currency Unit：ECU）と為替レートメカニ
ズム（Exchange Rate Mechanism：ERM）が導入されました。ECU は各国通貨
から合成されたバスケット方式の通貨単位です。また ERM とは，ECU を
基準とした固定為替相場システムで変動幅は中心相場から上下 2.25％とされ
ました[16]。しかし，実際には域内で圧倒的な経済力を持つドイツマルクが事
実上の基軸通貨となりました。

1970 年代以降，欧州諸国の経済は低成長，高失業率に悩み，悲観的な見
方が広がっていました（ユーロ・ペシミズム）。そのような状況の中，欧州諸
国では域内統合によって巨大市場を生み出すことで，経済停滞から脱しよう
とする動きが生まれました。その成果として生まれたのが，1992 年末まで
の欧州単一市場の実現を目指した単一欧州議定書です（1987 年発効）。

この動きをさらに進めるため，1989 年に欧州理事会の求めによって作成
されたドロール報告書（欧州の経済・通貨同盟に関する報告書）では，次のよ
うな 3 段階で，欧州通貨統合を実現するための具体的なスケジュールを提案
されました。同報告書はその後の通貨統合のロードマップとなりました。

第一段階（1990〜1993 年）

この段階では主に人，物，サービス，資本が自由に動く単一市場を完成さ
せることが主な目標になりました。まず，1992 年に単一市場が完成すると
共に，欧州通貨統合のその後の工程を定めたマーストリヒト条約（欧州連合条
約）が 12 カ国によって調印されました。マーストリヒト条約では通貨統合
に参加するための下記の経済的基準（収斂条件）も定められました。

---

15 1967 年，ECSC と EEC は欧州原子力共同体（European Atomic Energy Community：
    EURATOM）と運営機構を一体化しました。そのため，これらの共同体を EC（欧州共同体）と
    総称するようになりました。
16 しかし，実際は参加国による中心相場の再調整がたびたび行われました。さらに 1992 年の欧
    州通貨危機では，固定相場への投機攻撃にみまわれたイギリスとイタリアが ERM から離脱して
    います（イタリアは後に復帰）。

⑴ インフレ率が最も低い 3 カ国の平均から 1.5％以内

⑵ 長期金利が，インフレ率が最も低い 3 カ国の平均から 2％以内

⑶ 一般政府の財政赤字が対 GDP 比で 3％以内

⑷ 一般政府の債務残高が対 GDP 比で 60％以内

⑸ 通貨が最低 2 年間 ERM にとどまり，切下げをしていない

　収斂基準では，参加国に①物価と金利の安定性，②財政の健全性，③為替レートの安定性，が求められ，主に統合後の通貨の健全性の維持を念頭に置いていると考えられます[17]。

第二段階（1994〜1998 年）

　第二段階では共通通貨創設を準備する中央銀行組織を設立し，金融政策の協調を強化することが目標となりました。そのため 1994 年，マーストリヒト条約の規定に基づいて，欧州諸国の中央銀行から構成される欧州通貨機構（European Monetary Institute：EMI）が設立されました。EMI は共通通貨創設の準備にあたると共に金融政策の協調を深化させました。そして 1998 年末，最終的に 11 カ国が通貨統合に参加を認められました[18]。

第三段階（1999 年〜）

　1998 年末をもって，参加国通貨とユーロの交換比率は不可逆に固定されました。そして，1999 年からは，インターバンク市場を含め，銀行口座振込やクレジットカード，小切手のような現金以外の金融取引で，参加国通貨に換わってユーロが導入されます。最終的に 2002 年，各国の現金通貨をユーロに交換することによって通貨統合が完成しました。

■ ユーロ圏の金融政策と決済システム

　通貨同盟の形で通貨を統合させるためには，単に共通通貨を導入するだけではなく共通の中央銀行や決済システムの構築が不可欠になります。

17　他方で，これらの基準は経済学的な根拠が薄いという批判もあります。
18　特に財政赤字と政府債務残高については基準を満たしていない国が複数ありましたが，条件の柔軟な解釈によって参加が認められました。

図表 15-8　ユーロシステムにおける金融政策の仕組み

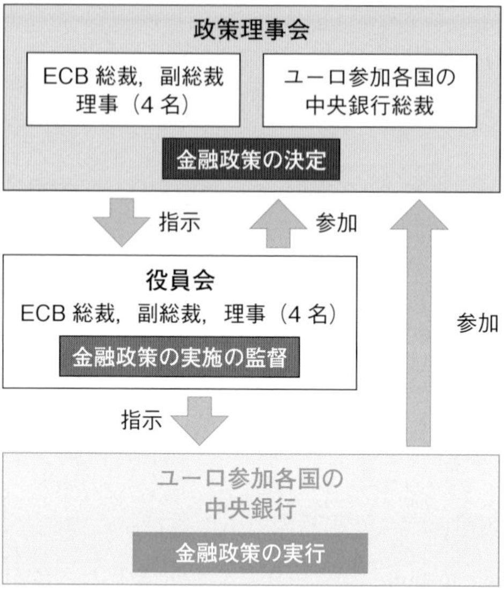

政策理事会

ECB 総裁，副総裁
理事（4 名）　　　　　ユーロ参加各国の
　　　　　　　　　　　　中央銀行総裁

金融政策の決定

指示　　参加

役員会
ECB 総裁，副総裁，理事（4 名）

金融政策の実施の監督

参加

指示

ユーロ参加各国の
中央銀行

金融政策の実行

　ユーロ圏における金融政策を担う中央銀行制度は，ドイツのフランクフル
トに所在する欧州中央銀行（European Central Bank：ECB）と各国の中央銀行
から形成され，ユーロシステム（Eurosystem）と呼ばれています。ユーロシ
ステムにおいて，域内の金融政策は ECB が一元的に決定します。

　図表 15-8 に示したとおり，各国中央銀行の総裁は ECB 政策理事会のメ
ンバーとして参加するものの，ECB 政策理事会の決定に従って政策を実行
することになります。

　また，欧州域内で銀行間の資金決済を行うために TARGET（Trans-
European Automated Real-time Gross Settlement Express System）が導入されま
した。ECB によって運営される TARGET は，各国の中央銀行と民間銀行を
結ぶ決済システムをリンクさせることで，域内全体の決済システムを構成し
ています。TARGET によって域内各国間の取引は，それまでのコルレス銀
行[19] 経由ではなく，国内と同様に共通の資金決済システムを通じて行われる
ことになりました。

■ ユーロ圏の拡大と欧州債務危機

1999 年の導入当初，11 カ国だったユーロ圏（ユーロを採用する EU 諸国）は，現在 19 カ国まで拡大しました[20]。これに伴い，現在ではユーロは国際取引や外貨準備通貨などの面で米ドルに次ぐ国際通貨になりつつあります。

しかし，2010 年に始まった欧州債務危機では一時期，ギリシャのユーロからの離脱が取りざたされるなど，ユーロ圏の安定性に疑問が投げかけられました。

欧州債務危機は 2009 年，ギリシャで成立した新政権が，前政権による巨額の財政赤字隠蔽を明らかにし，同国の国債価格が急落したことから始まりました。これをきっかけに南欧を中心とするユーロ圏の一部（GIIPS）[21] の債務問題がクローズアップされ，これらの国の国債価格も急落する事態となります。

なぜユーロ圏の一部の国の財政問題が，ユーロ圏全体をゆるがせる問題となったのでしょうか。第一の理由として収斂基準で求められた財政規律が，必ずしも遵守されていなかったことが挙げられます。EU で 1997 年に採択された安定・成長協定（the Stability and Growth Pact）では，ユーロ加盟国がユーロ導入後も，収斂基準の財政規律の条件(3), (4)を遵守する義務が課されましたが，ユーロ導入後，ドイツやフランスを含む複数のユーロ参加国が安定・成長協定に違反し，財政規律が守られていたとは必ずしも言えません。

第二の理由として，通貨同盟の加盟国が国毎に国債を発行する場合，デフォルトに対して脆弱になりやすいことが指摘されています。独立した通貨を持つ国が自国通貨建てで国債を発行している場合，中央銀行は買いオペ（第4講参照）で国債を買い支えることができます[22]。

19 　各国間の資金決済は国内のように中央銀行の口座を通じて行うことができないので，為替取引のために自国銀行が海外銀行に開いた預金口座を通じて資金決済を行います。このような業務を行っている銀行をコルレス銀行と呼びます。

20 　1999 年のユーロ導入当初の 11 カ国は，アイルランド，イタリア，オーストリア，オランダ，スペイン，ドイツ，フィンランド，フランス，ベルギー，ポルトガル，ルクセンブルクでした。また，現在 EU 加盟国以外の欧州諸国で，ユーロを導入している国々（アンドラ，コソボ，モンテネグロ）もあります。

21 　特に問題が深刻化したギリシャ（Greece），アイルランド（Ireland），イタリア（Italy），ポルトガル（Portugal），スペイン（Spain）のグループは頭文字を取ってこのように呼ばれます。

22 　ECB だけでなく，日本銀行やアメリカの FRB なども国債を政府から直接買い入れることは原則として禁止されています。しかし，中央銀行が発行済みの国債を金融機関などから購入するこ

しかし，国債が外国通貨で発行されている場合，このような手段は取れなくなります。中南米などで外貨建ての国債のデフォルトが頻繁に起きていることはよく知られています。ユーロ参加国である GIIPS 諸国の場合，ユーロは自国通貨ですが，前節で説明したとおり，各国中央銀行は自国での買いオペを自由に行うことはできません。

　欧州債務危機は，ギリシャの左派政権と，危機への対応にあたっていたトロイカ（EU，ECB と IMF からなるグループ）がギリシャへの支援条件を巡って対立した 2012 年に最も深刻化しました。しかし 2012 年 8 月，ECB のドラギ総裁がユーロ圏諸国の国債を無制限に買い入れる OMT（Outright Monetary Transactions）の実施を明らかにしたことで，金融市場の動揺は沈静化しました。これは市場参加者が OMT によって，ECB が GIIPS 諸国の発行したものを含む域内の国債の償還を保障したと見なしたためと考えられます。

　ユーロ圏は通貨同盟を形成していますが，財政政策は基本的に各国独自の権限であり，現在まで財政同盟を形成していません。このことは **15.3 節**で指摘したように，地域間の財政移転を難しくするので通貨同盟の維持には不利に働きます。さらに，加盟国が財政問題に直面した場合，国債市場が動揺しやすいことが欧州債務危機で明らかになりました。この問題を解決するためにはユーロ圏の財政統合を進め，共同の国債発行などに踏み出す必要があるでしょう。

とは可能です。

15.5 まとめ

　本講では通貨統合について理論面と歴史・制度面から考察しました。まず，最適通貨圏（OCA）理論によって，共通通貨の採用が有利になる経済的条件について解説しました。結論としては，通貨圏の他の地域との経済的統合度が高いことが，共通通貨の採用が適切となる基本的条件となります。

　後半では，欧州通貨統合（ユーロ）に着目して多数国間での通貨統合がどのように実現されたのか，またどのような仕組みで金融政策や資金決済が行われているのかを解説しました。欧州の歩みからは，通貨統合の実現には非常に時間を要する複雑なプロセスが必要であることがわかりました。最後に近年の欧州債務危機を取り上げ，ユーロが持つ弱点の一つについて指摘しました。

　OCA 理論を踏まえると，欧州が通貨統合を維持するためには，労働市場の統合や財政同盟が必要とされるでしょう。しかし，欧州域内の労働移動は言葉と文化の違いにより，必ずしも完全ではありません。また，急激な移民流入も 2016 年，イギリスで EU 離脱（Brexit）を決定した際に表面化したように，受入れ国社会で大きな摩擦を引き起こす可能性もあります。財政同盟の実現も政治的に困難な側面があり，これらの問題は，今後の EU を考える上で重要な課題となるでしょう。

■ Active Learning

《理解度チェック》
- □ 1　通貨同盟とドル化の違いについて説明してください。
- □ 2　GG 曲線が右上がりになる理由について説明してください。
- □ 3　LL 曲線が右下がりになる理由について説明してください。
- □ 4　ユーロが導入されるまでの 3 段階のステップについて説明してください。
- □ 5　ユーロ圏での金融政策がどのように実施されているか説明してください。

[1] ユーロ圏でどの程度，労働者が移動しているか調べてみましょう。

[2] 欧州通貨統合の政治的背景について調べてみましょう。

[3] 外貨準備や取引通貨としてユーロがどの程度，使用されているのか調べて
みましょう。

《Discussion》･･･

　ASEAN＋3（日本，中国，韓国）という地域で通貨同盟を形成する場合，有利な
条件と不利な条件としてはどのような事実が挙げられるか調べてみましょう。

文 献 紹 介

- 田中素香・長部重康・久保広正・岩田健治（2018）『現代ヨーロッパ経済　第5版』
  有斐閣
- 福田慎一（2013）『金融論──市場と経済政策の有効性』有斐閣
- バリー・アイケングリーン（2012）『とてつもない特権──君臨する基軸通貨ド
  ルの不安』小浜裕久（監訳），勁草書房
- P. R. クルーグマン・M. オブズトフェルド・M. J. メリッツ（2017）『クルーグマ
  ン国際経済学──理論と政策［原書第10版］（上）（下）』山形浩生・守岡桜
  （訳），丸善出版
- ロバート・A・マンデル（2000）『国際経済学［新版］』渡辺太郎・箱木真澄・井
  川一宏（訳），ダイヤモンド社

索　引

著者紹介

佐藤　綾野（さとう　あやの）

2005 年　早稲田大学大学院経済学研究科博士課程単位取得退学　博士（経済学）
　　　　　新潟産業大学経済学部講師，高崎経済大学経済学部准教授を経て
現　在　高崎経済大学経済学部教授

主要著書・論文

『経済の論点がこれ 1 冊でわかる　教養のための経済学　超ブックガイド 88』（共著，
　亜紀書房，2020 年）
「最近の金融緩和政策批判研究の検証」『景気とサイクル』（第 69 号，pp. 53-66,
　2020 年）

中田　勇人（なかた　はやと）

2003 年　一橋大学大学院商学研究科博士課程単位取得退学
　　　　　明星大学経済学部講師，准教授を経て
現　在　明星大学経済学部教授

主要著書・論文

"Impact of exchange rate shocks on Japanese exports: Quantitative assessment using
　a structural VAR model"（with T. Iwaisako, *Journal of The Japanese and
　International Economies*, Vol. 46, pp. 1-16, 2017）
"Oil price fluctuations and the small open economies of Southeast Asia: An analysis
　using vector autoregression with block exogeneity"（with Vu Tuan Khai, *Journal
　of Asian Economics*, Vol. 54（1）, pp. 1-21, 2018）

ライブラリ 経済学 15 講 ［BASIC 編］ 7
国際金融論 15 講

2021 年 3 月 10 日 ©   初 版 発 行

著 者 　佐 藤 綾 野   発行者 　森 平 敏 孝
　　　 　中 田 勇 人   印刷者 　加 藤 文 男
　　　　　　　　　　　　　　　　　製本者 　小 西 惠 介

【発行】   株式会社 　新世社
〒 151-0051 　東京都渋谷区千駄ヶ谷 1 丁目 3 番 25 号
編集 ☎ (03)5474-8818(代)   サイエンスビル

【発売】   株式会社 　サイエンス社
〒 151-0051 　東京都渋谷区千駄ヶ谷 1 丁目 3 番 25 号
営業 ☎ (03)5474-8500(代)   振替 00170-7-2387
FAX ☎ (03)5474-8900

印刷 　加藤文明社   製本 　ブックアート
《検印省略》

サイエンス社・新世社のホームページのご案内
https://www.saiensu.co.jp
ご意見・ご要望は
shin@saiensu.co.jp まで.

ISBN978-4-88384-323-7
PRINTED IN JAPAN

ライブラリ経済学コア・テキスト&最先端 2

コア・テキスト
マクロ経済学
第2版

宮尾 龍蔵 著
A5判／384頁／本体2,800円（税抜き）

入門から中級レベルにおけるマクロ経済学の標準的な分析道具をわかりやすく解説し，それらを使ってダイナミックに進展する現実経済への見方を案内した好評テキストの新版。日銀審議委員を務めた著者の経験も踏まえ，世界金融危機，ギリシャ・ユーロ危機，先進国の長期停滞や，ゼロ金利政策以降の非伝統的金融政策などのトピックを含め加筆・修正を行い，統計データをアップデイトした。

【主要目次】

マクロ経済学の基本的な考え方／ＧＤＰと物価／消費の決定／投資の決定／貨幣の需給関係／経済の供給サイドと総需要・総供給分析／国際マクロ経済と為替レート／景気循環と経済成長／マクロ経済の金融的側面／マクロ経済政策の役割／日本のマクロ経済政策

発行 新世社　　　発売 サイエンス社

ライブラリ経済学コア・テキスト&最先端 10

コア・テキスト
金 融 論

竹田 陽介 著
A5判／288頁／本体2,450円（税抜き）

グローバリゼーションの進展の下で，将来の金融制度をどのように設計すればよいのか，という最新の問題意識を念頭に金融制度の理論を易しく説き明かした清新なテキスト。2色刷。

【主要目次】
第Ⅰ部 貨幣
　貨幣／銀行／中央銀行／金融政策／プルーデンス政策
第Ⅱ部 公債
　公債／国債管理政策
第Ⅲ部 外国為替
　外国為替／金融危機と国際機関

発行 新世社　　発売 サイエンス社

ライブラリ経済学コア・テキスト&最先端 11

コア・テキスト
国際経済学
第2版

大川 昌幸 著
A5判／320頁／本体2,650円（税抜き）

はじめて国際経済学に触れる読者を対象とした好評テキストの改訂版。各章のデータの更新や新しいトピックスの追加を行いつつ，基本となる概念やモデルの解説についても，よりわかりやすいものとした。初学者でも無理なく読み通せるよう工夫された丁寧な説明で，より高度な学習に進むための基礎を身につけることができる。2色刷。

【主要目次】

発行 新世社　　　　発売 サイエンス社

ライブラリ経済学コア・テキスト&最先端 12

コア・テキスト
国際金融論
第2版

藤井 英次 著
A5判／368頁／本体2,900円（税抜き）

国際金融論入門への決定版教科書として好評の書，待望の新版。2008年のリーマンショックに象徴される世界金融危機，続く2010年のギリシャ債務危機に端を発する欧州ソブリン危機，また2012年の英国LIBOR不正操作問題など，初版刊行以降，激動する国際金融市場の動向をとらえつつ，そもそも国際金融とは何なのか，その営みについて経済学は何を示唆し，何を示唆しないかを正しく理解する重要性を踏まえて改訂を行った。可能な限りデータを更新し，最新の国際収支統計の基準についても解説を行っている。2色刷。

【主要目次】

発行　新世社　　　　発売　サイエンス社

経済学叢書 Introductory

国際金融論入門

佐々木 百合 著
A5判／208頁／本体2,000円（税抜き）

国際金融論の基礎をスムーズに理解できる入門テキスト。貿易の基礎知識や外国為替取引などのトピックから始め，具体的なイメージをもって国際金融の役割が理解できるように配慮。オープンマクロ経済学の基本的解説を中心に構成し，近年の国際金融における新たな問題も紹介した。２色刷とコンパクトな分量によって，初学者でも無理なく読み通せる書となっている。

【主要目次】

国際収支／対外決済のしくみ／外国為替市場と外国為替取引／外国為替相場の決定理論（1）／外国為替相場の決定理論（2）／国際通貨制度／オープンエコノミー・マクロエコノミクス（開放マクロ）基本モデル／変動相場制における経済政策の効果／固定相場制における経済政策の効果／外国為替相場の輸出入価格へのパススルー／通貨危機，ソブリンリスク，最適通貨圏の理論／経常収支の調整と新しいオープンマクロ経済学

発行　新世社　　　発売　サイエンス社